新教育哲學

簡成熙　主編

簡成熙　吳美瑤　王清思
劉育忠　王俊斌　王嘉陵
陳延興　方永泉　李　崗　　著
洪如玉　楊洲松　陳柏年
蘇鈺楠　（依章節序）

五南圖書出版公司 印行

再版序

  很開心接獲五南圖書出版公司通知本書再版。一則是抽象教育哲學能獲得師資培育市場青睞，再則處學子日益靠網路資訊，不再珍惜紙本教科書價值的今天，實在是對我們教育哲學研究與教學者的莫大鼓勵。我謹代表所有作者感謝全臺使用本書的教師與同學。教育哲學相對於其他教育專業，特別是教育科學新知的與時俱進，並未有太多的變化。這並不是教育哲學內涵一成不變，而是教育哲學就像是希臘荷馬史詩依里亞德（Iliad）特洛依（Troy）戰爭的啓航與奧德賽的返鄉（Odyssey）之旅的不斷辯證。我們駐足於後現代社會的當下，也必須隨時依身過往軌跡。傳統、現代本來就不是二元對立。教育哲學不僅是一套專業知識，更是結合思辯、分析、規範於一爐的綜合智慧。我誠摯的期待教育哲學能為同學們整合各師資培育專業知識，提供適切的概念架構，建立自身周延完整的教育信念。

  相較於本書初版的世界，短短六年，國際之間有了新的變化，中美貿易大戰、新冠疫情反撲、俄羅斯、烏克蘭衝突等挑戰，杌陧不安的國際局勢，看似與教育哲學無關。若我們冷靜思考，不也是人與人、人與自然的和諧共存出了問題？新冠疫情所帶動的視訊教學革新，同樣值得我們正視。科技、5G、數位能力、雙語教學帶動國際移動力的背後，是否有更多值得人文、教育、文化層面的反思？也期待能在臺灣一片強調核心素養（能力）、KPI指標等的洪流中，教育哲學能提供所有教育工作者，暫時停下腳步，駐足深思的理論視野。

  本版保留了初版的原貌，沒有增添新的章節，看著許多原作者們順利升等，也在學校承擔不同職位，很替他（她）們開心，不變的是大家都堅持教育崗位，繼續為教育哲學的學術與實踐奉獻心力。希望我們所有作者的努力，能感染使用本書的可畏後生，讓我們一起再為臺灣教育未來奉獻心力，是為所盼。

簡成熙 於屏東大學教育學院

2023/1/5

主編序

　　教育哲學作為一門學術或學科領域，在二十世紀已卓然有成。不僅在學術上已成為哲學專業的一支，更在師範院校或師資培育上，扮演重要的角色。從學術上來看，教育哲學可為教育學專業提供重要理論基礎；實務上，更可時時為教育專業提供多元、深邃的哲學反思，其重要性不言而喻。

　　隨著新世代數位科技時代的來臨，各類學術發展也都有新的風貌。哲學給新世代的第一印象，也不免有枯燥、守舊、艱深的刻板印象。初學者普遍視教育哲學為畏途，更遑論能深造自得。職是之故，自2000年以後，主要國家的教育哲學新作，兼顧傳承、創新之餘，都很重視以流暢的文字，引領年輕人入門。主編研習、擔任教育哲學教學多年，也一直思索如何呈現臺灣最新的研究成果，俾提供可畏後生進入教育哲學的探索園地。今天呈現各位讀者的新著，正是臺灣年輕一代最新的成果。

　　為了能在一學期內授完，主編無法完整呈現教育哲學各學派、人物、議題或國別之架構。除了第一章外，二、三、四、五章，分別以中華文化——儒家思想、美國教育哲學——杜威、英國分析的教育哲學及近年受歐陸影響的後結構主義等，大致勾繪主要國別流派的教育哲學動向。第六章更以「陶養」（Bildung）的教育概念，以與東方思想或英美教育觀相對照。七～十三章，則分別探討對課程與教學、倫理學、懲罰、美學、人權、生態、教育科技、宗教等主題的哲學反思與實踐。最後以另類教育作結。主編不敢滿意上述章節安排，但祈能以最少的章節篇幅，涵蓋最新、最重要的教育議題。主編原先設定為初學者引介教育哲學，特別交代各位作者務必要深入淺出，大部分的作者都在其專業內，盡力照顧到讀者的需求。不過，愛智之學本有其抽象性，部分作者也很希望能在有限篇幅，提供讀者最香醇的哲學智慧。因此，這本書應該也適合研究生。主編誠摯期

待哲學專業的讀者，也能一窺教育哲學的園地。讀者研閱過程，若一時半刻無法領略，給自己更大的耐心，相信必能深造有得。

　　各章之撰寫者均為國內外以教育哲學為博士論文主題，且在各大學擔任教育哲學課程之碩彥，有些更不乏在國際知名教育哲學期刊發表論文，說是臺灣新一代教育哲學重要團隊，亦非過甚美譽。感謝她（他）們在繁重的行政、教研、升等壓力下，接受主編的邀約，合力為臺灣教育哲學的推廣盡一份心，也期待讀者能領略我們教育哲學界期許能用所學回饋教育園地的赤子之心。必須要向讀者致歉的是，主編並沒有統一所有的人名或專業術語，但相信不會造成讀者的混淆或誤解。再次感謝所有作者的辛勞，衷心期盼本書能為21世紀臺灣正處教育發展的新轉捩點上，提供哲學的前瞻，是為序。

國立屏東大學教務長

簡成熙 敬啓

2016年9月於臺灣國立屏東大學

目　錄

簡成熙

第**一**章

教育和哲學

楔子

Google旗下之Deepmind公司研發的人工智能程式AlphaGo，一路過關斬將，這位虛擬的AlphaGo打敗多位圍棋高手，在2016年3月間以四勝一負再度打敗了韓國圍棋九段高手李世乭，舉世大嘩，成認為，不僅是人工智慧，科技微軟的公司將正式宰制所有產業，更有人預估人類未來學習及文明都將有一嶄新蛻變。此新聞熱點上，某一國中校長及教師們也正在辦公室閒聊此一新聞……

教師甲：唉！我要退休了，這幾年來上課，一直強調要翻轉，要數位創新，我認真上課，學生都不買帳了。

教師乙：其實還好啦，我經常利用媒體製作各種Powerpoint，頗能引起學生之動機，甲老，先別洩氣，很容易學會的。

教師丙：也不見得哦，我教數學，現有的媒體有助於幾何學等教學，但須要推演的代數，用粉筆逐步逐步導出，比Powerpoint呈現，更容易使學生明瞭，電腦也不是萬能。

教師丁：其實AlphaGo打敗人腦，並不令人驚奇。我讀過Nature雜誌，AlphaGo程式同時具有2個深度神經網路，其一是「策略神經網路」，負責計算每步棋的可能走法，另一「價值神經網路」則負責想像、推算對手可能出現的局面，使AlphaGo能高度掌握人腦實際的思維邏輯。為此，工程師們其實輸入了超過3,000萬步的落子步法，並讓價值神經網路自行模擬，對奕了2,000萬次的練習……

教務主任：我不懂這些專業術語，你是說，工程師們利用程式把各種的可能都輸入了，讓AlphaGo可自行組合這些可能，再根據臨場對手反應形成最後的對戰步局。教務工作，各式排課等，比之圍棋，是小巫見大巫，那行政上也可以不要教務主任、組長了，直接把各種教務情境、條件輸入，由電腦作出最理性之決策，若真如此，那我也要被逼得退休了。

教師丁：理論上是如此，而且這一天可能已經來了。

教師戊：我不守舊，也不想退休，我自己上課也充分運用網路。不過，我還是對於這種現象憂心忡忡。我不是在談科幻小說中電腦宰制人類的虛幻情節。我只是要說，至少李贏了一場。人作為一存有之主題，還是有其價值所在，我們有喜怒哀樂。決策成敗的不確定性，有失意也有歡笑，這才是人生，悲歡離合的有情人生，這是電腦所無法取代的。

校長：請教務主任、甲老師不要退休。電腦、程式未來肯定會有更大的能力，先賢勉勵吾人，科學可正德、利用、厚生。我們當然回不去了，但我們不僅會思考，也願意帶著情感去迎向未來，這些都是人類最可貴之價值。大家從各個層面出發，善用電腦，讓我們的下一代能與數位知識技能相伴，並保持人的價值、情感與尊嚴，這是人類文明的挑戰，也是我們教育工作者的重責大任。

哲學，在後現代化、數位資訊氾濫的今天，可能年輕朋友的第一印象是守舊、枯燥、抽象、不食人間煙火的代名詞。其實，古希臘時代，「哲學」字源上代表著是「愛好智慧」。哲學家們不以現實的問題為滿足，他們更願意多元、深邃的思考現實問題背後的一切。我們一般人，雖不是哲學家，但只要願意思考，也可展現哲學思考的特性。前面所引的例子，AlphaGo打敗世界圍棋高手的新聞。老師們的七嘴八舌，就引出了不少值得深究的議題。教師甲、乙、丙藉此引出數位科技在教學應用的得失。教師丁提供的是設計AlphaGo的專業知識思考。教務主任則預測此一理性知識思考型態對人類行政決策之應用。教師戊則嘗試從人本有的存在價值出發，對人類面臨此一數位資訊知識之發展，提出反思。校長則綜合大家之意見，提出在數位科技時代，教育工作者應該有的體認。不管我們有沒有學過系統的哲學，我們一定對當下的一切有自己的體驗或看法。有些人目光如豆，有些人不習慣思考，有些人自以為是。哲學的學習就是希望大家能兼容並蓄、擇善固執，豐富圓滿人生。教育哲學這門學科，正是希望利用哲學的思考、智慧，來思考教育本質，進而豐富教育目的、規劃

課程教學，調合教育爭議以完善教育活動。英國的學者在1960年代發展教育學術時，曾以哲學、史學、社會學、心理學並列爲教育學的四大理論基礎，良有以也（Tibble, 1966）。

第一節　教育中的哲學思考

美國教育哲學家杜威（J. Dewey, 1859-1952）曾云：「哲學是教育的普遍原理，教育是哲學的實驗室。」哲學雖是愛智，但對初學者而言，不免視爲畏途。教育問題則較實際，在細說哲學之前，先從教育的現象出發，反較易使初學者掌握教育哲學之要旨，哲學對教育之導進功能，可分述如後：

一、教育目的有賴哲學思考

我國行之有年的教育目的——五育均衡發展。也有人將德智體群美五育稱爲全人教育。「全人」應是教育之目的嗎？還有學者認爲教育是爲社會培養人才，對受教者而言，也可增加其謀生技能。哪一個比較有道理？另有些人特別主張教育要尊重受教育者自然的天性與發展……不一而足。我們對人性、社會需求及美好人生（暫時以幸福稱之）會有一些看法，而對前述議題不同的看法，也會引出不同的教育目的。此外，我們在思考教育目的時，也會援引不同的學理，如心理學、社會學等。哲學是對眞善美之追尋，從各派哲學自可衍出其對教育目的或理想之討論。有些學者傾向於探索教育本有之目的（intrinsic aim），即教育是使人變好（better）的歷程，「變好」本身就是目的。另有些人傾向於把教育看成是一種手段，教育目的之達成可以獲得更多的其他價值，這也稱之爲「工具性目的」（instrumental aim）或外在目的。杜威曾認爲教育歷程之內，不應該有外在之目的，教育就好像植物生長一樣，會有傾向與方向，但絕不是父母、師長、社會價值的外在想法，強壓在學生身上。此外，以英語「education」而言，有些學者認爲其字源來自「educere」，是「引出」之意，教育目的應在於個體潛在能力的逐步展現；有些學者則認爲字源來自「educare」，

意謂哺育或養育，係指根據某種規格來加以設計或陶塑（Peters, 1966, p.36）。是以對字源意義的解讀，也會導致對教育目的之不同思考。有些學者思考教育目的，會嘗試找出一些「實質性」的教育目的，如教育是傳承文化、是重視社會效率或是國家富強等。另有些學者則重視教育本有性、程序性的思考，例如：英國在1960年代的許多教育學者認為應培養學生理性的「自主」（autonomy），學生能自行利用批判思考來廣博眾議，抉擇自己的人生與幸福（Peters, Hirst, & Dearden, 1972; White, 1982），教育的確無須完全根據成人的觀點，訂下許多實質的教育目的，強灌注在學生上。以上，筆者很隨意的列出一些思考教育目的之方式，在你閱讀以前，是否常如此反思過？你一定心目中也有一些成形的教育看法，就請根據前述的思考方式，加以反思，看看是否還堅持原有之主張。本書爾後各章會更詳細的探討各學派之教育目的。

二、課程教材有賴哲學界定與選擇

五育也代表著五種學習領域。孔夫子也曾以六藝——禮樂射御書數，作為教學重點。西洋教育思想中，也曾有「三文」（trivium）——文法、修辭、邏輯與「四藝」（quadrivium）——數學、幾何、天文與音樂，也通稱為七藝（江宜樺，2005，p.46）。通常，課程的分科最先是取決於知識的分類，但是人類生活方式的改變，也會形塑不同的知識結構。不同學科知識的特性是什麼？數學與語文不同，數學與自然科學的差異又何在？科學與科技差異何在？社會科學與自然科學相同的科學成分是什麼？其不同的特性又安在？人文與社會科學又有何不同？如果沒有受過哲學思考訓練，特別是相關知識論的探討，前述一連串接近常識的問題，其實也不容易回答。就實際課程改革而言，到底符合嚴格學科知識邏輯之分科較優，還是應予以統整（integrated curriculum）？以大學為例，大學的專業必選修與通識課程如何分進合擊？大學的各種跨領域學程的理由安在？哲學過往對於知識本質的討論，可以提供許多有趣的思考空間。也許各領域專業學者只會從專業的立場來設計課程。他們甚至於認為統整或通識課程，會降低專業知識的純度，這種看法對嗎？英國前劍橋大學學者赫斯特（P. H.

Hirst, 1927-）認爲健全的心靈來自於知識的建構，他又特別重視理性之作用，區分了知識的「形式」（form）與「領域」（field）。各領域的知識可能同時涵蓋了多種知識形式。例如：土木工程系同時有數學測量、地質學、力學及美學的知識形式，共同構成了土木工程專業「領域」的知識。赫斯特因此認爲，我們若能提供完整的知識形式（他建構了七類），就能整全的豐富人類心靈，這些知識形式也就是「博雅教育」（liberal education）的內涵（Hirst, 1965）。同樣是赫斯特，他晚年認爲無論是心靈或知識，不只是理性，意志、情意，甚至於慾望都扮演重要的角色，應該從「社會實踐」（social practice）切入，據以設計課程，所謂健全的心靈也不只是靠抽象的理論知識（但昭偉，2003），有關赫斯特之觀點，本書第四、七兩章都有更完整的討論。筆者在此是要指出，從不同的哲學立場，會推演出不同的課程設計。晚近，後現代主義（postmodernism）或馬克思論者認爲，表面上中性客觀的知識背後其實也受一些意識型態的影響，甚且，根本就反映了主流的勢力，那各種課程的改革，說穿了，只是不同知識領域權力影響程度的角力結果而已。前述的何種立場，你最爲同意？先不要急著回答，下一節對知識更完整的說明，也許更能一新你耳目。本書讀者以大學生居多，也請你思考自己主修領域或師資培育所規劃之各式課程，其知識的基礎何在？

三、教學方法有賴哲學反思與規範

蘇格拉底在教學中，通常不直接教學生內容，他不斷的詰問來「引出」學生已有的知識或信念。坊間爲了升學的補習班，講師們生花妙語把教材有機有趣的呈現，使學生在最短的時間內獲得最有系統的知識。這兩類老師對知識的設定有所不同，也反映了他們的不同教學方式。另一方面，教學過程也受到倫理學的規範。施以懲罰（punishment）或體罰（corporal punishment）有時確會督促學生向學。但爲何政府又要三令五申倡導零體罰呢？有時候，教師特意將自己的政治立場強加在學生身上，且不允許學生質疑，他的這種教學方法，其實是在「灌輸」（indoctrination）。教學過程中是否可以完全中立客觀而免於灌輸？當今，有些教育工作者引

進佐藤學（Manabu Sato）的學習共同體教室，鼓勵學生相互之間合作；另有些老師積極推展「翻轉教室」（flipped classroom），事先錄好一些教學錄影帶讓學生觀看，課堂上充分互動。佐藤學及翻轉教室的擁護者認為可充分提升學生學習興趣與主動參與之熱忱，而且能使學生養成自我建構知識的習慣。另有些學者認為這些國外引進的方法，或是為翻轉而翻轉，只是煙火的時尚，有時可能促成更大的不公，拉大學生之間的差距，並不一定適合所有的學生。翻轉教育支持者則認為，恰恰相反，翻轉教育反而有助於低成就者之學習動機，從而促進平等。在此，當我們評論教學方法時，並不完全以其教學成效作依歸，已經從倫理學的觀點——教育平等——探討其適切性了。

由上我們可以簡單看出，教學方法不只是一項技術或流程，更涉及教師們是如何看待知識、學習等之系統看法；而在教學過程中，教師們如何靈活處理師生關係，甚至於在師生的可能衝突中，教師們要如何有效提升教學效能，而不至於傷害學生，也需要倫理學之規範。教學方法確實有賴哲學的反思與規範。

第二節　哲學的內涵

一、知識論

蘇格拉底與其弟子曾經對於「知識」展開有趣之對話，蘇格拉底想釐清當某人S「知道」（Know）P（P代表一命題或陳述），到底是何意思。是不是代表一種當事人S的感官或直覺？不完全是，當有人聲稱他憑感覺而知曉P，我們不一定同意他知道P。而且，有時憑感覺會錯，有時人們確切的知道，並不透過感官，像是邏輯或數學。再者，當用知道一詞，代表的是相信。我知道他父親是總統，但我真不敢相信。這裡的真不敢相信，只是語言修辭，表示驚訝而已，其實是相信的。最後，P要有相當的保證。S嚷嚷著「我知道有鬼」，我們不會真的同意他有對鬼的真知。又如，當S說我知道月考數學第一題答案是3，我們問他為什麼？他說我猜

的，或是，別人告訴我的。我們也不會真的認為他知道該數學解題原理。經過了冗長的討論，蘇格拉底還是找不到確切的標準。但大體上眾多學者不滿意但可接受的是，當S知道P，必須滿足：(i)S相信P；(ii)P是真的；(iii)S要有充分的理由去證明P（以下我們會用「證成」來代表此一意見）。對於何為真？何謂有充分的理由？有許多非常豐富的討論。學生從國小到大學，無日不在求知，大學的學系提供的更是高深專業的知識，但我們可能都沒有真正在思考到底何謂知識？知識證成的標準是什麼？以下敘述，略顯繁複，且讓所有愛智者駐足片刻。

㈠基礎論的知識觀

所謂「基礎論」（founationalism）是指我們能確切的找到可視為真的條件或理據。經驗論者認為只要我們透過感官經驗，與外在客觀世界作準確的檢測，就可以得到客觀的標準或知識。例如：「現在教室有20個人」，你只要去數數看，就可知道該陳述是否正確，這種經驗論的基礎論，我們可稱之為「真理符應說」（correspondence theory）。讀者先不要太滿意這說法，我們可以挑剔地詢問，你看到的教室20個人，是真的嗎？我不是要說鬼故事，真的有哲學家如此問。莊周夢蝶，到底人是真，還是蝶是真？法國的笛卡兒（R. Descartes, 1596-1650）也曾提出類似的疑問，你所看到的世界，有沒有可能是惡魔在影響你，笛卡兒據此認為，一切都可懷疑，甚至於我活生生的人，都是可懷疑的，但是懷疑本身之活動，是無可懷疑的，這就是有名的「我思故我在」。思考本身比外在的存在形體更為基礎，這是理性論的基礎論。再者，要證實教室內是否有20個人，我們還得先定義「20」是什麼意思，數學、數字本身是一概念系統，不來自經驗。「1 + 1 = 2」不來自經驗，1隻公老鼠加上1隻母老鼠，一段時間後，會有一窩老鼠，不會只有2隻。後者是指公母鼠會生小老鼠，這是一經驗的概念。數學來自於一概念系統，我們不斷後退尋找其基礎，最後可能必須承認某些概念或公設是「不證自明」（self-evident）。負數的平方根——虛數，在自然數系統裡沒有意義，在虛數的系統裡，接受其設定後，也可據以推演。柏拉圖（Plato, 427-347 B.C.）即認為，數學是最純粹的理型。理性論的傳統因此傾向於所謂真，是指在一系統下，彼此沒

有矛盾，形成自足完整的一套系統，稱之爲「真理的貫通論」（coherence theory），數學知識可算是貫通論最嚴格的意義了。退而求其次，我們探討——文學、藝術的文本，有時也可採取貫通論的立場來檢視其文本的結構、布局是否首尾一貫、前呼後應，這也算是運用真理貫通論了。理性論與經驗論，康德（I. Kant, 1724-1804）曾予以整合。康德認爲人心靈中，具有先驗的形式——感性形式（時間和空間）及悟性形式（數量、質量、關係、樣態等12範疇），人們透過這些形式，系統的整理外在的經驗，可以獲得必然知識。

(二)非基礎論的知識觀

哲學史上，基礎論的思考，代表著哲學家們想要獲得確切知識性的嘗試性努力。到了二十世紀的分析哲學（analytic philosophy）、現象學（phenomenology），仍保持此立場。不過，也有許多的哲學家，認爲知識或真理的追求，不能墮入獨斷，卡爾·巴柏（K. Popper, 1902-1994）就認爲歸納法不能獲得普遍必然的知識，我們很難說北極熊一定是白色的。不過，只要我們找到一隻黑的北極熊，就可以推翻「北極熊是白色的」此一全稱命題。（科學）知識的獲致，不在於確立客觀的知識，而是在不斷的找錯、檢測。一個知識探詢的合理性，即在於該知識能否被以找到錯誤（證明爲錯）的方式進行。

教育哲學家杜威從經驗主義的立場（相較於康德偏理性論的立場捍衛基礎論），希望能夠說明知識的證成，是人與環境互動後的結果。人們的信念在生活中運作，若產生效用或有助於解決問題的結果，即成爲知識。杜威反對靜態固定的知識體系，他的哲學立場被稱之爲「實用主義」（pragmatism），影響教育哲學最爲深遠。也有人把杜威這種對知識之看法稱之爲「自然主義式知識論」（naturalism，以盧梭爲主的教育觀，重視兒童自然天性的發展，也稱爲教育的自然主義，與此有別），算是非基礎知識理論的代表。

讀者還記得前面的康德嗎？心理學家皮亞傑（J. Piaget, 1896-1980）也大致接受康德心靈中的理性結構，但他更重視人們作爲認知主體在認知外在世界時心智的運作歷程，選習教育學程的同學在教育心理學中應該

都學到皮亞傑對人認知的分期（感覺動作期、運思前期、具體運思、形式運思），並以「基模」（schema）、同化、調適來說明人類的認知情形。皮亞傑對於認知分期，有些人並不滿意，認為他這種「結構主義」（structuralism）對人類心智的界定過於獨斷，有基礎論的傾向。但更多的學者認為，皮亞傑用心理學的方式來說明人類認知在社會情境的運作情形是典型的自然主義式的知識論。皮亞傑的立場後來被建構論發揚光大。所謂建構論（constructionism）更是強調人們是以主動且有意義的方式去整理、詮釋外在的經驗。建構論的知識觀點，近二十年來，特別受到教育工作者的重視。

「後現代主義」的知識論也反對基礎論。他們是從「權力」的角度，認為知識是特定權力的運作，所謂知識的客觀基礎，純屬神話，只不過是在歷史進程中，握有權力的一方展現的話語所形成的主流勢力而已。後現代論者更直指西方傳統的知識論充斥著主流的偏見，啟蒙運動以後，「理性」被高喊入雲，其他類型的認知來源，如情意、肉體感知等被打入冷宮，造成科學知識獨大。理性本身也成了一種霸權。女性主義（feminism）與多元文化論（multiculturalism）也都有類似的看法。以女性主義為例，她們認為傳統知識論（也就是前述的基礎論）把理性視為一中性、客觀的標準，巧妙地把女性對於知識的導進功能排除在外。社會學領域中，也有所謂知識社會學（sociology of knowledge），也同樣是把知識的產生置於社會之脈絡之中。

雖然二十世紀後半葉，非基礎論的知識主張，似乎占了上風。不過，我們不能否認基礎論對於人類客觀知識建構的價值，也不宜忽略非基礎論批判理性獨大之餘，本身也可能陷入另一種霸權而不自知。有些學者就認為前述基礎、非基礎之討論，不完全衝突，二者可能各自解釋不同的面向。他們認為不管如何反對基礎論，對於知識客觀的要求，據以發展的鑑定知識真假的標準，是隸屬於知識的「證成邏輯」（logic of justification），至於非基礎論者重視社會、文化、政治、性別的因素對知識構成的影響，可稱之為「發現的邏輯」（logic of discovery），實不能以後者否定前者。初學者對於本節知識論的相關討論，若一時不能充分理解，也沒有關係，

多讀幾遍，多想想，配合著爾後各章，必能加深加廣，深造自得。筆者也期待讀者能運用本單元之討論，去審視自己大學主修的知識特性。

二、倫理學

倫理學或道德哲學是探究人類作為之「善」（good）的性質所在，究竟何為善？西方自蘇格拉底以降討論了很多。亞里斯多德從事物卓越特性之觀點，認為人的品格加以適度剪裁，培養諸美德（virtue），就可獲致幸福，許多學者以「目的論」（teleological theory）稱之。啓蒙運動以降，康德的理論，稱為「義務論」（deontology）。英國的彌爾（J. S. Mill, 1806-1873）則提出「效益論」（utilitarianism）。且讓筆者改編──《世說新語》〈德行篇〉中的一個故事來為初學者說明之。話說五胡亂華時期，有一群人逃難渡船，正當要開船時，百公尺外另有一落難之人高聲請求眾人等待片刻。這時船上有一讀書人冷靜告知船東，渡船已不勝負荷，無法救援最後一位落難者，非不為，是不能也。船東及其他逃難之人，則痛斥這位讀書人，責其見死不救，決定發揮人溺己溺之心，接納最後一位落難者。當渡船行至黃河中央，讀書人一語成讖，渡船已不堪負荷。當此之時，船東及多位旅客則私下議論，想把最後一人推下水，該讀書人則大呼不可……

讀書人一開始根據「後果」（consequence）及大多數人的最大利益為出發點，決定硬下心腸不去拯救，這是典型的「效益論」的思考方式（根據行為後果，追求大多數人的最大利益）。至於船東、眾人則本著善心，當其所救，這是接近「義務論」的思考方式。所謂義務論者也，是指行為本身是對的，我們有義務行之，就必須義無反顧，不能根據後果來行事。以世說新語的例子，讀書人與船東在一開始面臨抉擇時，讀書人選擇做效益論者，船東則是義務論者；之後，真正面臨危難時，船東等轉向接近效益論的思考方式（效益論者也不一定主張可以犧牲少數人生命成就多數人，於此僅簡化討論），讀書人則轉為義務論者了。不同的情境，人們的道德思考似乎也會有所調整。讀者認可這種調整嗎？

亞里斯多德之目的論，主要重點在於使人類獲致福善（the good for

man）與幸福（eudaimonia）。他鼓勵我們同時兼顧美好生活物質條件的外在善、身體健康健美的身體善以及心靈的善，也就是各種「德性」或「美德」（virtue）（黃藿，1997）。用現在的話來說，人們在成長過程中，剪裁自我的各種習性，使德性合宜發展，就能獲致人生的終極良善目的——幸福。這樣看來，依德而行，不僅不保守，反而更能體現人生的終極價值。關於人們如何能將德性盡情展現，止於卓越之至善，學者們引伸亞里斯多德之看法不一，有些學者重視其強調理性之功能，近年來，大多數的學者認為自啟蒙運動康德以降，無論是義務論或效益論，在實際的道德爭議討論上，都在於建構出系列之規則，表現在道德教育上，似乎過於重視認知、思辨、推理，學者們稱此為「規則的道德」。其實，道德涉及知行合一，除了理性外，意志、情感、實踐都占重要之一環，重溫亞里斯多德，「德性（行）的道德」才更有助於人類美德實踐。亞里斯多德之傳統，也稱之為「德性（行）倫理學」。本書第八章仔細的討論了倫理學如何實際指引學校道德教育。

　　女性主義學者也認為自康德義務論以降，過於重視理性之功能，這有意無意的貶抑了情感之價值，沒有充分正視從女性主體中表現出的善行，如慈悲、同理、設身處地之能力與情懷等。善務論雖也重視己所不欲，勿施於人的規則，卻是把其視為義務或規則，未能真正理解倫理學必須依託情境之性質。德行倫理學雖重視情感、意志、實踐之價值，卻過於拘泥於傳統美德在生活上的必要，也可能會強化了傳統女性刻板印象。她們發展關懷倫理學（care ethics），希望將女性主體的關懷特質成為包含男人在內的共通資產，據此，更新人類之文明體系（Noodings, 1984）。

　　倫理學的重點，不僅直接構成了道德教育之內涵與教學方法。吾人在思考教育問題與制定教育政策時，更涉及倫理學爭議之討論。爾來，許多學校師生衝突情事，例如：許多女校學生執著於有權穿短褲上學而與學校頻頻起衝突等都吸引大眾之討論。在後現代多元的時代裡，部分學者也會同意，傳統的很多道德規範，不合時宜，而且這些道德規範常反映了刻板印象、主流勢力的偏見，有些更淪為對另類弱勢的歧視。無論持何種觀點，教育問題再再值得從倫理學之觀點進行各種多元的討論。

三、美學或藝術哲學

在此先引賀瑞麟有趣的例子（2015, p.22）。

某大學生A整天看著女朋友的照片說：「我女朋友真是美得像仙女下凡呀！」

他室友B聽了就說：「整天聽你說你女朋友多美多美，能不能讓我看一下她的照片，看看到底有多美！」

大學生A就把照片給室友B，室友B看了就說：「真的！你女朋友真的是仙女下凡來的！只不過她下凡的時候，應該是臉部先著地吧！」

上述有趣的例子，似乎告訴我們，「美」是有主觀性的，情人眼裡出西施。美既然是一種主體的認知或知覺，那美學可以建立起客觀標準嗎？就上述例子而言，室友B顯然不認同室友A，B的美女標準大概是五官輪廓要深。雖然A、B二人對美女之觀點不同，但至少可各自覺知其美感，進而發展、歸納其標準。我們可以簡單的說，任何人都會對於「美」有一些審美感受，對於這些審美經驗的思考和探索，就構成了美學（acsthetics）。哲學上，對於美是什麼，有許多的討論。德國的鮑姆加通（A. G. Baumgarten, 1714-1762），認為過去的哲學過於重視可理解的事物，較為忽略可感知的事物，他於1750年正式出版了《感性學》（aesthetica），也就是我們現在英文美學之名。中文所譯之美學，則來自於日本。

不過，中文概念下的「美」學，卻有一些爭議，有些人也將之稱為「藝術哲學」（philosophy of arts）。對黑格爾而言。他心儀的美學是藝術美（不包括自然美），美學就等於藝術哲學。雖然，我們可以提問，美只能表現在藝術上嗎？美似乎也同樣可表現在對大自然之歌詠與讚嘆，或是對生活之品味，甚於是對品格崇高的感受，也不全然以藝術的方式來呈現。而藝術哲學是否只允許表現「美」，醜陋當然也可以是藝術表現的方式。初學者不必嚴格區分，從上述討論中，我們應該可以同意美學（或藝

術哲學），宜擴大視野，增加美學涵蓋的範圍。

西方自柏拉圖以降，由於致力於追求知識真理的確定性，且強調理性才能把握到真實，藝術只是對現實或理型世界的模仿，本身並不代表真實，柏拉圖甚至於認爲，藝術所挑起的感性，會破壞人們對完美理型的追求。亞里斯多德則對於柏拉圖所謂的藝術遠離真實及藝術鼓動情緒，都有新解。簡單來說，亞里斯多德認爲模仿不只是照事物本來的樣子，也不只是照人們所說的樣子來模仿（如神話），更應該是照事物本身應有的內在規律，這種模仿，也能體現真實。至於藝術鼓動情緒一定不好嗎？亞氏以悲劇爲例，悲劇訴之人們的憐憫或恐懼，透過藝術，反而可以淨化之。中世紀，在基督教的教義世界裡，著重美的整體均衡、和諧，並把美視爲上帝的光照，可透過藝術作品，隱約窺見上帝之絕對美。

德國思想家康德的三大批判：「純粹理性批判」處理我們能知道什麼的知識問題。「實踐理性批判」則探討我們應該要做什麼的道德問題。至於「判斷力批判」，則處理美學問題，探討我們能希望什麼，並企求建立前述二批判之橋梁。康德把美感判斷分成「美的分析」與「崇高」，後者又涵蓋數量、力量等壯美。崇高同時在想像與理性之間穿梭。

篇幅有限，當然無法爲初學者盡覽各式美學理論。有關美學更深入之討論，詳見本書第十章，讀者在此，先有個概覽即可。大體上，十九世紀以前，無論藝術是表現自然，或是表現人爲，探索美的本質一直是哲學家的核心重點。十九世紀中葉以後，美感經驗逐漸成爲學者們關注的重點，各種美學理念結合著不同領域的藝術表現，甚至於結合各種哲學思潮，也開拓了許多新的視野。對於教育工作者而言，美感教育應是多元且豐富的，似不必侷限傳統美學，也不要只侷限在音樂、美術等藝術的學習。我們從哲學觀點，實可重新省思美感教育的目的與推行方式。對教育工作者而言，豐富美學知識，啓迪學生更多元的美感經驗，仍是不可迴避的重責大任。

四、形上學

倫理學與美學相較於知識論中知識的確定性而言，似乎較允許多元

性，有些人也認為涉及倫理、美學判斷是相對的，而非絕對，也把二者共稱為「價值論」（axiology）。無論是知識論、倫理學或美學，哲學家們深入的討論，也必然觸及其所涉的更根本的議題（如終極存有）。譬如，科學家根據實驗室的數據，得到了一些科學知識，我們可以再問，為什麼從實驗室的研究發現，經過重複施測，就可以認定是必然的知識？實驗室內的發現，所要探討的真相能反映我們真正所處的世界實狀（reality）嗎？當探討宇宙的創生、生命的本質，科學家說是大爆炸，生命的構成是DNA……，吾人可以再問，為何會有大爆炸，為何會有DNA的生成？無限往前推，對於事物本質的再確認，對我們所處世界特性、緣由的追根究底，各種知識、價值最終的基礎等問題，若再仔細的討論，就進入到了形上學（metaphysics）的討論範圍。許多年輕朋友對星座很有興趣，為什麼你會相信星座手冊上對你或別人性格之描繪？從前面知識論的標準來看，星座手冊上對你性格的描繪或是對你運勢的建議，應該並不符合理性的客觀知識，為何你會深信不疑？相信各位年輕朋友在心靈深處，還是會對所處的世界，有一些想像與憧憬，甚至於相信我們所處的世界冥冥中有一些規律，星座書上的指引，縱使不完全靈驗，年輕朋友也願意相信其中可能反映了一些世界的實狀。其實，年長者對於風水、命相，又何嘗不是如此？而同學熱烈期待從星座手冊上了解自我、他人，或是對未來的指引，不也反映了人們迫切的需要對自我的接納、認同，也期待能在所處的世界身心安頓，獲致幸福人生嗎？雖然我們並不自覺自己的形上信念，正因如此，透過哲學的學習，可以更有系統的讓自己體會人生、世界的真諦。形上學的術語像本體論（ontology）討論事物的本然面貌或終極特性，宇宙論（cosmology），探討所處世界的源起、本質和發展。初學者暫不必被這些詞語所困。教育工作者也應該擁有一套完整、多元、和諧的形上人生信念。

第三節　本書之架構與邏輯

年輕人對哲學的初步印象是繁瑣、深奧，本章也無法完全避開此缺

失。若讀者受制於某些術語，一時無法理解，真的沒有關係。在此，只要有個初步的印象即可。爾後各章中，類似之概念還會出現，其他各章也還會加深加廣的說明。作者期許未來可能的教育工作者能藉著第一章，大致體會哲學「愛智」的精神，掌握教育哲學探索教育問題的特色。本來想接著專章介紹教育哲學在主要國家之歷史發展，恐流於訊息堆砌，並不利於初學者掌握要旨而作罷。身為主編與第一章作者，先讓我針對本書各章作一些描繪，也同時能帶領初學者先行領略教育哲學的重點與發展。

一、中華、英美、歐陸的教育哲學

部分同學從國高中，甚至於從小學時，即開始背誦百家姓、三字經，同學們也大致從歷史課程、文化基本教材中，初步掌握先秦儒道法墨各家之言。特別是儒家與老莊，近年來已吸引西方學者之注意。而後六朝玄學、宋明理學、歷清代乾嘉年間考證之學，中華文化在世界文化史中，實占一席之地，先賢也有許多對教育、學習之討論，值得我們後代子孫重新發掘。吳美瑤撰寫之「中華文化與教育」，希望給同學一全新感受。

二十世紀教育哲學發展中，美國的杜威被公認是最完整建構教育哲學的學者。杜威在民國初年曾經訪華，造成教育旋風。杜威的實用主義傳統，視教育是經驗不斷的重組改造，並提出教育即生長（Education as growth）之教育隱喻，在二十世紀初，引領風騷。王清思有最完整的介紹，值得讀者細細品味。

相較於杜威在美國戰前的實用主義傳統，英國在1960年代以分析哲學之勢，重新對教育哲學作了翻轉。不僅在方法上，一新傳統教育哲學，對教育的許多概念，更作了釐清，影響所及，分析的教育哲學一度成為二次戰後英語系世界最主流的教育哲學。由於1990年代以後，許多教育主張都是出自對分析的檢討，對年輕學生而言，也可透過此章，了解個中原委。

當分析哲學盛行之時，傳統的歐陸哲學一時偃旗蟄伏，但並未銷聲匿跡。後現代、後結構主義，大體上反映了歐陸1970年代以降諸思潮對過往哲學的檢討。即便是英、美1960年代獨尊分析，1990年代以後不少英美的學者也不耐分析的狹隘，教育哲學又呈現百花齊放之勢。劉育忠當此之

時，從英國學成返臺，對這波後現代、後結構取向的教育哲學，有第一手的掌握，讀者也可體會與前三章論述的差異。以上二、三、四、五各章大致交待重要哲學立場對教育問題的探索，以下各章則更具體的從哲學之分枝面向，探討教育的重大議題。

二、哲學議題與教育反思

第六章主要探討「教育」的概念，除杜威的教育即生長，或是分析的教育哲學所主張的三大教育規準，王俊斌特別從德國「陶養」（Bildung）之概念來說明教育之意義，希望能對當今充斥產學、職場能力培養等教育市場化之論述，提出反思。教育的概念、理想的落實，厥為課程與教學的實踐。王嘉陵在第七章運用哲學知識論、倫理學之立場，具體的檢視課程設計背後之哲學立場，也反思可能存在的意識型態，並以近年流行的關懷倫理學來強化教學中的師生關係。

第八章主要從倫理學的觀點來思考道德教育。陳延興從德行論、義務論、效益論、關懷論等倫理學立場具體演繹其道德教育之主張，對於理性自主、情感情緒、知行合一等德育議題都有豐富的討論。第九章則針對「懲罰」，作出完整的討論。不管我們多麼富有教育愛或教育專業精神，教學過程中，一定涉及對學生之督促、校正等處置，教師實無法迴避懲罰的議題，方永泉把涉及懲罰的各種理念，作了翔實的討論。第十章到第十三章，分別針對美育（李崗）、人權及生態（洪如玉）、科技教育（楊洲松）及宗教教育（陳柏年）加以著墨。美育是五育之一，其重要性自不待言。人權及生態教育是近年來臺灣教育中既熟悉又待深究之領域。人權教育算是公民教育之一環，也是西方自由民主社會下重要的公民教育重點，臺灣自1980年代末期告別威權時代，人權理念日益高漲。而工商業、富裕社會下，日益嚴重的環保問題，尤令人憂心忡忡。近年來溫室效應所造成之氣候暖化、海平面上升、北極冰山融化，再再說明生態教育已刻不容緩。洪如玉在第十一章掃描人權、生態之理念，也反映了現實的需求。傳統教育雖也重視教學科技，如早年的視聽教育，到1980年代的電腦輔助教學。1990年代以後，電腦網路興起，改變了許多教學生態，而千禧年之

後，手機、iphone、臉書等更有了數位、傳輸、剪輯之功能。微電影之興起，翻轉教育等已徹底改變了人類教學之全貌。楊洲松在第十二章中深入思考此一議題，同學們正處於此一科技翻轉教育之當下，可以共同參與思考，並反思三C產品在你們生活中的意義。宗教在人類生活所擔負安身立命之角色，重要性不言而喻，但在民主國家及未有國定宗教的國家，宗教教育的推展也有爭議。國家一方面要確保宗教信仰自由，不能獨厚任一宗教信仰，又期許能借宗教之力，共構教育目標。臺灣佛光之「三好教育」及慈濟「靜思語教學」，都有其正面之教育功能。一般教育哲學教科書較少觸及，陳柏年在第十三章作了涉及宗教教育的相關討論，同學們也可根據自己的宗教信仰，加以反思對教育之合宜功能。最後一章，則是另類教育（蘇鈺楠）。我們期待能以包容的觀點，不以國辦義務教育的制式規格設限學校教育之可能。

　　教育的問題種類很多，以教育發展階段而言，有初等教育、中等教育、技職教育、高等教育；以學科來看，有數學教育、科學教育、語文教育、資訊教育……不一而足。還可從重要領域來分，如性別平等教育、生命教育。在各級學校中，還有如交通安全教育、防災教育等重點，從哲學觀點，都可進一步去思考。我們自不可能在一本書中完全涵蓋。本書先對中西教育哲學重點，作一重點回顧，初步掃描重要區域教育哲學派別，並結合哲學議題與教育議題，希望能展現哲學探索教育議題的力道，也期待能提供未來教育工作者一個全盤的視野，去整合各教育專業學門，並形成圓滿、多元、深刻的教育信念。

　　現在就讓所有讀者，一起進入教育哲學學習、探索的知性、感性之旅。

參考書目

一、中文部分

江宜樺（2015）。從博雅到通識：大學教育理念的發展與現況。**政治與社會哲學評論**，**14**，37-64。

但昭偉（2003）。分析哲學與分析的教育哲學。見邱兆偉主編，**當代教育哲學**（頁35-60）。臺北：師大書院。

賀瑞麟（2015）。今天學美學了沒。臺北：商周。

黃藿（1997）。理性、實踐與德育──亞里斯多德的道德教育詳述。見簡成熙主編，**哲學和教育──二十世紀末的教育哲學**（131-152）。高雄：復文。

二、英文部分

Hirst, P. H. (1965). Liberal education and the nature of knowledge. In R. D. Archambault (Ed). *Philosophical analysis and education* (113-138). New York: Humannities Press.

Noddings, N. (1984). *Caring: A feminine approach to ethics and moral education.* Berkeley: University of California Press.

Peters, R. S. (1966). *Ethics and Education.* London: George Allen & Unwin.

Peters, R. S. Hirst, P. & Dearden, R. F. (1972). *Education and the development of reason.* London: RKP.

Tibble, J. W. (Ed) (1966). *The Study of Education.* London : RKP.

White, J. (1982). *The aims of education restated.* London: RKP.

延伸閱讀

這裡實在無法為初學者介紹哲學概論或教育哲學之著作，因為有太多的教科書。每本教育哲學教科書的第一章都可參閱。不過，筆者願意介紹苑舉正之《求真：臺大最受歡迎的哲學公開課》（圓神，2015）、林火旺之《道德：幸福的必要條件》（寶瓶，2006）、漢寶德之《漢寶德談美》（聯經，2004）、《談美感》（聯經，2007）及賀瑞麟之《今天美學了沒？》（商周，2015），剛好符合真善美的哲學主題。此外，黃崑巖之《黃崑巖談有品社會》（聯經，2009），都值得教育工作者掩卷深思。若您是研究生，可以流暢閱讀英文的話，可以參考近年來，西方所出版的教育哲學指引，如Blake, N. Smeyers, R, Smith, R & Standish, P. (Eds) (2003). *The Blackwell guide to philosophy of education*. Oxford: Blackwell Publishers Ltd.; 及Bailey, R., Barrow, R. Carr, D.& McCarthy, C.(Eds) (2010). *The SAGE handbook of philosophy of education*. London: SAGE; Siegel,H.(Ed)(2009). *The Oxford handbook of philosophy of education*. Oxford:University of Oxford Press.這些著作大體上都反映了近二十年來西方世界教育哲學的重要議題。

吳美瑤

第二章

中華文化與教育

楔子

> 孟子曰：「所以謂人皆有不忍人之心者，今人乍見孺子將入於井，皆有怵惕惻隱之心。非所以內交於孺子之父母也，非所以要譽於鄉黨朋友也，非惡其聲而然也。」《孟子‧公孫丑上》

上述這一個例子，是孟子論述人性本善的知名論述。在此，孟子邀請我們思考，當我們乍看一個幼兒突然間要掉落井裏時，通常人們的直覺反應是要趕快及時救他。在這刹那之間，我們的念頭不會去思考，救這個孩子是因為要獲得鄉里讚譽的美名，或是因為討厭孩童落水後的哭叫聲才救他。孟子從這個例證中指出，顯然地惻隱之心、仁心仁性的善性善端是人人皆有。在傳統中華文化的教育中，雖然諸子百家各有其不同的學說與教育論述，但在整個中國教育史的發展過程中，最終是以儒家為正統，特別是孔孟這一派的學說主張。由於中華文化博大精深，先秦諸子九流十家的思想，不勝枚舉，因此，本篇文章的重點，除了論述中華教育學說的起源，將僅聚焦於儒家教育思想的教育主張，最後，再針對其面對當代社會的新挑戰，進行反思並提出建議。

第一節　學說源起與立場

一、中華文化的起源：「天」與「天道」概念的形成

依據考古研究的發現，在遠古夏商周時期，商人崇尚鬼神，「天」的概念在當時已經出現，並且與宗教信仰、宗教儀式結合在一起。此外，對於商人而言，「帝」一詞與「蒂」同，有繁衍子孫、綿延後代的意思（許倬雲，1984：95-100）。因此，在商人的信仰中，「上帝」、「天帝」是商人的祖先，獨厚於商人的後代子孫，商王是上帝之子，所以其政權是可以世襲的，藉由這樣的論述，商人確保其在現實社會中的政治與宗教權力，並成為各部落的共主。

然而，自從「周克商」（周打敗商）之後，周人對於這種政治與宗教權力的轉換有了新的解釋。從《書經》與《詩經》的文獻描述中，可以發現，周初出現了天命不再是世襲的，以及天命是會流轉的概念。因此，周初的統治者為了確保政權的穩定，對於後代子孫耳提面命：天命是與君王的作為密切關聯著。這樣的論述，為中華文化孕育了一種具「憂患意識」的天道觀。依據《書經·周書》的記載：

> 惟天惠民，惟辟奉天。有夏桀弗克若天，流毒下國。天乃佑命成湯，降黜夏命。惟受罪浮于桀。剝喪元良，賊虐諫輔。謂己有天命，謂敬不足行，謂祭無益，謂暴無傷。厥監惟不遠，在彼夏王。天其以予乂民，朕夢協朕卜，襲于休祥，戎商必克。《周書·泰誓》

由上述的引文可以發現，周初對於商之所以可以打敗夏、周之所以可以打敗商，已經提出了一種天命流轉的概念和解釋。也就是，夏朝與商朝末年，都是由於君王暴虐無道，因此，上天將照顧黎民百姓的責任，委託給新的統治者。然而，如果新的統治者無法依循天道行事，則下一個新的統治者將會起而代之。因此，周初的統治者為了維持政權，莫不戒慎恐懼，謹慎行事。誠如《詩經·周頌》所記載：「昊天有成命、二后受之。成王不敢康、夙夜基命宥密。於緝熙、單厥心。肆其靖之。」也就是說，周文王和周武王兩位君王，都是承襲天命，才成為當時各邦的共主，周成王謹記前人的教導，不敢怠慢，夙夜匪懈，努力地彰顯天命，直到天下太平。

依據《書經·泰誓》對於天命的描述：「天矜于民，民之所欲，天必從之。」此外，《詩經·大雅》：「天生烝民、有物有則。民之秉彝、好是懿德。」從上述《書經》、《詩經》中的描述可以知道，天道的法則是以滋養黎民百姓為依歸，所以，統治者的一切行政措施，應當以長養人民生計，使民眾安居樂業為主，其中，透過教育來滋養萬民，被視為是統治者彰顯天道的重要途徑。

　　依據考古發現[1]與《周禮》的記載，周初設有各式官職，掌管邦國的政治、教育、軍事、司法與文武百工等相關的知識和技術，以增強國力和使社會民生富庶。這些官職大致可以分為六類：「天官冢宰」負責一般行政庶務、「地官司徒」負責教育工作、「春官宗伯」負責社會與宗教事務、「夏官司馬」職司軍事、「秋官司寇」掌管法令事務、「冬官司空」負責百工與農業等各項專門技術等。在上述的各種官職中，「地官司徒」掌管的事務與教育最為密切關聯。

　　整體而言，司徒之官的教育工作，主要包含兩個部分，一個是教導人民學會生存所需要的知識和技能，以維持生計；另一個部分，是教導人民如何與其所居處的社會共同生活，表現出合宜的、符合社會期待的道德行為。依據《周禮》對於地官司徒職掌的描述：

> 「帥其屬而掌邦教，以佐王安擾邦國……大司徒之職：掌建邦之土地之圖，與其人民之數，以佐王安擾邦國……以土宜之法辨十有二土之名物，以相民宅而知其利害，以阜人民，以蕃鳥獸，以毓草木，以任土事。辨十有二壤之物而知其種，以教稼穡樹藝。以土均之法辨五物九等，制天下之地征，以作民職，以令地貢，以斂財賦，以均齊天下之政。」《周禮・地官司徒》

　　從上面的描述可知，司徒之官掌管整個邦國的教育事務，並且從土地與地區特性和人口數的分析等，引導民眾依據地區的差異，從事耕種與畜養牲畜等工作，以利民生。此外，為了使社會安定，司徒之官還透過「鄉三物」，也就是六德、六行、六藝等，對民眾進行品德陶冶的教化；透過「鄉八刑」約束不良的行為，並對民眾進行禮樂教化等，改善民風。依據《周禮》的記載，司徒之官：

1　　請參見許倬雲1984，頁201-230；李學勤、張廣志2007，頁188-199。

以鄉三物教萬民而賓興之：一曰六德，知、仁、聖、義、忠、和；
二曰六行，孝、友、睦、姻、任、恤；三曰六藝，禮、樂、射、
御、書、數。以鄉八刑糾萬民：一曰不孝之刑，二曰不睦之刑，三
曰不姻之刑，四曰不弟之刑，五曰不任之刑，六曰不恤之刑，七曰
造言之刑，八曰亂民之刑。以五禮防萬民之偽而教之中。以六樂防
萬民之情而教之和。凡萬民之不服教而有獄訟者，與有地治者聽而
斷之；其附于刑者歸于士。《周禮・地官司徒》

從上述的說明，可以知道周初時期，天道天命的概念已經從商時期的
純粹宗教意識，轉化成爲與君王之德、道德意識相關聯的人文主義式的教
育。而且，在「天地滋養黎民百姓」的概念下，教育成爲統治者落實其天
命職責的重要途徑。透過司徒之官的教化職責，教導百姓生計之道和透過
禮樂教化善良民風等，使得周初所建立起來的社會與政治制度成爲往後數
千年中華文化的源頭。

二、諸子百家的崛起：對「天道衰微」的回應

周初所建立起來的天道文化，讓周朝（1406–256 B.C.）成爲中國歷史
上國祚最長久的朝代。然而，自從周王室東遷後，整個社會陷入到春秋戰
國的時代。在這個兵荒馬亂的時期，同時也出現了中華文化歷史上，諸子
百家爭鳴、思想最蓬勃發展的時代。

有關諸子百家爲甚麼會出現在這個時代，學者們有不同的說法。《漢
書・藝文志》認爲諸子百家起源於王官：

儒家者流，蓋出於司徒之官，助人君順陰陽明教化者也。……道家
者流，蓋出於史官，歷記成敗存亡禍福古今之道，然後知秉要執
本，清虛以自守，卑弱以自持，此君人南面之術也。……陰陽家
者流，蓋出於羲和之官，敬順昊天，歷象日月星辰，敬授民時，
此其所長也。……名家者流，蓋出於禮官。古者名位不同，禮亦
異數。……墨家者流，蓋出於清廟之守。茅屋采椽，是以貴儉；

養三老五更，是以兼愛；選士大射，是以上賢；宗祀嚴父，是以右鬼；順四時而行，是以非命；以孝視天下，是以上同：此其所長也。……縱橫家者流，蓋出於行人之官。……雜家者流，蓋出於議官。……農家者流，蓋出於農稷之官。……小說家者流，蓋出於稗官。……諸子十家，其可觀者九家而已。皆起於王道既微，諸侯力政，時君世主，好惡殊方，是以九家之術蠭出並作，各引一端，崇其所善，以此馳說，取合諸侯。……《漢書·藝文志》

　　從上述的引文可以知道《漢書》作者班固，認爲諸子百家起源於王官。如果從《春秋左傳正義》描述「天子失官，學在四夷。」以及相關的史料論證，東周以後因爲經濟衰退的因素，使得周王室無法留住各式官職的人員，王官爲求生計，四散各方，將相關的專門知識交給門人，加上春秋時期「稷下學宮」與「養士之風」興起，是促成諸子百家思想爭鳴的原因。

　　然而，對於上述的說法，近代學者胡適先生與牟宗三先生，各有不同的論點。胡適先生在其〈諸子不出於王官說〉一文中指出「諸子之學皆起於救世之弊，應時而興」、「皆憂士之亂而思有以拯救之，故其學皆應時而生，與王官無涉……」。（胡適，1917）對於胡適先生的觀點，牟宗三先生認爲，胡適先生只是從社會學的觀點說明當時社會環境不佳、社會出了問題，民生有疾苦，所以，諸子的思想都是反映當時的社會問題的。胡適先生是從社會的面向（橫向的觀點）來看，而班固《漢書·藝文志》則是從歷史發展（縱向的觀點）來看諸子的起源問題。然而，牟宗三先生認爲這兩種說法，都缺乏從文化發展的邏輯觀點做更嚴謹的論述。如果諸子百家的興起是因爲亂世，那爲何諸子百家不出現在其他的朝代，而出現在周朝？牟宗三先生認爲，如果從思想內容以及諸子所面臨的問題來看，諸子百家中，儒、墨、道、法四家是直接相干的，其它家大多是派生的，而儒道墨法四家的崛起，都是對著周文疲弊（也就是周朝的這一套文制）而發。而且如果從思想內涵和邏輯來分析，應該是先有儒家，然後有墨家，儒、墨相對立後，出現道家，隨後才有法家。（牟宗三，2002：54－68）

針對班固、胡適、牟宗三等人的看法，個人認為，三家的論述有相互補充說明諸子起源的問題。整體而言，那是一個思想爭鳴的時代，為了挽救已經衰微的天道，諸子百家各提出救世良方，然而，其中唯獨儒家特別重視教育，並且主張透過教育，培育治國與淑世的人才。

三、以儒家為正統的教育發展史

　　誠如前文所述，牟宗三先生認為諸子百家中，嚴格來說，應以儒、墨、道、法四家為主，事實上，在先秦時期，儒、墨、道、法這四家在當時也是影響力最大的。然而，為何在兩漢時期最後會選擇以儒家為正統？如果回顧先秦到兩漢時期的整個中國教育思想的發展史，可以發現，在戰國到秦時期，主要以法家思想為政治與教育的主流。然而，以法家思想為主流的秦朝（221-207 B.C.），卻只有維持將近十五年的國祚。因此，西漢初年的統治者，反思秦朝的快速崛起和急速衰敗過程，並以此為借鏡，他們認為法家思想的政治和教育主張，無法真正穩定一個國家。所以，西漢初年轉而選擇融入法家思想與儒家思想，但卻以道家思想為主流的「黃老思想」，作為統治國家和教育統治者後代的主流思想。更明確的說，此時的教育主張，逐漸從法治教育轉而朝向「抱道推誠」、「尚賢與無為」的德治教育發展。依據《文子‧精誠篇》的說法，抱道推誠意指著，統治者應該順道而行，其言行舉止與內心的修養應該達到純淨、專一的境界。此外，依據《黃帝四經》的觀點，為人君者，應該「尚賢」、使千官盡其所能，然後可以行「無為」之政。

　　隨著漢初以黃老學說為主流，給予人民休養生息的機會，社會逐漸富庶，人口與經濟成長越來越快速，此時黃老學說的治世思想，似乎無法處理日趨複雜的社會問題。因此，「援儒入道」的政治氛圍和教育思想逐漸形成，至漢武帝登基以後，終於決定「罷黜百家，獨尊儒術」，並且透過宗法制度、天道與順乎人情的教育內容和方法，進一步地強化和統一國家。自此以後，儒家不僅成為中華文化體系中的正統，同時，成為數千年來中華教育的正統。

第二節　教育主張

有關以儒家為主流的教育主張，賈馥茗教授在其《教育哲學》一書中，曾經從為何要教？教甚麼？如何教？誰來教？等四個核心問題進行分析。底下擬從這四個教育的根本問題，闡述傳統中國教育哲學對這四個教育核心問題的主張。

一、人為什麼需要教育？——論儒家教育的人性觀和天道觀

西方學者亞里斯多德（Aristotle）曾經問過一個問題：「人和動物的差異為何？」亞里斯多的回答是：「人與動物的差別，在於人是理性的動物。」類似的問題，中國哲學家孟子也曾經問過。孟子說：「人之異於禽獸者，幾希？」在此，顯然地孟子和亞里斯多德一樣，已經觀察到人與一般動物的差別只有一點點，但這個關鍵點卻造成人類社會與其他動物族群的明顯差異。對於這個問題，孟子的回答是：「人之所以異於禽獸者，幾希。庶民去之，君子存之；舜明於庶物，察於人倫，由仁義行，非行仁義也。」（《孟子·離婁章句下》）意思大概是說，人與動物不同的地方是很微少的。一般人忽略或捨棄了這個差異，而聖人明瞭人與禽獸的差別在於人有仁心和懂得義理，因此懂得珍惜保有。譬如，像虞舜這樣的聖人，由此出發進而明瞭萬事萬物的道理和人情義理，他的所作所為都是順著天性中的仁心和義理而行事，而不是為了要行仁義而勉強自己去行仁義。

事實上，在人性本質的論述上，孟子雖然知道人與動物的差別只有一點點，而且他認為教育的目的就是在彰顯人和動物不同的這種善性善端、仁心仁性。至於人性中的其它面向，傳統儒家的另一位重要的代表人物荀子，也曾作出深刻地分析。依據荀子的說法：

> 人之性惡，其善者偽也。今人之性，生而有好利焉，順是，故爭奪生而辭讓亡焉；生而有疾惡焉，順是，故殘賊生而忠信亡焉；生而有耳目之欲，有好聲色焉，順是，故淫亂生而禮義文理亡焉。然

則從人之性，順人之情，必出於爭奪，合於犯分亂理，而歸於暴。
故必將有師法之化，禮義之道，然後出於辭讓，合於文理，而歸於
治。《荀子‧性惡》

從上面的引文，可以發現，荀子對於人性觀的論述焦點，不在於人與
動物間的相似之處，反而是比較聚焦在人的動物性和生理需求的部分。誠
如《禮記‧禮運篇》所說：「飲食男女，人之大欲存焉。」正因為人有其
基本的需要，但基本的需求如果過度膨脹，就容易引發人與人、社會與社
會的紛爭，因此，荀子主張人必須透過「隆禮重教」、「化性起偽」[2]的
方式，也就是，透過禮樂教化和人為的節制方式，來調和人的動物性慾望
和生理需求的層面。

此外，其實荀子也觀察到人在自然環境的演化中，他和其他動物不同
的地方，正因為人能夠組織社會群體，並且進行合宜的社會分工，因此，
使得人成為宇宙間的主宰。誠如荀子曾在〈王制〉一文中的說法：

「人力不若牛，走不若馬，而牛馬為用，何也？曰：人能群，彼不
能群也。人何以能群？曰：分。分何以能行？曰：義。故義以分則
和，和則一，一則多力，多力則彊，彊則勝物。」《荀子‧王制》

由上文的內容可以知道，荀子認為人和其他動物最關鍵的不同之處，
在於人類能夠依據個人的專長，進行合宜的分工，並構成強而有力的社
會。衡量人類的祖先，過去在弱肉強食的自然環境中，其生存本能是不如
其他動物的，譬如：沒有牛馬的氣力、豺狼虎豹的攻擊本能、羚羊狡兔的
逃生本能等，然而，人類卻能夠順利地在自然界的殘酷競爭中存活下來。
依據荀子的說法，這主要是因為人類能夠分工合作，組織功能強健的社
會，才能使人類成為地球的主宰，並逐漸在自然世界之外，開創出獨特的

2　「偽」在此指的是「人為的」作為。

文明與人文社會。換句話說，荀子和孟子都各自看到了人與一般動物不同之處，並且強調透過教育，彰顯人的獨特之處。但荀子同時也看到了人與一般動物相似之處，因此，他主張透過禮樂教化，調伏人的動物性本能，和強化人的社會性人格。

由上述先秦兩位儒家學者對於人性的看法，可以得知，人與其他動物相異之處，是人類之所以可以得天獨厚，成為萬物之靈的關鍵，誠如《書經·泰誓》所說的：「惟天地萬物父母，惟人萬物之靈。」人與動物之間的相異點，從孟子的觀點來看，就是人的善性善端；從荀子的觀點來看，就是人的社會性。因此，傳統的儒家教育思想，認為人在宇宙天地之間，有其獨特的地位，人應該承襲上天所賦予的獨特性，順應天道，彰顯人與其他動物的不同之處，才能使人道與天道相應。

此外，由於人終其一生都必須面對自己動物性與生物性的本能，並加以超越，以彰顯其善性善端和社會性的部分，因此，唯有透過一生的持續努力，也就是「誠」的功夫，才能越來越接近至善的境界。誠如孔子所說：「人能弘道、非道弘人。」《論語·衛靈公十五》唯有透過一生持續的自我修養，人的心性與言行舉止方能愈來愈接近天道。

二、教甚麼？以「品德陶冶」為基礎，傳授「知識和技能」

從上述人性觀和天道觀的論述，可以知道傳統儒家教育非常重視善性善端的培養，以及如何與社會群體共同合作的精神。更明確地說，傳統儒家教育重視良好品格的養成，因此，其教育的內容首先是以品德教育為主。然而，為了落實人生的理想，儒家教育不僅僅重視品德的陶冶，它也強調在「修身」的基礎上，進一步地落實「齊家」、「治國」、「平天下」的理想。也就是，在人格養成的「內聖」基礎上，去實現「外王」的事業、去建立理想的社會制度和文化。誠如《禮記·大學》一開頭所說：

> 「大學之道，在明明德，在親民，在止於至善。」……「古之欲明明德於天下者，先治其國；欲治其國者，先齊其家；欲齊其家者，先修其身；欲修其身者，先正其心；欲正其心者，先誠其意；欲誠

其意者，先致其知，致知在格物。物格而後知至，知至而後意誠，
意誠而後心正，心正而後身修，身修而後家齊，家齊而後國治，國
治而後天下平。自天子以至於庶人，壹是皆以修身為本。其本亂而
末治者否矣，其所厚者薄，而其所薄者厚，未之有也！此謂知本，
此謂知之至也。」

　　由上文可以知道，修身是儒家教育的根本。然而，在修身的基礎上，
要如何才能進一步地開展出外王的事業？為了達到這個目標，儒家教育進
一步地需要依據每個人所扮演的社會角色，教導其所需要的知識和技能。
換句話說，當一個人秉持著自己的良知良能，希望能為其家人和社會作一
點貢獻的時候，他需要學習日常生活中的一些知識和技能，才能實現人生
的理想。當然，隨著時代的變遷與文明的進步，個人在不同的歷史時空所
需要的知識的內容和技能，也會有所不同。

　　有關人格陶冶與知識技能的學習，兩者之間的關係，在此援引宋明
理學家張載在其《正蒙》一書中，所提出的「德性之知」與「聞見之知」
這兩個概念來解釋。所謂「德性之知」指的是，當一個人能夠盡其善心善
性，他就會知道甚麼是應當去做和不應當去做的事，也就是孟子所說的
「盡心知性知天」，當一個人能夠盡其本心、善性善端，他就能盡其本
性，並因而清楚地知道天道與天命賦予他的職責。在此，德性之知的知，
指的是道德良知，它是所有知識的基礎。所謂「聞見之知」指的是，心與
外物感知所獲得的知識，也就是，透過感官知覺和經驗所學得的知識。傳
統儒家教育雖然首重德性之知，但也重視個人在落實人生理想、實現天命
所賦予他的職責時，他所需要的實用知識與專業知識。

　　在此，近代新儒家學者牟宗三先生用「良知之坎陷」這個名詞，來
說明「德行之知」為何需轉化為「聞見之知」，讓「內聖」的修養功夫
轉化為「外王」的實踐智慧和具體行動（牟宗三，1979，頁249-260）。因
為，自宋明理學以來，認為「聞見之知」不如「德性之知」，甚至可能妨
礙「德性之知」。也就是，透過感官知能學習外在事物，有可能使個人迷
失其原本的善心善性。誠如老子所說：「為學日益，為道日損」。學習實

用知識和專業技能，是愈廣博和精益求精愈好；學習至道，則反而需要減少欲求和心理官能的運作，才能慢慢捨棄雜念，達到精誠專一、返璞歸眞的境界。由於心理官能在上述兩種學習中，看似無法同時運作，因此，牟宗三先生提出「良知之坎陷」這個概念說明，一旦一個人在盡其良知時，發現他需要實用的知識和專業的技能，協助他實現人生的理想，他轉而運用心理官能追求知識時，此時，良知退居到後，成爲心理官能的基礎，作爲個人追求客觀知識的基礎。牟宗三先生這個說法，爲近代以前的儒家教育重點，如何從品德教育的基礎，轉化爲專業知識與實用技能的學習；也爲近代儒家教育思想，如何說明應當接受西方科學知識等，提供良好的解釋。依據上述的說明，整體而言，儒家教育的教學內容，首重品德教育，並主張在品德教育的基礎上，教導每個個體所需要的知識和技能。

三、如何教？

(一)品格陶冶的方法

　　誠如前文所述，孟子和荀子雖然都認識到人和其他動物不同的地方，但人仍然有其動物性的層面。因此，傳統儒家品格陶冶的重點，主要是透過「禮樂詩書」的涵養和教化，陶冶人的心性，使其仁心仁性、善性善端的一面，能夠透過適當的言行舉止，表現於外在的各種社會互動的形式中。誠如《中庸》所說的：「喜怒哀樂之未發，謂之中；發而皆中節，謂之和；中也者，天下之大本也；和也者，天下之達道也。致中和，天地位焉，萬物育焉。」換句話說，喜怒哀樂的情感，是人在社會互動情境中，產生的自然情感。但這種自然的情感，必須透過適當的教化，才能使其表現不會太過或是不及。譬如，孔子認爲詩歌或文學的教育，有助於人的情緒教育。《論語·八佾》篇中，孔子說：「關雎，樂而不淫，哀而不傷。」就是一種情緒表現的中和之美。在《論語·爲政》篇中，孔子也說：「詩三百，一言以蔽之，思無邪。」也就是，詩經三百篇，用一句話來說，每篇文章表現出來的情感都是眞性情的流露，沒有矯揉造作之處。因此，如《孔子家語·問玉》中提到的：「入其國，其教可知也。其爲人也，溫柔敦厚，《詩》教也。」也就是透過《詩經》文學的教化，可以養

成溫柔敦厚的品格。

此外，儒家教育思想對於孩童的品德教育，和亞里斯多德有些雷同之處，就是強調從小的時候，透過「禮」的教導和訓練，開始養成良好的行為習慣，長大以後，再慢慢讓他了解這些行為背後真正的道理。如〈學記〉所說：「幼者聽而弗問，學不躐等也。」換句話說，要和小的孩子說一些大道理，他們的年齡還小，不一定能理解，因此，品德的陶冶，宜從孩童成長的過程中，慢慢地去引導他理解其背後的道理。如《中庸》中所說：「自明誠，謂之教。」也就是透過明白人與人之間互動以及處世的道理，而讓自己內在的仁心能夠彰顯，並且達到真誠純粹的境界，這樣的引導過程，就是教育。

然而，由於人的仁心仁性、善性善端經常會受到慾望的牽引，而無法時時彰顯。因此，儒家教育也重視透過「誠」的功夫，守住人本有的「仁心」，以達到至善和至誠的修養境界。依據《大學・傳第六章》：「所謂誠其意者，毋自欺也。」也就是，要做到誠的功夫，首先從不自欺欺人開始，特別是在四下無人時，一個人仍然能夠自始自終，依從自己的仁心、善性善端，做出適當的舉止。這種「誠」的功夫，到極致的時候，可以達到「至誠」的境界，就可以使人的言行舉止與天道相應。如《中庸》所說：「唯天下至誠為能盡其性，能盡其性，則能盡人之性；能盡人之性，則能盡物之性；能盡物之性，則可以贊天地之化育；可以贊天地之化育，則可以與天地參矣。」

(二)知識傳授的方法

誠如前文所述，傳統儒家教育重視在品德陶冶的基礎上，進一步地教授專業知識與實用技能。因此，其知識的傳授中，仍然同時蘊含著品德的陶冶。底下將進一步地依據〈學記〉中所記載的教學要點，說明良好的教與學的方法。

在〈學記〉中的教學，首先，重視學生的學習態度和動機。「大學始教，皮弁祭菜，示敬道也。」也就是，在剛開學、開始學習的時候，讓學生們穿著禮服，用祭品祭祀先聖先師，讓學生們養成對於自己所要學習的事物或內容，表示敬重的態度。「凡學，官先事，士先志。」也就是，教

導學生學習作官，要先從實務的學習開始，學習成爲士君子，就要先立定志向。

其次，開始教學時，注重作息穩定，和依據時節安排適當的學習內容。此外，也需要依據教學內容的難易程度，從簡單到困難，按照次序教學，讓學生能夠將所學，順利地吸收後涵養在心中，並在適切的時機，表現出來，並且經過時常的溫習後，能優游於所學習的內容中。所謂：「大學之教也時，教必有正業，退息必有居。學，不學操縵，不能安弦；不學博依，不能安《詩》；不學雜服，不能安禮；不興其藝，不能樂學。故君子之於學也，藏焉，修焉，息焉，游焉。」

此外，儒家教育的教學方式，非常重視引發學生的動機和學習的主動性。因此，教學者經常透過「譬喻」、「啓發」和「引導」的方式，讓學習者保持學習的主動性和主體性。誠如〈學記〉中所說：「君子知至學之難易，而知其美惡，然後能博喻；能博喻然後能爲師。」「君子之教喻也，道而弗牽，強而弗抑，開而弗達。道而弗牽則和，強而弗抑則易，開而弗達則思；和易以思，可謂善喻矣。」

在師生互動上，也是同樣地重視學習者的自主性和主體性。〈學記〉用「叩鐘」的比喻，說明師與生之間的互動模式。所謂「善問者，如攻堅木，先其易者，後其節目，及其久也，相說以解；不善問者反此。善待問者，如撞鐘，叩之以小者則小鳴，叩之以大者則大鳴，待其從容，然後盡其聲；不善答問者反此。」也就是，教學的過程中，學生必須主動發問，其發問的技巧，應該先從容易的問題開始問起，之後再進一步地探究比較困難或是關鍵性的知識，慢慢久了之後，學習者就能眞正地理解比較深奧的知識系統或學理。同樣地，教師回應學生的方式，也應當依據學生的疑問和需求，適時適量的回答。這就好比在叩鐘，依據學生提問的問題大小，給予相對應的回答。

除了師生互動之外，同儕之間的相互學習，也是重要的。所謂「相觀而善之謂摩」、「獨學而無友，則孤陋而寡聞」也就是透過同儕的模仿學習或是觀察學習，以及彼此之間訊息與經驗的分享，將有助於學習的成效。

四、誰來教？教學者的（理想）條件？

㈠親職教育的主要功能

由於儒家教育重視從個人日常生活中的五倫關係，去落實五倫之道。其中，父子或親子之間的關係，首重親情。所謂「父子有親」指的是父母親慈愛子女，子女孝順父母，是建立在親情相互支持的基礎上。依據孟子的說法：「古者易子而教之；父子之間不責善，責善則離，離則不祥莫大焉。」《孟子·滕文公上》也就是說，知識或技能的傳授，以及社會規範的要求等，可以透過社會中其他專業人士或教師來教導。至於親子之間，應以親情爲重，不應該用一些規範或標準來彼此要求，因爲如果這麼做，可能會造成親子關係疏離，一旦親子關係疏離，可能會引起日後更大的問題。更明確地說，家人在外，可能因爲一時的疏忽或錯誤的觀念，做出錯誤的行爲或決定。爲人父母或子女者，不宜因爲苛責這種錯誤的行爲或決定，而使親子之間的情感產生疏離。

㈡理想教師的形象

依據《孟子·盡心上》中的說法，教學者大致上，可以分爲五種類型：「君子之所以教者五：有如時雨化之者，有成德者，有達財者，有答問者，有私淑艾者。此五者，君子之所以教也。」第一種類型的老師，能夠依據學生的實際需要，即時提供必要的協助，讓學生感覺到他的教學方式，有如春風化雨，讓學生在溫暖的和風中，順利地成長。第二種類型的教師，能夠依循學生本有的德性，引導並成就其良好的品格。第三種類型的教師，能夠依據學生先天的材質，使其才能充分發揮。第四種類型的教師，則是能夠適時地回答學生的疑惑。第五種教師，雖然沒有親自教導學生，但學生們卻可以從其行爲楷模中，學習到良好的榜樣。上述這五種類型的教師和他們的教學方式，可以說是傳統儒家教育中，典型的教師形象。其中，又以第一種類型的教師，被視爲是理想教師的典型代表。

第三節 挑戰與反思

　　整體而言，傳統儒家教育的哲學，是建立在人性本質的基礎上，順應天道並且透過順乎人情的教育方式，以適時啟發和引導的方式，誘發學生的善性善端和求知的動機。這樣的教學方式與教育哲學，為傳統中華文化奠立深厚的基礎。然而，自十九世紀中葉以來，傳統的儒家教育持續地遭受西方文化的挑戰與衝擊，因此，也有必要回應西方教育哲學界所提出的多項難題或議題。

　　首先，就人性觀而言，雖然孟子和亞里斯多德都提出「人和其他動物不同的地方為何？」這個問題，亞里斯多德的回答是「人是理性的動物」，因此，西方社會開展出以理性為依歸的社會文化體系；孟子的回答是「人有善心善性」，因此，傳統儒家社會開展出重視人倫關係的社會文化體系。近代以來，面對西方社會理性主義的衝擊和刺激，傳統儒家的教育主張，是否需重新調整其論述，使重視人倫關係的儒家教育和重視理性判斷的西方教育，能夠真正的整合，仍然有待東西方教育哲學家們繼續努力。

　　其次，近二、三十年來，列維納斯（E. Levinas）和德里達（J. Derrida）提出有關「它者」（the Other）這個哲學議題，不僅對傳統西方哲學或倫理學說產生相當的挑戰，同時也對傳統儒家的哲學論述產生衝擊。換句話說，傳統哲學的鉅型論述，經常忽略了每一個社會中被邊緣化族群，譬如：弱勢族群、少數族群、女性等的觀點和聲音，也因此，從「它者」的觀點來看，這種哲學論述或倫理學說皆難以宣稱是具有普遍性的論述。因此，當今儒家教育哲學的論述，仍然需要進一步地處理有關「它者」的議題，並將此議題重新納入其教育主張中。

　　近年來，隨著女性主義的意識和觀點，逐漸在臺灣和華人社會崛起，傳統儒家的教育學說中，涉及「男尊女卑」、「天尊地卑，乾坤定已，卑高以陳，貴賤位矣……乾道成男，坤道成女。」《周易·繫辭上》或是「唯女子與小人難養也，近之則不遜，遠之則怨。」《論語·陽貨》等觀

念，皆須進一步地重新檢視，並從儒家的「恕道」觀等，重新修正並改善一些對於女性較爲負面的描述，以及涉及一些男女不平等的道德規範和學說。

回顧整個傳統以儒家爲主流的教育學說，從先秦的原始儒家教育學說，到了漢代受到法家、道家等九流十家思想的影響，已經產生些微的變化。此後，自佛教東傳來到中國，經過數百年各家思想的相互衝擊和激盪，自北宋以後，融會儒釋道三家思想的宋明理學逐間興起，儒家教育思想的論述再次進入另一個階段的高峰。到了近代，隨著中西方哲學思想之間的交流愈來愈頻繁，華人社會對於西方教育學說的理解愈來愈深入，傳統儒家的教育哲學和倫理學說等，將有機會進一步地融會西方教育思想的精粹，爲當代新儒學的教育思想，再次地奠定新的理論基礎和教育學說。

參考書目

（宋）朱熹（1984）。四書章句集註。臺北：鵝湖。

（漢）孔安國傳（唐）孔穎達疏。尚書正義《武英殿十三經注疏》本。民國105年7月2日，取自：http://ctext.org/shang-shu/zh

（漢）班固。漢書藝文志《武英殿二十四史》本。民國105年7月2日，取自：http://ctext.org/han-shu/yi-wen-zhi/zh

（漢）鄭玄注（唐）陸德明音義。周禮《四部叢刊初編》中第9～14冊（景長沙葉氏觀古堂藏明翻宋岳氏刊本）。民國105年7月2日，取自：http://ctext.org/rites-of-zhou/zh

（魏）王弼（晉）韓康伯注（唐）孔穎達疏。周易正義《武英殿十三經注疏》本。民國105年7月2日，取自：http://ctext.org/book-of-changes/xi-ci-shang/zh

（魏）王肅注。孔子家語《四部叢刊初編》中第309～311冊（景江南圖書館藏明覆宋刊本）。民國105年7月2日，取自：http://ctext.org/kongzi-jiayu/zh

朱熹（1974）。詩經《詩集傳》。臺北：藝文印書館。

牟宗三（1979）。從陸象山到劉蕺山。臺北：學生。

牟宗三（1998）。中國哲學十九講。臺北：學生。

李學勤、張廣志（2007）。西周史與西周文明。上海：上海科技文獻出版社。

林樂昌（2012）。正蒙合校集釋。北京：中華書局。

姜義華、黃俊郎（2007）。新譯禮記讀本。臺北：三民。

胡適（1986）。諸子不出於王官論。載於：胡適文存（第二卷），頁184-185。臺北：遠流。

張豐乾（2007）。出土文獻與文子公案。北京：社會科學文獻出版社。

許倬雲（1984）。西周史。臺北：聯經。

陳鼓應（註譯）（1995）。黃帝四經今註今譯：馬王堆漢墓出土帛書。臺北：臺灣商務。

賈馥茗（1983）。教育哲學。臺北：三民。

延伸閱讀

　　除了本文的參考書目外，由於中華文化的內涵不僅包含諸子百家，也包括漢朝以後慢慢傳入中國的佛教思想等。讀者如果想要盡快掌握各領域思想的精華，可以依據個人有興趣的領域，參考底下所列舉的相關書籍。有關中華文化的起源，可以參考賈馥茗教授的相關著作，譬如：賈馥茗（1992）《全民教育與中華文化》、賈馥茗（2001）《先秦教育史：中華文化與教育的源流》（臺北：五南）等書。其次，有關中國教育的哲學基礎，可以參考當代新儒家學者牟宗三的著作，如：牟宗三（1998）《中國哲學的特質》、牟宗三（2002）《中國哲學十九講》等。此外，有關道家哲學的書籍，可以參考當代新儒家學者王邦雄等人的著作，譬如：《老子道德經的現代解讀》、《莊子：內七篇·外秋水·雜天下的現代解讀》等；有關佛教哲學的書籍，可以參考印順法師的著作，譬如：《佛法概

論》與《成佛之道》等系列叢書。至於中國教育的發展史，可以參考中國學者毛禮銳、沈灌群合著（1986）《中國教育通史》（六冊）（山東教育出版社）、周愚文（2001）《中國教育史綱》（臺北：正中書局）、高明士（2004）《中國教育史》（臺大出版中心）等書。至於中國教育思想的部分，亦可參考伍振鷟（2006）《中國教育思想史大綱》（臺北：五南）和張光甫（2012）《教育哲學：中西哲學的觀點》（臺北：雙葉書局）等書。

王清思

第三章

杜威的教育哲學與人生：
透視哲學與教育的共生關係

第一節　談教育焉用哲學乎？

美國Columbia大學教授Rene Arcilla（2002）曾發表了一篇文章，引發教育哲學界廣泛探討，標題是「為何哲學家與教育學家互不對話」？哲學界沒有興趣思考教育的問題，而教育界也不太關注哲學。看似單純的提問，背後卻牽涉許多複雜的問題：何謂哲學？何謂教育？教育與哲學的關係是什麼？筆者想起自己的博士資格考試，考題之一即是：教育哲學是否應該列為教育學院的必修科目？當時探問身邊在教育學院唸書的朋友，發現大家普遍認為教育心理學和社會學應列為必修，但教育哲學卻沒有必要，原因不外乎對哲學的負面印象：抽象、深奧、難懂、沒有用。

這篇文章反映了教育哲學學門在美國師資培育體系之地位日漸式微的問題。Arcilla（2002）認為哲學對教育有獨特貢獻，有別於其他社會科學，不應被取代。不同學者紛紛加入討論，有些人站在「教育家」的立場發言，有些人則以「哲學家」的身分發聲。筆者在此不深究這些內容，僅以這個楔子讓讀者明白：教育與哲學的關係為何之問題依然存在；教育哲學的定位依然不明。雖然教育哲學在臺灣仍被視為重要的必修科目，因為教師資格檢定、甄試或相關公職考試都有教育哲學這門考科。但是，若沒有考試，大家依然認為哲學對教育有貢獻嗎？

本章要介紹的美國哲學家約翰・杜威（John Dewey），認為教育與哲學有著密不可分的共生關係。杜威自稱《民主與教育》一書充分地呈現了他的哲學思想。此書是教育哲學的經典名著，自1916年出版至今年（2016）正好是將近100年。因此，本章將先介紹百年來杜威學說的傳播所產生的迴響。再者，本章將透過杜威學說的視野，深入探討教育與哲學的共生關係。本篇文章的寫法比較特殊，特意將杜威生平傳記和思想介紹融合在一起，讓讀者認識杜威學說的同時彷彿認識杜威這個人，希望可以加深讀者的印象，也能啟發對於杜威教育哲學的興趣。

第二節　杜威學說的百年傳播與迴響

　　杜威（1859-1952）可謂十九世紀學校教育普及以來，首先以哲學的宏觀思維探討教育問題與願景之思想家。十九世紀之前，僅有貴族階級或少數人才得以享有教育的機會，但社會漸趨現代化之後，教育已漸漸成為個人成長和社會發展的必要條件，因此教育的問題變得格外重要。

　　有鑑於此，杜威在芝加哥大學哲學系任教時，向校方建議成立教育學系並擔任第一屆主任。當時他將教育哲學奠定為教育的基礎學門，並致力將其哲學理念付諸於芝加哥實驗小學的教育實驗。杜威強調：「哲學是普遍的教育理論」；「教育是各種哲學理論得以具體化與驗證之實驗室」（MW9: 338-39）。杜威對於改革教育的熱誠遠大於教授學院派的哲學課程。1894年他在寫給家人的信件中透露：「有時我想乾脆不要教哲學算了，而是透過教育來教哲學。當你想到數以千計的學童在芝加哥的學校裡，年年這樣被負面地摧殘，就足夠讓你想要走出家門，好比加入拯救軍部隊一樣，在街上狂呼救人」（Dewey, 2002, no. 00218）。西方思想史上，像杜威這樣能將哲學與教育思想融為一體，並能將思想付諸教育實踐的人，大概找不出第二個人。雖然後續的哲學界和教育界對他的褒貶不一，但他的地位無人能取代。

一、杜威學說在哲學界的迴響

　　整體而言，杜威在哲學界引起的迴響不及教育界。傳統純哲學（如邏輯、形上學、認識論、語言哲學、心靈哲學等）所處理的問題，杜威並不熱衷。他重視的是一種應用哲學，將哲學的方法應用到社會人生問題的解決。由於杜威跟傳統哲學明顯不同調，一般哲學系的專題課程並不會特別介紹杜威，只有在思想史的課程會簡略提到杜威的思想（Kitcher, 2011, pp. 9-10）。

　　雖然杜威生平頗具影響力，也享有廣大的知名度，但1952年杜威過世之後，他在哲學界幾乎是乏人問津，因為當時哲學研究的走向已經慢慢

「轉向語言」（the linguistic turn）並發展出所謂的「分析哲學」（Bernstein, 2010）。在分析學派學者的眼裡，杜威只不過是「一個友善的老人，但根本不懂得什麼叫做嚴謹的哲學分析，也不懂何謂真正的哲學問題之本質」（引自Westrbook, 2010, p. 16）。分析哲學重視語言概念的分析，關注語言概念是否能代表真正的實體，強調語言使用本身的邏輯性、精確性與合理性，並假定語言概念的模糊不清會導致思想和行動的障礙。由於1960到1980年代間盛行分析哲學，杜威學說幾乎消失了二、三十年，「猶如進入冬眠狀態」（Fesmire, 2015, p. 1）。

　　二十世紀末期，西方哲學界又重新重視杜威代表的美國實用主義之哲學意蘊。新實用主義學家Richard Rorty無疑是背後推手，他讚賞杜威對哲學的貢獻，並將他與維根斯坦（Ludwg Wittgnstein）和海德格（Martin Heidiger）三人並列為二十世紀最重要的哲學家（Westbrook, p. 17）。Rorty在其著作中重新詮釋杜威的哲學思想，並進一步發展杜威哲學內蘊的後現代觀，特別是杜威對傳統真理基礎觀（foundationalism）的質疑。Rorty闡述真理與文化的關係，強調真理乃是符合特定文化的產物，而非「對應」某種終極實體的結果（correspondence theory of truth）。後來有學者認為Rorty有些曲解了杜威，指出杜威所抱持的並非極端的相對主義論，他也不否認普遍客觀真理的存在，只是強調真理的流動性與變動性。

　　杜威學說除了可以用來支持許多後現代主義的觀點之外（Hickman, 1998），也被認為與反個人主義、強調社群倫理的女性主義思想十分契合。近來比較哲學界也十分重視杜威思想和儒家思想的關聯（Ames &Hall, 1999）。在二十一世紀的今天，杜威的地位似乎已經超越了「美國人的哲學家」（the American philosopher）之頭銜，而化身成為跨國（transnational）或全球（global）的哲學家。

二、杜威學說在教育界的迴響

　　如果用「倒吃甘蔗」來形容杜威在哲學界的影響，那麼他在教育界的發跡則宛如「美國夢」的實現。

(一)創立芝加哥大學附屬實驗小學

1895年杜威從密西根鄉下搬到芝加哥之後，他的人生起了很大的變化。他深刻感受到快速的工業發展對美國社會的衝擊，特別是兒童教育的問題：當時社會裡有愈來愈多的兒童必須進入正式的學校體系，而這些學童來自社會不同的階級與族群，如何適應學校便成了一大問題。杜威發現當時學校的措施和教學完全無法滿足學生的需求，也缺乏對學校教育的願景。於是，他和妻子連合幾位有志一同的教師投入前所未有的「實驗小學」之教育實驗，希望引進大學內最新的教育研究以改良教育實務，並從教育實務經驗之反饋進一步提升教育理論和研究，如此讓理論與實務密切結合，相得益彰。

承如「芝加哥大學實驗小學」的校名所揭示，該學校純屬「實驗」，並沒有自詡為教育改革的典範。但是，他們的聲名還是逐漸傳開，不僅傳到美國各地，也傳到了國際之間。實驗小學開創了美國本土教育之新局，對當時一向習慣去歐洲取經的美國人而言，獨具意義。杜威的好友心理學家William James寫到：在芝加哥大學「有真正的學校和真正的思想；在耶魯只有思想，沒有學校，在芝加哥兩者都有」（引自Burnett, 1976, MW1: ix）。透過實驗小學的設立，杜威達成自己想要「拯救教育」的夢想，也更加確認「教育是社會進步與改革的根本方法」（EW5: 93）。

實驗小學在課程上做了很大膽的創新嘗試，將當時社會主要的「職業活動」（occupations）融入課程，包括木工，紡織、烹飪等，希望透過活動課程，讓學生習得相關的學科知能以及探究的心智習性。例如：透過木工學習相關的數學運算和測量概念；透過烹飪學習基本的化學概念；透過紡織認識當代的工業發展現況與歷史。此課程突破了傳統的讀寫算（3R），讓學校與社會生活連結。兒童透過這套課程，可以產生主動學習的興趣及意願，也可以學習參與社會生活。雖然實驗小學的課程沒有單獨設立「道德課」來灌輸特定的道德價值，但是杜威希望透過潛在課程讓學生培養所謂的「社會興趣」（social interest）、「社會力量」（social power）、與「社會智慧」（social intelligence）（EW5: 75）。有了社會興趣，學童懂得關注社會中的各種事物與問題，透過課程習得的知情意技能

讓他們有力量貢獻社會；課程中的做中學與分工合作也可以讓學童培養合作解決問題的能力和人我溝通之技能。雖然這套以職業活動為主的課程離現今已經十分遙遠，但是課程背後的基本理念，讓教育連結生活、學校連結社會，至今依然影響著許多教育實踐與改革。

(二)調和進步主義教育和傳統教育之爭議

一般在教育界裡提到杜威，一定會聯想到「兒童中心」與「進步主義教育」。進步主義教育的核心理念大抵圍繞著尊重兒童天生的興趣、自然發展與學習傾向，讓兒童自主學習與發揮創意（Norris, 2004）。這些理念基本上符合杜威的教育原理，但是杜威與進步主義教育並不能劃上等號，因為進步主義教育在實務面上有太多的變調，造成許多問題，例如：將自由當成放任不管。話雖如此，要將杜威與進步主義教育兩者切割開來卻又十分困難。在〈兒童與課程〉一文中，杜威曾說：如果要在課程和兒童之間選擇的話，他的選擇是兒童，因為教育關注的是開發兒童的能力和培養兒童的態度（MW2: 291）。杜威再三強調「兒童」與「課程」並不相互對立，而是同一條水平線上起點與終點：了解課程的教師懂得如何詮釋兒童現有之能力與興趣，並協助兒童建立與課程的連結；了解兒童的教師懂得善用兒童現有的能力與興趣以提升課程學習的成效。雖然杜威一直企圖調和兩端的爭議，然而，他這番「選邊站」的話使得他成了「兒童中心」教育的最佳代言。杜威與進步主義教育的連結，讓他成為教育界中無人不知、無人不曉的人物。但也因為這個連結，使得他遭受許多不必要的誤解，也使得他真正重視的民主教育思想反而遭到忽略。

其實杜威是進步主義教育改革運動的支持者，也是批評者。他曾對「兒童中心」教育過度「單一化」的危險提出警告（LW5: 531），也不斷提醒進步主義教育的改革人士不要只停留在反對傳統教育的層次，認為只要將傳統教育所重視的一切反過來就是好的教育，例如：以自由取代控制，以興趣取代紀律，這樣容易造成矯枉過正的結果，例如：為了「有趣」而「有趣」，為了「活動」而「活動」。然而，在極端「傳統」與極端「進步」兩派的戰火下，杜威偏向中肯而持平的建言，卻沒有發揮太大的影響力。

　　1930、1940年代隨著美國經濟蕭條與社會變遷的關係，進步主義教育思潮慢慢受到社會中傳統派人士的強烈反擊。舉例來說，永恆主義（Perrenialism）代表學者賀欽斯（Robert Hutchins）提出博雅教育性的重要性，並大力抨擊職業教育對美國高等教育的危害；賀式指出經典閱讀才能開發心智，反觀職業教育僅會淪為職業訓練。杜威也提筆回應了賀欽斯的批評。他認為賀式將經典的內涵視為放諸四海皆準而無須驗證的永恆真理，只會讓經典成為死的知識；如何讓經典成為現世可用的知識才是重點，而非永恆真理（LW11: 392）。

　　雖然批評聲浪不斷，但1960年代的美國教育還是深受進步教育思潮影響，所謂的「生活適應」（life adjustment）教育運動即是一例，強調高中學生應透過學校教育習得實際的生活技能與才藝，如烹飪、舞蹈、家庭教育等，以適應未來生活。然而，這一波改革後續引發傳統教育派人士的抨擊，直指美國教育文化已經嚴重落入「反智主義」（anti-intellectualism）（Hofstadter, 1963）。1990年代之後，E. D. Hirsch（1987）進一步提出「文化素養」（cultural literary）的重要性，強調受過教育的人都應該具備基本的文化常識，也批評美國社會面臨了嚴重的知識匱乏（knowledge deficit）（Hirsch, 2006）。二十世紀末期以來，「回歸基礎」（back to basics）亦是耳熟能詳的教育口號。當然，教育問題從來就不可能只有一種聲音。與「回歸基礎」教育相互抗衡的即是所謂的「批判思考」教育運動，強調教育應該教導學生思考與創造力，而非基本的讀寫算而已。

　　從上述的歷史我們發現，進步主義和傳統主義在美國教育界的爭議從來沒有間斷過，進步主義教育運動雖然早在1957年隨著代表刊物的停刊而象徵性地落幕（Cremin, 1964），但進步主義的基本理念卻已經深植美國教育文化的土壤。反對僵化背誦和形式主義，重視孩童興趣與生活經驗，已經成為美國教育界的深層結構，對師範教育的影響更是深遠。有學者形容：在美國如果有老師公開反對進步主義教育，就會被同儕認為是不願意追求專業進步的保守派，並遭以異樣眼光對待（Norris, 2004, p. 4）。也許因為進步主義教育的勢力過於龐大，每當美國教育出現國際競爭的威脅時（如2004年美國學生在PISA國際學生評比測驗表現落後），就會有人開始想

要尋找問題背後的「罪魁禍首」，首當其衝的就是杜威。從聳動的專書標題就可得知一二：「杜威與美國教育的衰敗：教育的聖哲如何腐壞了教與學」（Edmondson, 2006）。

　　跳脫美國教育來看進步主義教育也會有不同的發現。進步主義其實不僅是美國本土的教育而已，它儼然已經晉身為「世界級的教育運動」（Rohrs & Lenhart, 1995），在美洲、亞洲、非洲、南美洲、澳洲、歐洲等，都出現類似的教育改革風潮。杜威也成為最典型的「旅者專家」（traveling expert）。由於杜威的著作被翻譯成多國語言，他的思想在不同的時間與空間下，被不同的政治與文化所吸納、滲透和轉化，進而產生所謂「多元偏離」（refraction）的現象（Bruno-Jofre & Schriewer, 2012）。百年來，杜威學說在傳播、轉譯及應用的過程中，不免遭到異化或曲解——不僅在自己的國家，在他國也是如此。或許世界上根本不可能有「完美」的土壤等待任何「完美」的理論去播種和豐收。異化是自然不可逆的，因為理論的種子需要陽光和水分，不同世代和社會文化價值提供了不同程度的陽光和水分，導致最後的結果很不一。

　　本節最後，筆者以杜威自己的話來反思百年來傳統教育和進步主義的爭議。在《經驗與教育》一書的開始，杜威就表明：「所有的社會運動都包含著各種衝突，而這些衝突就反映在思想上的各種爭論上。像教育這樣攸關大眾利益的重要事業，如果不成為大家在理論上或實務上競相爭論的場域，那就表示這個社會不健康了」（LW13: 3）。教育爭議是自然有益的，因為爭議迫使我們去思考教育的本質目的以及理想社會的圖像。杜威說，面對教育爭議，我們「應以教育本身來思考教育的問題，而不是用什麼教育上的主義，甚至也不應該以進步主義來思考教育的問題，因為除了教育本身，任何以主義來思考和行動的作法，都會不由自己地捲入對另一主義的反抗，而不能自拔」（LW13: 3）。

　　以「教育本身」的角度來思考，意味著要回到教育哲學。既然杜威強調其教育思想和哲學思想有著如此緊密的關係，我們必須了解的核心問題是：如何從杜威的教育理念看出他的哲學思想？如何從他的哲學思想看出相映的教育理念？以下本文將從杜威的哲學人生談起，再介紹他的哲學立

場與教育學說，剖析兩者相互影響與交織的共生關係。最後將呼籲讀者重新以哲學的角度檢視現今教育潮流與措施背後的基本假定，並反思教育導向是否走在正確的道路上。

第三節 杜威的哲學人生與教育理念

為了協助初學者了解杜威的教育理念，本文將以杜威自己的人生經驗來詮釋其教育理念，讓讀者了解杜威的思想和他的人生是一體的，他書中所寫的內容，就是他自己的「經驗和教育」。

一、教育即成長

首先，杜威的人生就像他的哲學生涯一樣長，也像他的哲學著作一樣豐富。他一共著有40本專書，寫過700多篇文章，全都被收錄在77大冊的杜威全集裡。簡單來說，他的一生幾乎沒有停止思考、寫作與學習。所以在《民主與教育》一書中，杜威可以大聲的告訴世人：「教育即成長」，「教育除了本身之外，沒有其他目的」，只有不斷地接受「更多教育」（MW9: 56）。「更多教育」不是指追求更高學位，這樣是將「教育」狹隘地等同於「學校教育」；而是指廣泛地從生命經驗歷程中不斷學習。

這樣廣泛的教育歷程該如何界定呢？杜威的回答是：「經驗不斷地重組與改造」，如此不僅能「賦予經驗新的意義」，也使人「更能掌控後續經驗之發展」（MW9: 54）。人生是由經驗所組成，在經驗與經驗相續的歷程中，舊經驗會受到新經驗的刺激而產生某種失衡的現象，為了恢復平衡，必須做出回應、調整、與轉化，讓整體經驗恢復一統性，使行動有指引的方向。杜威十分看重經驗的調整與改造；對他而言，這就是成長，而杜威也是這樣看待自己的經驗和學習。舉例來說，杜威1915年出版的《我們如何思維》（How We Think），他1938年改寫之後又出了新版。杜威的《倫理學》也是有前後兩個版本。這表示當杜威認為他後來的經驗加深、加廣他原先觀點，或者讓他調整原先的想法，他就會透過改寫反應真實的

經驗。除了改寫著作之外，杜威也會調整他對事情的看法。舉例來說，杜威在1915年表態支持第一次世界大戰，他當時認為武力若能帶來建設性的和平，那就不應該堅持反戰是絕對不可撼動的道德價值。他一向反對樹立任何終極價值，這樣會失去行事的彈性與判斷力。為此跟他堅決反戰的朋友打筆戰，甚至決裂；然而，戰後的國際情勢讓當杜威發現自己當時被理想主義沖昏了頭，而忽略了政治角力戰的現實面。在歷經了一番深刻的反思與沉澱之後，他加入了「立法反戰」的運動（Wang, 2007）。以上皆是他學習轉化經驗的例子。

　　此外，杜威的生命經驗非常豐富，也都一一反應在他的著作裡，除了哲學專書外，杜威也評論各類教育、政治、經濟、文化的社會議題，包括女性投票權、種族衝突、衛生、教師工會等。除了寫作之外，杜威也積極投入參與各種協會：他曾任「哲學學會」會長、「心理學協會」會長，他成立了「美國教授」協會並擔任會長，他也協助創辦了「美國獨立政治行動聯盟協會」（Westbrook, 2010; Fesmire, 2015）。如果當時杜威有名片的話，攤開來大概會有好幾大頁。

　　杜威生平也參訪過許多國家，包括了日本、中國、土耳其、墨西哥，蘇俄等，這些異國之旅也是他重要的學習經驗，特別值得介紹的是杜威的中國行（1919-1921）。他於1919年5月接受學生胡適和蔣夢麟的邀請來到中國講學，此時正值五四運動時期，對杜威而言，是一個充滿紛擾但又驚喜的大時代，他時時帶著好奇與探究的心情，觀察周遭情勢的變化，並希望透過他的演講為中國激盪出一些新的思想。這兩年的薰陶與學習，對他日後思想的發展亦有重要的影響（Wang, 2007：王清思，2010）。當時的中國人將杜威視為西方民主「德先生」與科學「賽先生」的化身，熱烈地歡迎他。杜威帶來的福音是大眾期盼的：追求科學與民主的啟示，打破舊有傳統的包袱，走向現代文明的道路。杜威自己也是依循相同的路線，企圖翻轉傳統哲學的包袱並建立符合新世代精神的哲學觀與教育觀，所以杜威在中國講學的經驗應該可以稱得上如魚得水。兩年之間，杜威到訪了11個省分，他把他所知道的、學到的都分享出去。杜威的女兒Jane Dewey（1939）說，中國是他除了自己的家鄉之外，最熱愛的地方。

　　從杜威的哲學人生來看，我們發現他所定義的「教育」，與他個人的「成長」經驗相互輝映：所以他說，教育即成長。透過他的作品，透過他的經歷，杜威再再示範了「教育即成長」的理念不是一個口號，而是他的立身處事的原則。

二、教育的道德真諦

　　然而，教育即「成長」就夠了嗎？當代關懷倫理學家Nel Noddings（2004）不禁質疑：真的不需要確立成長的方向？任何方向都是好的嗎？只要不斷地成長就夠了嗎？她舉了一個例子：一個女孩喜歡數學，一直往數學學習的方向發展，愈學愈投入，也愈學愈好，但這樣就是「成長」嗎？由於杜威不樹立特定終極的道德價值，如正義或關懷，或明訂道德應該包含哪些具體內涵，如誠實、友愛、尊重等，許多批評家覺得杜威忽略了道德教育。姑且不論杜威是否忽略了道德教育，重點是杜威看待教育和道德的方式，有別於他人，所以他不需要特別談道德教育；對他而言，「教育」的定義本身就富饒道德意涵。之前提到杜威認為教育是經驗的重組與改造，不僅是知識之學習而已。若以杜威的角度初步回應Noddings的問題，我們必須衡量這個女孩在學習數學的整體經驗與歷程為何，而不能單從她愈學愈多、愈學愈好的結果來評判。

　　像Noddings這樣關注道德教育的學者提出上述的問題，其實並不意外。到底道德教育的意涵為何？該怎麼做才能透過教育培養「道德人」？我們總習慣在「教育」之前再加上某個詞X，如「道德」，以彰顯X教育的重要。但是，道德教育、數學教育、X教育，哪一個比較重要呢？不管答案為何，我們不免落入不必要的對立（如道德v.s.數學）或獨斷的假定（數學非關道德）。其實，杜威一直強調從「教育本身」來思考，意即「教育」是否已經內涵豐富的道德寓意。在《民主與教育》的最後一章「道德的理論」，杜威指出：「最根本的道德興趣，是從生活中所有接觸的人事物學習」（MW9: 370）。這句話幾乎是此書的結尾，重要性可見一斑。光從這句話判斷，我們發現杜威的道德標準其實很高，因為他要我們從所有經歷的事物，所有遇到的人，都抱持同樣的心態從中調整與學習。

這樣的「好學」精神，即是根本的道德情懷。但是，要學什麼？如何學？杜威並沒有明講。或許對杜威而言，「如何學」才是關鍵，能反映出一個人對於道德人生的堅持。這點本章後續談到杜威的經驗哲學時會再解釋。目前讀者只要記得，杜威所定義的教育是廣義的經驗之調整、轉化與學習，就是道德人生的真諦。

三、民主的道德理想

　　如果杜威心中有所謂終極的道德理想的話，那無非是「民主」。杜威說，民主不只是形容某種政治制度或社會理想而已，其內涵直指某種「倫理概念」（EW1: 240），即「一種共同生活之模式，一種相互溝通的經驗」，此經驗得以「打破階級、種族、國籍之間的藩籬，使得人我互動的全面性意涵得以顯現」（MW9: 93）。民主即是「社群生活概念本身」（the idea of community life itself）（LW2: 238），貴在日常生活之實踐，在於街坊鄰里與朋友的聚會和交談之中（LW14: 228）。延伸來看，社會中的個人與個人，群體與群體之間，若因相互仇恨、猜疑、恐懼和迫害，造成某種隔閡與衝突，而無法自由與充分地交流意見、溝通情感，共享志趣，那就離杜威的民主理想有一大段距離。即使民主政治能保證人民有信仰自由、言論自由和集會自由的這些權利，但真正的社群生活之實質內涵若沒有實現的話，民主政治只是空有架構而已（王清思，2009）。

　　如果民主的道德理想是實踐「社群生活」，那麼教育則應該充分運用與發揮社群生活的原則，培養相關的知情意技能，以適應並改造民主社會生活，使之更臻理想。所以，杜威的教育口號「學校即社會」、「教育即生活」要從民主道德理想的核心主軸來理解，才能充分掌握意義。杜威對教育最大的貢獻，就是將教育的視野，抽離開狹隘的個人菁英主義和主智教育之思維，而將教育緊密地和社會生活相連。教育應該協助個人融入社會生活，參與社會生活，並對社會生活有所貢獻；而社會生活則必須協助個人發展潛能，豐富個人生活經驗，以擴大個人生命意義。民主乃個人與社會互惠互利的道德理想。

　　但是，杜威的道德理想並不容易達成。社會生活本身充滿了各種人事

物之問題，容易陷入衝突與對立，因此學習處理問題、轉化經驗，這乃是參與社會生活的必備能力。學校教育的任務很重大。杜威認為，學校教育真正應該做的是讓學生培養「一種時時能從生活本身學習的心智傾向」，而且要能「創造出讓所有人都能一起從生活的歷程中學習的必要情境」（MW9: 56），這樣民主教育的道德理想才真正有可能實現。

第四節　杜威的哲學立場與教育思想

一、翻轉空靈的傳統哲學，立足可知的經驗世界

要認識杜威的哲學立場，最好先了解他如何「翻轉」傳統哲學。這裡的傳統哲學指的是希臘三哲所奠定下來的形上學和認識論之基礎。形上學探究的根本問題是「什麼存在著？」；而認識論關切的是「我如何認識這世界？及確認我認識的世界是真實的？」如果能用一句話來概括傳統哲學之目的，那無非是「認識真實的世界」（to know the world as it is）。這句話假定了有所謂「真實的世界」需要認識，也隱涉我們對世界的認識遠不及真實。

這個想法的源頭是柏拉圖（Plato），他認為我們透過感官所經驗到的世界並不真實，因為它會不斷地變化，無法信賴。柏拉圖認為現象世界之外還存在著一個永恆的不變世界，他命名為「理型界」或「觀念界」（the world of Form/Idea）。物理現象界之真實充其量僅是「看起來」（appear）為真，而非絕對的真或永恆為真。《理想國》一書中的「洞穴比喻」傳達的就是「真實的世界」和「看起來為真的世界」有所差異，提醒世人追求永恆真理、正義和美善。對柏拉圖而言，哲學的目的即是發現並證成永恆不變的真理。

希臘哲學的形上學觀點也深深影響了認識論。傳統認識論假定任何事物皆有固定不變的本質，認識事物的目的就是要去揭開「物之所以成物」的內在本質，如此才可稱為知識（knowledge）。亞里斯多德提出的「四

因」說（任何事物皆由構成的「物質」、「形式」、「動力」和「目的」組成），就是企圖解釋事物構成的本質。此內在本質形成一個穩固的「基礎」（foundation），任何知識的宣稱都要回歸到這個基礎來評判。任何知識必須是真實「對應」（correspond）此基礎的結果。許多後現代理論為了反駁這個「基礎」會自稱為「反基礎理論」即是這個緣故。

　　假若永恆絕對的真理不存在於感官經驗的現象世界，那要如何去認識呢？答案是必須透過心靈（mind），也就是理性認知的運作，才能洞悉事物。讓筆者舉個例子說明：我們之所以能夠理解n+1無限大的概念，並非從經驗界觀察得來，因為實際經驗的世界並不存在n+1無限大的數字，但我們可以透過心靈認知的運作得出這個概念。再者，有名的三段論法亦能讓我們透過推理得知真理：凡人皆有一死，蘇格拉底是人，所以蘇格拉底會死。理性運思的結果使人能超越經驗的侷限。杜威將這套認識論比喻成「觀看者的認識理論」（spectator theory of knowledge），形容認識事物本身就像站在戲臺上看戲一樣，只需遠遠地推理運思，無須涉身投入（MW9: 347）。當然，杜威反諷的意味很濃。

　　到底這套希臘哲學傳統衍生了什麼問題，讓杜威不得不提出「重建哲學」的呼籲（MW10: 3）？以下將分三方面說明：

㈠傳統哲學造成根深蒂固的二元對立思維

　　姑且不論傳統形上學和認識論追求永恆真理的立意如何，杜威企圖打破這套系統內涵的「二元對立」思維（dualism）和「絕對論」（absolutism）主張。二元對立思維將心靈（mind）與身體（body）、形式（form）與物質（matter）、主體（subject）和客體（object）、理論（theory）與實務（practice）、事實（fact）與價值（value）截然分離，並假定「心靈」重於「身體」，「事實」重於「價值」、「理論」重於「實務」。二元對立或許不是希臘哲學獨有的產物，但是卻為它提供了合理化的基礎。杜威認為，希臘哲學家假定的二元對立其實是當時階級社會文化脈絡下的產物，反映出男人與女人、貴族和平民、統治者與被統治者、以及有錢人和窮人之間的隔閡（MW12）。二元對立間接造成的負面的影響就是「思考」重於「行動」、「知」與「行」分離，而這也是杜威最憂心的問題，

因為它會造成思想的獨斷與僵化，也會讓社會停滯不前。

　　許多教育的爭議正源自於錯誤的二元對立思維，如傳統與進步、課程與兒童、工作與遊戲、紀律與興趣，內在發展與外在形塑等。杜威說：人們時常落入非此即彼（either-or）的思考，而無法考慮「兩者中間的可能性」（LW13: 5）。這意味著我們必須全盤考慮學習的經驗和脈絡為何，而非從單一的角度切入，錯誤地將部分視為整體。杜威認為，二元對立思維「違反經驗的連續性與互動性，也容易使對立的兩端陷入固著的僵局，無法提升轉化」（LW1: 186）。杜威的實用主義哲學強調的是考慮事物的整體脈絡，分析脈絡中各種因素之間的交互關係，以解決問題。二元對立思維容易使人忽略全貌，缺乏彈性，陷入更多問題。但這套思維卻深深影響著西方哲學，幾乎已成為該文化的深層結構。因此，杜威希望透過不一樣的教育，強調實作和探究，以改變這個文化的思維習慣。

(二)傳統哲學助長菁英主義的教育觀

　　傳統希臘哲學背後也預設了一套理想的菁英教育制度。柏拉圖在《理想國》中所訂定的最高教育目標就是培養哲學王或統治階級的人追求「心靈的人生」（life of the mind），能看透表象、發展冥想智慧以治理人民。相較之下，身體感官知能的應用和訓練則顯得次要，數學和邏輯等抽象的理論才是學習的重點，因為這些理論代表永恆真理，可以開發心智。學習的目的就是了解永恆真理與習得客觀知識。學習應保持客觀、疏離，但卻造成被動（Boisvert, 1998, p. 98）。依照這套觀點，學習似乎只是發生在大腦和耳朵之間，是一種單純的認知活動，而教學就是聲波的傳遞而已。

　　杜威提出的探究理論（theory of inquiry）希望從一般庶民百姓的角度思考「認識」的意義，他把知識當作動詞，等同探究，目的就是解決問題。杜威認為，我們與世界的關係不僅是「認識」的關係，透過探究，我們必須當改變世界的行動者，認識的目的不是為了認識真實的世界，是為了改善世界。對杜威而言，一味追求所謂「心靈的人生」會間接造成對實際生活的輕忽，使得學習理論變得過於空靈，對實際人生毫無影響。

　　杜威認為柏拉圖的想法源自於他所處的時代是不民主的，不民主的時代對「人」的想像是有限的，他只將人初略分成幾種類別，並提出不同

類別所需要的教育，但他無法想像人其實可以有更多不同的潛力與發展（MW9: 97）。杜威認為，現代社會已經離希臘時代的封建制度和菁英教育很遠，應當致力於思考現代科學和民主社會所需要的教育為何，而這是杜威畢生努力的方向。

㈢傳統哲學忽略哲學的社會使命

杜威的哲學反映了他所身處的民主時代：理想上，人與人之間可以平等相處和自由交流，但實際上各種階級、性別、種族的隔閡還是存在，離真正民主的理想還很遙遠。正是因為這樣，杜威自詡為民主的哲學家，關切的是一般人實際生活的問題、社會的問題，以及文化的問題。杜威認為，哲學的走向過度將重點放在回應過去哲學家所提出的形上學、知識論或價值論的問題，如是否有一個獨立存在的世界無法為人所企及，世界的本質是一還是多？本質先還是存在先？像杜威這樣充滿淑世關懷的人，對於傳統哲學的命題與問題是不感興趣的。以實用主義的精神來看，不管是否真的有絕對真實的世界等待人們去發現，這並不影響一個根本的道理：人應該好好努力過好當下的生活，學習以智慧的方式處理問題。

杜威認為現代哲學的使命就是走出一條跟傳統哲學不一樣的路。傳統哲學渴求探索現象界之外的世界，而杜威則希望將人的關注拉回到自然經驗界本身；傳統哲學希望認識真實的世界，杜威卻希望改變世界、改善社會。傳統哲學認為哲學的目的是發現真理，而杜威將任何哲理或學說視為一種假說，有待經驗的驗證，不同的時空和文化的哲學家會提出不同的假說，所有的真理只能暫時被驗證為真（warranted assertibities），但杜威絕不排除後續有可能隨經驗的轉變，又會再度挑戰我們對世界的看法。一切從經驗開始，最後再回到經驗。

他強調現代哲學不應停留在處理「過去哲學家所提出來的問題」，而是要提出一套哲學家們培養出來的方法，「用來處理人的問題」（MW10: 46）。換句話說，哲學應立足在可見的經驗世界，並以處理人的問題為使命。哲學是文化批評（LW14: 89），而哲學家儼然是文化的醫生。

二、以自然經驗世界為素材，擴大教育的意涵

㈠杜威的自然主義經驗哲學

　　如果杜威有自己的「純哲學」的話，稱它為自然主義之經驗哲學是貼切的。杜對「經驗」的重視可以從他幾本專書的書名看得出來：《經驗與教育》、《藝術即經驗》、《經驗與自然》。提到進步主義教育之缺失時，杜威說解決的方法就是發展一套「經驗理論」（theory of experience）來研究「教育與個人經驗」的關係（LW13: 11）。為何杜威如此看重「經驗」？為何「經驗」對於教育如此重要？杜威看重「經驗」有兩個基本原因：第一，為了扭轉傳統哲學的缺失，意即為了追求超經驗界的永恆真理，輕忽了自然經驗世界可提供的教育素材。第二，為了實踐哲學的社會使命，讓哲學與人生有所連結，讓個人與社會群體，皆能透過經驗的轉化，而活出更美好的人生、創造更民主的社會。

　　「經驗」既然如此重要，那該如何定義呢？我們每個人每天都在經歷著某些事，這些是否就是經驗？按照杜威的說法，可以說是，也可以說不是。原因是杜威將經驗界定為兩個層次：(1)所謂的「初始經驗」（primary experience）；(2)所謂「反思的經驗」（reflective experience）（LW1: 15）。我們每天所經歷的大都是「初始經驗」，在經驗中我們有所行動、承受行動的後果、或享受行動的後果，直到我們遇到問題或出現困惑，感受到某種失衡的狀態，才促使我們停下來想一想、釐清問題、找出解決、探索意義等，如此我們才得以擁有「反思經驗」或真正的經驗。然而，此兩者並不是一個二元對立的概念，沒有優劣之分；沒有前者，就不會有後者。但是杜威也強調，「有意義的經驗必須要有某種程度的思考要素在內」（MW9: 151）。思考的前提就是一個問題情境。杜威說，「在一個沒有麻煩的世界裡，思考不會存在，知識也不會被發現」（MW10: 331）。

　　根據杜威的說法，經驗的兩個層面大抵是「嘗試」（trying）與「經歷」（undergoing），也稱「做」（do）與「受」（suffer）（MW9: 146）。杜威說，嘗試的行動會帶來「改變」，但是改變若沒有被理解成由從行動衍生而來的後果，改變沒有被賦予意義，就是缺乏思考，不能真

的稱之為經驗。進一步說，從「經驗中學習」的意思是在我們「所做」跟「所受」之間，找出前後關係之連結（to make a backward and forward connection）（MW9: 147）。當一個問題情境產生時，反思（reflection）促使我們去了解事物發生的前因後果，了解的結果就是過程中產生的「知識」，足以指引未來經驗的方向。簡單地說，反思經驗的作用就是去吸取經驗的教育意義，使經驗可以被理解、被賦予意義、得以更完整、更圓融。

從上述的討論，我們可以得知杜威的經驗哲學之基本假定：(1)經驗是充滿問題的；(2)經驗是有教育意義的。經驗中的問題正是教育的素材，也是思考和知識的來源。以下將針對經驗的教育意義提出延伸說明，重點放在闡明「智慧的方法」（method of intelligence）。杜威指的「智慧」（intelligence）並不是智商或智力（intellect），也不是多元智能，而是融合了抽象的情意態度和具體應事的能力。

(二)透視經驗的教育意義，淬鍊「智慧的方法」

本節要探討的是：除了從經驗中學習或轉化經驗之外，是否還有更深一層的教育意涵？答案是肯定的，即透過經驗淬鍊「智慧的方法」。

之前我們提到杜威認為哲學的社會使命就是發展一套「方法」（method）以處理「人的問題」。他將這套方法稱之為「智慧的方法」（MW10: 48; LW1: 326）。杜威自己說，在他的理論中，「智慧」（intelligence）的重要性遠大於「知識」（knowledge）（LW14: 6）。也有評論家說杜威一生致力的志業莫過於協助世人「將實踐得以智慧化」（intelligize practice）（Eldridge, 1998, p. 13）。杜威如何定義「智慧」呢？

讓我們先從反面來理解。杜威認為的「非智慧」包含：「草率隨便」、「按照慣例」、「漠不關心」、「依賴權威」、「一味模仿」、「反覆無常」、「無知」、「偏見」、「情感用事」等（LW1: 326）。「智慧」當然也不是「會唸教科書卻不會處理實際事物」；智慧乃是一個「總和的概念」，綜合了一個人的「意念、習慣、情感、過去經驗所知所學的一切」，「使人能洞悉未來的可能性中哪些是好的、哪些是不好的」並能「巧妙地用對方法以達成想像中的理想目標」（MW10: 48）。杜威還強調，「智慧的方法」不會規避社會中各種衝突問題，而是會將衝突

好好地研究一番並以務實的方式處理（LW8: 99）。「智慧的方法」也是調和新舊對立的方法，「融入新的以改造舊的」（LW11: 37）。但智慧的方法標榜的不是個人的英雄主義，而是「合作的」與「實驗的」（LW11: 35）。它不是冰冷的理性，而是背後有真切的情感所驅策著的行動力。此情感也來自於一種特別的信念，稱為「改良主義」（meliorism），這也是杜威思想的一大特色，認為事情經過智慧的方法處理會比沒有用智慧的方法處理更好；即使問題無法一下子全盤解決，但透過一點一滴的改良，終究會趨向更好的狀態（Hildebrand, 2008, pp. 5-6）。

　　以上是杜威在著作中對「智慧的方法」的描述，對杜威而言，這個方法是哲學的方法，也是科學的方法，因為這個方法的關鍵即是「探究」（inquiry）與試驗（experiment）。在1910年出版的《我們如何思維》一書中，杜威用「反省性思維」（reflective thought）來形容「智慧的方法」之具體的步驟：(1)感受到困難；(2)找出困難點並定義困難；(3)預想可能的解決方法；(4)仔細思考解決方法中隱含的各種相關事物；進一步觀察並驗證解決方法是否能達至有效的結果，最後將結果轉化為信念（LW6: 236-37）。這個方法的根本即是實驗和探究的精神。杜威認為科學發展在自然界已經有相當的成就，他相信我們也應該用同樣的探究精神和智慧的方法來處理社會、道德層面的問題。

　　值得一提的是，杜威在1932年改寫《我們如何思維》一書時，調整了第一步驟和最後一步驟的說明：原本杜威的說法是感受到問題之後就定義問題。後來的版本告訴我們，第一步驟是先預想問題要怎麼解決，而非直接定義問題。筆者認為，這樣的修正使得「智慧的方法」更貼近哲學欲處理的「人的問題」。因為處理人的問題時，很重要的是必須知道吾人欲達成的理想狀態為何，也就是對這個問題的願景為何，希望它如何解決，有了願景的引導再去定義問題才能真正有效地處理問題。此外，人的問題通常不見得能夠採取實驗行動加以驗證假說，所以，杜威修改過的說法是運用具體的或「想像的行動」來檢視原本的問題是否能有效解決（LW8: 220）。

　　接下來要探討的是「智慧的方法」所需的情意態度，即是之前提到

的「如何學」的好學精神和道德情懷。杜威在《民主與教育》的第13章
講「方法的本質」時，杜威提出了四個原則，讓人可以從生活各種廣泛
的「經驗」中運用智慧的方法學習處理情境中的問題：(1)直接（direct-
ness）；(2)開放的心靈（open-mindedness）；(3)全神貫注（whole-hearted-
ness）；(4)責任（responsibility）。第一，當一個人能「直接」關注當下的
情境，則不會有「彆扭」、「壓抑」、「害怕別人怎麼衡量自己」的心情
或干擾因素，若有這些狀況，表示他沒有「直接」關注當下，他的心神就
會分歧，就沒有辦法好好探究和解決問題；「直接」也反應出對處理問題
的某種「自信」（confidence），這應該也是累積了許多處理問題經驗的自
然結果。第二，「開放的心靈」表示願意考慮所有一切有助於釐清或解決
問題的想法，而不會受到個人成見或偏見所影響；「開放的心靈」也意味
著對於原先預想的目的或結果能保持適當的彈性，願意根據新的因素調
整，不會因為僵化固執，而錯失了自我學習和問題解決的機會。第三，
「全神貫注」指的是處理問題的動機用心和目的是「完整的」（complete-
ness），能做到心無旁騖，裡外合一，而非為了某種外在的利益驅使才去
行事，而能以正直、誠實和真誠的態度處理問題。最後是「責任」，意指
在處理問題時，要將所有想法後續可能產生什麼後果，或可以隱含什麼潛
在的狀況，皆要一併納入考量，以示負責；換句話說，也就是要將問題和
解決前前後後想得「透徹」（thoroughness），才能避免造成令人困擾的後
果（MW9: 180-88）。

　　雖然對杜威而言，哲學與科學的探究精神是相通的，但他強調哲學
「不是一種知識形式」，而是「一種渴求」、是「努力付諸行動」、也
就是「對智慧的愛好」（love of wisdom），背後有某種深刻的「道德價值
之信念」，「一種生命應該怎麼過會更好的想法」，這個想法「驅使著
哲學家透過書寫去證成和說服他人何種人生才是更有智慧的」（LW11: 41,
43）。不同的哲學背後有不同的人生真諦，而本章所介紹的就是杜威認為
的智慧人生，是他結合「教育與哲學」的人生。

　　在杜威眼中，教育跟哲學的共生關係就是透過「智慧」的實踐讓生命
變得更好。杜威認為，哲學開發了一套智慧的方法，而教育就是要去培養

智慧的方法，依循民主和科學的價值和精神來勾勒教與學的藍圖，如此則能造就個人的美好人生以及社會的民主和諧。

杜威的評論家Lewis Feuer曾經說：「杜威歷久彌新的偉大之處其實不在於他所講的智慧的方法或探究的邏輯，反倒比較像是所謂人格的方法」。（Feuer, 1989, LW 15:xxxiii）。Feuer說，杜威本人或他的作品皆透露出了他過人的「情緒平衡」（emotional balance），他可以在正反兩端的意見上保持開放，也可以公正、如實地探究問題。筆者認為，「人格的方法」（method of character）這個說詞聽來奇特，但卻頗值得玩味：教育的問題，談來談去，關鍵還是在「人」。

第五節 結語：教育哲學的「無用」之「用」

本文前言的標題是「談教育焉用哲學乎？」。本文結語希望以「教育哲學的無用之用」與之對應。

哲學的本意即是愛好智慧，一般來說，哲學對於何謂人？人的智慧為何？如何開展？企圖提供理想的願景與縝密的論述，讓我們回過頭來思考許多關於「人」的本質性問題。若教育乃「教人成人」這句話是定論的話，那麼不管科技如何進步與社會如何變遷，我們不免還是要回到「人」的概念來討論。教育論述若沒有圍繞著「人」的理想圖像與「社會」的理想圖像，那教育實踐就會淪為沒有靈魂的空殼。所以，哲學看似「無用」，無法具體提供課堂老師班級經營的訣竅，但是因為它的無用，才造成了它的有用。哲學無法直接轉化成具體的技巧，但卻能啟發教學實務上的許多革新。以杜威的教育哲學之影響來看，杜威不曾具體指出教學者一定該如何做，但是他的教育理論卻啟發後續的「體驗式學習」（experiential learning）、問題本位學習（problem-based learning）、服務學習（service-learning）、地方本位教育（place-based education）等。近來引發臺灣教育界熱烈迴響的「學習共同體」也可以追溯到杜威的民主教育與社群概念。一套理論可以變化出無限的教學可能，這就是教育哲學理論的無用之用。我

相信未來二十一世紀的教育工作者，還是能繼續從杜威的教育論著中，發現教育可以如何不一樣。

　　本篇文章的寫作方式跟一般的教科書不太一樣，研讀的過程可能無法很快找到重點，有些地方甚至需要讀者好好停下來思索一番。但是，希望讀者感受到任何思想的緣起與思想家的社會文化脈絡、個人經驗都有關係，其思想的傳播和迴響亦是動態和充滿變化的。杜威的教育哲學不僅存在教科書中，更是在永不歇止的教育實踐裡。最後，如果您有機會、有興趣、有意願拿起杜威的原文來閱讀，你的感受或許會跟當年的我第一次閱讀〈兒童與課程〉一樣，也跟當年的胡適閱讀《我們如何思維》一樣，你會佩服杜威思考問題的智慧！

致謝辭

　　本文感謝科技部相關研究計畫之支持，計畫編號MOST103-2410-H-415-033以及104-2918-I-415-001。

本文所有杜威之原文引自*The Collected Works of John Dewey*之全文電子版（1996年出版），並由作者自行翻譯成中文。EW指*Early Works*（共5冊）；MW指*Middle Works*（共15冊）；LW指*Later Works*（共17冊）。

參考書目

一、中文部分

王清思（2009）。淺談杜威的民主觀及對博雅教育的看法。**通識在線，20，**
29-32。

王清思（2010）。杜威的中國經驗與對全球民主的啓示。**哲學與文化，37，**
25-41。

二、英文部分

Arcilla, R. (2002). *Why aren't philosophers and educators speaking to each other?*
Educational Theory, 52 (1), 1-11.

Berntein, R. (2010).*The pragmatic turn*. Cambridge, UK: Polity.Boisvert, R. D.
(1998). John Dewey: Rethinking our time. Albany: State University of New
York Press.

Bruno-Jofre, R.&Schriewer, J. (Eds.). (2012). *The global reception of John Dew-*
ey's thought.New York: Routledge.

Burnett, J. R. (1976). *Introduction to Middle Works of John Dewey (MW1)*.InThe
Collected Works of John Dewey, 1882-1953: The Electronic Edition. Charlot-
tesville, VA: InteLex, 1996.

Cremin, L. (1964). *The transformation of the school: Progressivism in American*
education. New York: A Division of Random House.

Dewey, J. (1939). Biography of John Dewey. In P. A. Schillipp (Ed)., *The Philoso-*
phy of John Dewey (pp. 3-45). Chicago: Northwestern University Press.

Dewey, J. (1996). *The collected works of John Dewey, 1882-1953: The electronic*
edition. (Ed.) Larry Hickman. Carbondale, VA: InteLex.

Dewey, J. (2002). *The correspondence of John Dewey*. (Ed.) Larry Hickman. Carbondale, VA: InteLex.

Eldridge, M. (1998).*Transforming experience: John Dewey's cultural instrumentalism*. Nashville: Vanderbilt University Press.

Edmondson, H. T. (2006). *John Dewey and the decline of American education: How patron saint of schools has corrupted teaching and learning*. Intercollegiate Studies Institute. Fesmire, S. (2015).Dewey. London: Routledge.

Feuer, L. (1989). *Introduction to Later Works of John Dewey(LW 15)*.In The Collected Works of John Dewey, 1882-1953: The Electronic Edition. Charlottesville, VA: InteLex, 1996.

Hall, D. &Ames, R. (1999).*The democracy of the dead: Dewey, Confucius, and the hope for Democracy in China*. Chicago: Open Court.

Hickman, L. (1998). *Reading Dewey: Interpretations for a postmodern generation*. Indianapolis: Indiana University Press.

Hildebrand. D. (2008).*Dewey: A beginner's guide*. Oxford: One World.

Hirsch, E. D. (1987). *Cultural literary: What every American needs to know*.Boston: Houghton Mifflin.

Hirsch, E. D. (2006). *The knowledge deficit: Closing the shocking education gap for American children*.Boston: Houghton Mifflin.Hofstadter, R. (1963).Anti-intellectulism in American life. New York: Vintage.

Rohrs, H. & Lenhart, V. (Eds.). (1995). Progressive education across the continents: A handbook. Frankfurt: Peter Lang.

Kitcher, P. (2011). The importance of Dewey for philosophy (and for much else besides). In J. Shook & P. Kurtz.(Eds.), *Dewey's Enduring Impact*. New York: Prometheus Books.

Noddings, N. (1995).*Philosophy of Education*. Boulder, Colo: Westview Press.

Norris, N. D. (2004). *The promise and failure of progressive education*. Lanham: ScarecrowEducation.

Rohrs, H. & Lenhart, V.(Eds.). (1995). Progressive education across the continents: A handbook. Frankfurt: Peter Lang.

Wang, J. C (2007).*John Dewey in China: To teach and to learn*. Albany: State University of New York Press.

Westbrook, R. (2010). The making of a democratic philosopher: The intellectual development of John Dewey. In Cochran, M. (Ed.), *The Cambridge companion to Dewey* (pp. 13-33). Cambridge: Cambridge University Press.

延伸閱讀

　　林秀珍（2007）所著的《經驗與教育探微：杜威（John Dewey）教育哲學之詮釋》（師大書苑出版），可提供讀者進一步了解杜威的經驗理論與教育學說之關聯。另外，單文經（2015）譯著的《經驗與教育》（聯經出版），對於杜威的生平和學說有深入的介紹，包含經驗與教育一書的全文翻譯和4位知名學者對該書的評析之翻譯，十分值得深入閱讀和研討。李玉馨（2014）的〈二元調和：杜威的教育哲學研究方法〉，有深入談到杜威對於二元對立思維的批判和調和之方法，值得參考，刊載於林逢祺、洪仁進所編的《教育哲學：方法篇》一書（學富文化出版）。對於杜威在芝加哥大學實驗小學的教育實驗有興趣的讀者，可以進一步閱讀鄭玉卿（2012）所撰的〈杜威芝加哥實驗學校道德實踐課程之探析〉，出版於**教育實踐與研究**，25(1)，1-28。針對杜威的教育學說對教學的啟示，可參考林逢祺（2015）所撰的〈論教學表現性：從杜威美學透視教學原理〉，刊載於《教育哲學：一個美學的提案》（五南出版）。對於進步主義歷史有興趣的讀者，可以參考周愚文（2010）主編的《進步主義與教育》（師大書苑出版）。關於杜威的教育學說與最近盛行的學習共同體的關聯，可參考單文經（2014）的〈杜威學習共同體的理念闡釋〉，刊載於**教育研究月刊**，241，122-138。對於杜威的中國行有興趣的讀者，可參考筆者（Wang, 2007）所著的*John Dewey in China: To Teach and to Learn*，以及〈杜威的中國經驗與對全球民主的啟示〉，刊載於《哲學與文化》，37，25-41。

簡成熙

第四章

分析的教育哲學傳統

楔子

> 莊子與惠施游於濠梁上。莊子曰：「儵魚出遊從容，是魚樂也。」
> 惠子曰：「子非魚，安知魚之樂？」莊子曰：「子非我，安之我
> 不知魚之樂？」惠子曰：「我非子，固不知子矣，子固非魚也，子
> 不知魚之樂，全矣。」，莊子曰：「請循其本，子曰女安知魚樂云
> 者，既已知吾知之而問我，我知之濠上也。」《莊子・秋水》

前述一則家喻戶曉的魚樂之辯，辯論的主角是代表道家思想的莊子與代表名家思想的惠施（他的同路人公孫龍另有「白馬非馬的名論」），莊子在橋上看到魚而水中游，他描寫自己偷得浮生半日閒的心境，也透過些許直覺，以魚快樂的文學表現方式；惠施則採取感官經驗、邏輯理性推論的立場，質疑莊子的表述。值得我們注意的是，當莊子感通魚之樂時，惠施不解風情的質疑莊子並不是魚，不可能知道魚快不快樂，莊子則用惠施之矛攻惠施，「你不是我，怎麼能斷言我不能感通魚？」，惠施並沒有被擊倒，他繼續運用「推論」的方法，企圖說明自己雖不是莊子，也可確認莊子無法得知魚快樂。莊子最後也玩了一點文字遊戲，再度重申（並未論證）自己訴諸主體直覺的立場，由於前引文是記載在莊子的著作中。一般人總是覺得莊子「意境」較高，惠施則顯得咬文嚼字，不懂生活品味，其實，這是代表著兩種思考，無分高下。本章所要介紹的分析哲學，是比較接近惠施的思考。

第一節 學說源起與立場

一、哲學的革命

中華文化中，先秦的九流十家，以「分析」取向的名家，固有一席之地，但先秦爾後二千年來之發展「名家」幾乎沒有太大的影響力，反觀希臘哲學，從蘇格拉底以降，已經很重視語詞（word）的分析，柏拉圖對話

錄中，所記載的蘇格拉底與其他人對「正義」、「勇敢」等概念之釐清，都可明證。但整體而言，哲學作為一種「愛智」之學，總是企求能對所處的世界作多元及終極的說明，是以「分析」的精神雖然一直貫通西洋哲學，卻有更多的學者認為哲學探索重在整體的掌握，分析適足以破壞了對整體的理解。

　　不過，到了二十世紀，人類的知識發展多元，很多傳統哲學探索的主體，如構成世界的基礎是什麼？我們所處世界變化之規則是什麼等問題，科學實扮演著更為關鍵的角色，傳統形上學的各種論述也受到嚴厲的挑戰。1920、1930年代，一群數理科學背景的歐陸學者成立「維也納學園」（Vienna Circle），而英國的羅素（B. Russell, 1872-1970）、萊爾（G. Ryle, 1900-1976）、艾爾（A. J. Ayer, 1910-1989）等也致力於語言概念、命題之探究。原籍奧國後來到英倫發展的維根斯坦（L. Wittgenstein, 1889-1951），更扮演重要的角色。他們關注的重點互異，也發展出不同學派如「邏輯實證論」（Logical positivism）、「邏輯經驗論」（Logical empiricism）、「邏輯原子論」（Logical atomism）等，但共同的立場是我們其實無法直視真理，我們毋寧是透過一套概念、符號、命題來代表真理，傳統的哲學家未能深刻體會，企圖對真理、世界，作了很多本質性的描繪，自認為已掌握了真理，但他們卻可能輕忽了語言的使用。因此，現代哲學家的任務，不在於另外提出真理的主張，而是檢查已有的主張。

　　以羅素為例，他要我們思考，「1930年法國皇帝是禿子嗎？」之命題，若你回答該命題為假，則「1930年法國皇帝不是禿子」就應該是真。但你會發現，該命題既不真也不假，因為1930年並沒有一個法國皇帝來讓我們驗證。羅素認為，該命題並不是一個原子命題，可以再去分析，再細分成「1930年法國有皇帝」之陳述，經考察後，該命題為假。其對偶命題「1930年法國沒有皇帝」，則可確定為真。羅素提醒吾人，只要我們能把命題或陳述句的最小單位分析出來，就可以聚焦該命題或陳述句，進而判定其真偽。

　　維也納學派等學者要吾人注意各式命題的意涵，「我的兒子很聰明」，是對我兒子的描述，同樣的句型「我的蘋果很聰明」，則令人不

解；這兩個命題，我們當然可以靠常識來理解其合理或不合理之處，但分析學者質疑傳統哲學所作的各種陳述，在語法、命題陳述及哲學術語的包裝上會使人誤以為其代表真理，其實只是類似「我的蘋果很聰明」的語言誤用而已。分析學者大致同意有些概念、命題是一種約定，其判斷真偽的標準在於該概念命題是否符合原先的約定。讀者在下圍棋或象棋時，固然千變萬化，但每位棋手落子時，都必須遵守下棋規則，圍棋的規則，就是約定性的，任何人下棋，都不能違反這些規則。部分學者認為數學上的「1＋1＝2」也是如此。諸如語言的約定俗成、數學及邏輯的推演，都是此類命題，此類命題稱為「分析命題」，可以從其本身之概念來推演真偽。另一類命題，稱為「綜合命題」，必須透過後天經驗的檢證，方得斷定真偽，例如：「今天屏東市沒有下雨」、「這支鑰匙是鐵製的」。維也納學派的學者認為這兩類命題，都有很明確的標準來判定真偽。有些命題在外形及語法上，固然很類似這兩類命題，但細察之下卻無明確判定真偽，例如：「世界是觀念所構成」、「善有善報」、「高雄很美」……。這就是有名的「檢證原則」（verification principle），艾爾甚至於認為，各項倫理命題，只是反映了說話者本身情感與態度，這些命題不具備有嚴格的認知真偽意義。

不是每位分析哲學家都堅持「檢證原則」，另有些英國學者則集中在日常語言（ordinary language）的分析。簡而言之，分析哲學之立場是透過石里克（M. Schlick, 1882-1936）所云之「語言的轉向」（linguistic turn），將哲學的爭議轉化為語言問題的澄清，成為艾爾口中「哲學的革命」，允為分析哲學的鮮明特色。早年的分析學者比較重視語言、命題的精確意義及證實方法，晚期的學者比較重視語言用法的社會意義。倪勞勒（R. Lawler）認為「不要追問意義，而要追問用途」、「每一個陳述句都有自己的邏輯」二句話，最能彰顯後期維根斯坦的特色（Lawler, 1968, p.29），也代表分析哲學的轉向。

分析哲學在二十世紀1920、1930年代，曾以雷霆萬鈞之勢痛擊傳統哲學，不過，哲學的發展並不似分析著哲學原先的預期，反而傳統哲學在二十世紀後半葉有復甦之勢。雖則如此，分析哲學仍以其鮮明立場著稱，

即使許多反對分析哲學主張者，轉化分析哲學之餘，也仍體現分析哲學的精神。例如：從語言、概念、命題的分析，擴大成各種影音「文本」（text）的分析，並對這些「文本」涉及的預設、意識型態及文化作更多元的探索，繼續豐富哲學的生機。

二、教育哲學學術的建構

二十世紀初英美師範院校中，教育哲學成為師資培育的一門學科已初步成形。不過，當時英美的師範院校學術並未能躋於一般大學之水準。教育學門的專業性與學術性也未完全受到認可，一般哲學學門也不把教育哲學視為其專業的一支。美國的杜威（J. Dewey）結合哲學、教育、心理於一爐，其1916年的代表作《民主與教育》（*Democracy and Education*）副標題即為「教育哲學導論」，對美國教育哲學的學術建構，厥功至偉，不過，杜威辭世後，實用主義也曾一度被批評。二次戰後，英美不約而同的各有學者以分析哲學來重構教育哲學，英國是以皮德思（R. S. Peters, 1919-2011）領導的倫敦路線（London Line）為代表作，美國的操盤者則是哈佛大學的謝富樂（I. Scheffler, 1923-2014），開啟了英美教育分析哲學的新頁。

倫敦大學教育學院在1947年即由知名的哲學家雷德（L.A. Reid）擔任教育哲學講座，1963年皮德思受邀繼任教育哲學講座，他提倡以「概念分析」（conceptual analysis）的方法，來強化教育哲學的學術建構（Hirst, 1998）。皮德思指出，當時的許多教育哲學有三項缺點：其一是流於哲學學派的附庸，哲學上有某某主義，然後有某某主義的教育哲學，這不僅化約了哲學的深度，也無助於教育實踐；其二是流於教育人物的觀念史（Great Education's approach），這種模式雖重視文化遺產，但欠缺哲學深度與現實生活脫節，既缺乏嚴謹的分析，亦未必有益於實際教育問題之解決；最後，許多論述，是從哲學史或人物中，覓尋一些智慧格言，如教育工作者每喜歡以幼稚園教育之父弗祿貝爾（Friedrich Froebel）之「教育之道無他，惟愛與榜樣而已」自許，雖然這些金玉良言，也確有鼓舞教育人員之功能，但終歸缺乏嚴謹的論證（Peters, 1966a）。皮德思繼而在

1964年，與其同道門生成立「大不列顛教育哲學學會」（The Philosophy of Education Society of Great Britain）。已經從師大、文化大學榮退的歐陽教曾於1965年負笈英國，躬逢其時，授業於其門下，使得臺灣教育哲學1970年代後也同步感受到分析的魅力（歐陽教，1973）。

哈佛的謝富樂在1954年即曾標舉「教育分析哲學」（analytic philosophy of Education），提倡應該以分析哲學的方法，強化對教育術語及命題的釐清，《教育的語言》（*The Language of Education*）最為膾炙人口（Scheffler, 1960）。

教育分析哲學1960年代英、美居於主流地位，也廣泛影響澳、紐，算是繼杜威教育哲學後，最鮮明且有影響力的一支，研習教育哲學，不可繞過其重點。

三、時代背景的需求

前面的介紹，讀者會以為教育分析只強調做哲學的方法。其實教育分析學者透過概念分析，有明確的提出一些教育主張，而這些主張也反映時代的需求。以下以倫敦路線為例，略加以說明。

(一)以博雅教育整合知識分化的專業社會

博雅教育（liberal education）可算是傳統教育的重點，立基於希臘以降的三文（trivium）、四藝（quadrivium），構成了教育的核心。二十世紀後，由於社會變遷的需求、知識分化與專業發展，各個知識領域不斷細分，幾乎已造成隔行如隔山的現象。美國大學的有志之士，也一直疾呼「通識教育」（general education）的重點。哈佛、耶魯、哥倫比亞、芝加哥大學等，都有通識教育的課程改革。英國的大學保有博雅教育的傳統勝於美國大學，所以比較沒有通識教育改革的急迫需要（因為課程比美國要通識）。但即便如此，整個資本主義、工商社會來臨，社會也一定會要大學「學用合一」，學校教育的目標很難不兼顧職場的考量。皮德思藉著釐清教育與「訓練」的差異，嘗試要人們重溫日常用語中對「教育」一詞的內建期許，他所分析的教育範型─教育人（educated man），也都載負者許多傳統教育的意涵。赫斯特（P. H. Hirst, 1927-）更從心靈，知識的界定

中，認為博雅教育重點在於利用不同知識的形式以豐富人們的理性視野，教育即在於利用知識以健全心靈。我們在下節予以介紹，讀者當更能體會教育分析在方法上，雖有「革命」的新意，但在教育理念上（特別是教育課程內容），仍然傳承了許多傳統教育（特別是博雅教育）的遺緒。

㈡以民主傳統適度吸納進步主義的革新訴求

二十世紀初在世界各地都有「新教育」的訴求，瑞典的艾倫凱（Ellen Key, 1849-1962）倡議二十世紀是「兒童中心」，口號響徹雲霄，美國則是以進步主義（progressivism）為代表。英國在二十世紀前半葉，也有類似的傳統。1960年代，似乎整個進步主義的氛圍，強調兒童自由、興趣，以兒童（而非教師）為中心，強調發現式教學……已蔚為一股莫之能禦的主流，民間的夏山學校（Summer Hill Schol）亦別具特色。1967年英國公布的《卜勞頓報告》（*Plowden Report*），代表了官方正式接受了兒童中心教育立場的訴求（很類似臺灣在1990年代的《教育改革諮議報告書》，強調「鬆綁」，進步主義的訴求也正式成為官方的政策）。倫敦路線的學者，並不完全接受進步主義的訴求，但他們願意從民主理念中吸納進步主義式的教學方法，皮德思對「教育」概念的釐清中曾經提出三大規準，其中一項「自願式規準」即可視為是吸納或修正進步主義之訴求，赫斯特、懷特（J. White）、狄阿典（R. F. Dearden）等，對於「統整課程」、「遊戲」、「興趣」、「自律」（autonomy，也譯為自主），都做了許多分析。簡單說來，倫敦路線的分析學者，希望透過嚴謹的分析，讓教育走向不要迷思在一時激情的進步主義教育改革口號叫囂中，這特別值得臺灣教育工作者正視。

第二節　教育主張

一、定義、口號與隱喻的釐清

㈠教育定義的邏輯

謝富樂將定義分成「約定性主義」（stipulative definition），代表在一

種特定的情境中，雙方便於彼此溝通而加以設定術語的意義。這種約定可能來自既定的用法，也可能是新的制定。至於「敘述性定義」（descriptive definitions），則企圖精確描述語詞先前既定的用法。謝富樂提醒我們要特別重視「規劃性主義」（programmatic definitions），此定義不僅是在既有的定義意義下，更具有實際應用的目的，也載負著倫理價值的判斷。以杜威為例，他曾經如此定義教育：「教育是經驗重組（reorganization）與改造（reconstruction），不僅使經驗的意義增加，也使指導後來經驗的能力增加。」杜威在此不完全只著眼於「約定」教育術語，以利溝通，也沒有只從教育的既定用法中，精確其意義，杜威反而期待透過此一定義揭示教學歷程中所意欲的學習成果。由做中學、由經驗中學習、不孤懸教育歷程外之目的、學校是社會的縮型等，都可在此一定義中，看出端倪。「規劃性的定義」，不僅有指引教育政策方案的實踐功能，也隱含著教育的價值或倫理應然的判斷。

㈡教育口號的邏輯

教育論述在文意上，其實是一種「口號系統」（slogan system）（Smith & Ennis, 1961, p.206）。雖然，口號在於提供運動的主要觀念與態度之動員符號，在於激起教育示威運動的符號，它固然在文字主張（literal purport）與實際主旨（practical purport）間，或有矛盾現象，例如：「我們是教人，不是教書（We teach children, not subjects），事實上，教學一定涉及對象與教材；教人與教書是一體，而非互斥的，從文意上來了解該口號，就如同「你晚餐吃了什麼？」，「哦，沒有，我只是吃了晚餐，沒吃東西」，是矛盾且令人費解。但在情緒的感染中，也會讓我們掌握其實際主旨。「我們教人，不是教書」，是要提醒教師在教學過程中，不要只重視事實之知，更要注重人格的陶融，也提醒教師盡情去想像，同理學生的內心世界，這樣看來，口號不僅僅只是情緒的感染，也有認知的意義，當然，分析學者也提醒吾人「教育口號」不像教育理論，是來自於具體事例的歸納，所以，口號可能沒有特定、明確的指涉（Smith & Ennis, 1961, pp.200-201）。例如：「校園民主化」，可能涵蓋「教授治校」，可能涵蓋「學生政府」……不一而足。教育口號也值得我們更審慎以對。

(三)教育隱喻

「教育即生長」、「教育即塑造」、「教育即雕刻」，都是常被類比成教育的說法。隱喻（metaphor）不在於尋求標準與約定的使用，也不似約定性、敘述性定義般平淡無奇，隱喻像口號一樣，也企求感染人們，也類似規劃性定義，可引出某種實踐性的方案。隱喻藉著文意上明顯的類比，希望帶出重要且令人驚豔的真理，目的仍然是希望規範教育。不過，1960年代的分析學者比較從知識嚴謹性的角度來評論這些教育隱喻認知功能的限制與誤導。例如：「教育即生長」，迴避了生長的方向，「教育即塑造」，忽略了教育對象的差異性與反抗性，「教育即雕刻」，更是忽略了教育對象的主動性。此外，資訊時代來臨，教育也被隱喻成資訊處理的歷程。林逢祺、洪仁進（2013）主編了二十多種生動的教育隱喻，讀者可參考之。

1960年代，教育分析壯大時期，美國學者喬治奈勒（G. Kneller）就曾期許「對於我們不加批判就據以盲從的特定教育意識型態之定義、口號及隱喻，分析哲學特別需要將其糾結處解開」（Kneller, 1964, p.90）這或許也是教育分析哲學的初衷，但證之往後的發展，教育分析學者似乎更遁入象牙塔內從事概念分析，而沒有具體的踏入社會實踐。

二、「教育」概念 ─ 規準與證成

以下，筆者主要從皮德思系列著作及相關學者論評中，綜合歸納其重點（Cuypers & Martin, 2013; Elliott, 1986; Peters, 1966b, 1973, 1977）。

(一)「教育」的規準

教育雖是一「本質性爭議概念」（an essentially contested concept），但分析學者期望能透過日常用語，找出人們共享心儀的教育概念，進而律定「教育」概念的充分或必要條件。且讓筆者以閩南語之「讀冊人」或是「你書讀到哪裡去？」的指責用語，簡單加以敘明概念分析的精神。當我們說某某人是「讀冊人」，並不只是指他學歷高，或是精於某一技能，我們還期許他「知書達禮」；當我們指責某人「書讀到哪裡去了？」，並不是指他沒考滿分，或是專業知識不夠高，毋寧是指他不懂人情世故，或者

是違反了最起碼的道理，不懂孝順父母等。雖然，每個人對「教育」都有不同的看法與主張，但華人世界在使用「讀冊人」一詞時，大概都承繼著前述的意涵，這就是日常用語下的概念分析，與前節對定義的討論有別。皮德思雖沒有「精確」教育定義，但他透過概念分析，也區辨了一些「規準」（criteria），可以釐清教育與訓練、制約、灌輸……之差異，這就是有名的教育三大規準。

　　合價值性　教育就如同「感化」（reform）一樣，二者都把追求有價值的事物視爲其內建的規準。所謂「內建」（built in）是指教育本身就代表著傳遞一套有價值的事物，就好像「感化」的意思就是使人變得更好，若說一個人感化成功，卻沒有變得更好，或說教師教育學生，卻不想教導他有價值的事物，這在語用及邏輯上是矛盾的。有些人會說，我想教育他，但他沒有變得更好，似乎在教育過程中，也常發生。皮德思認爲這是經驗上的後果，但這不妨礙我們在使用「教育」或「讀冊人」時，所內建的價值性事物。

　　合認知性　一個人若只是精於某一技術或熟悉很多資訊，我們通常不會以「教育人」來形容。教育的內建意義是當事人，要具備某種知識體或概念基模以超越各種零碎片段的訊息，他必須「知其所以然」（reason why），不能只是呆滯的知識（inert knowledge）。除了前述的認知與理解外，還必須有「通觀的認知」（cognitive perspective）。我們不見得會稱呼科學家或各種專業之士爲「教育人」，並不是科學或專業沒有價值，也不是他們無法掌握其科學專業學理。事實上，科學家對科學理解都躋於上乘。某些科學家雖持續不斷的從事科學研究，只侷限在他們所從事的工作，卻無暇也不願關注科學與其他事物的關聯，稱訓練有素的科學家更爲恰當。值得提出的是，皮德思並沒有否定「訓練」的教育價值，他要表明的是「訓練」的概念是聯繫著某種技能或專業必須，是經由特定的目的，功能相關的練習，或是遵循某種特定的思考或實際模式來達成。皮德思認爲在語言使用上，「情緒教育」勝於「情緒訓練」，「意志訓練」優於「意志教育」之用語。再以「性教育」或「性訓練」爲例，「性訓練」旨在教導各種作愛技巧，至於「性教育」則是教導青少年一套有關自身動

作、人際關係以及社會體制的複雜信念體系。皮德思認為在一般語言使用上，我們會說訓練有素的哲學家、科學家、歷史學家、軍人，但人們並不是為了戰鬥或成為歷史學者而受教。

合自願性　可視為教育的歷程標準，要如何把合價值性的內容以符合認知性的方法傳遞給學生呢？傳統的教育有時把心靈視為被動的容受器，「兒童中心」的教育觀則重視教育的程序原則（procedural principles），並從心理學的角度，呼籲教師正視兒童的興趣、需求及發展情形。皮德思大體上接受這些想法，不過，他也反覆指出，不能孤懸兒童中心的「方法」，而忽略了教育內容的傳遞，這是倫敦路線與兒童中心或是夏山學校最大的差異。此外「自願性」的規準，就語用的意義而言，是指學生能自覺在學習。「制約」、「催眠」的過程，兒童並沒有這種自覺，很難說是在受教。皮德思指出「自願性」規準，並不是學生的學習全然要自發性，或是教師完全不能強迫學生，只要我們不把兒童視為是無法自我反映心靈的被動個體，兒童知道自己在做什麼，能夠體會到師長的期望，能以一種有意義的方法從學習中得到啟發，就符合教育的自願性意涵了。皮德思也稍嫌囉嗦地指出，「灌輸」（indoctrination），涉及信念，與制約（通常涉及生理上的動作）不同，教育之所以排除灌輸，部分原因是灌輸缺乏對學習者的尊重，也不鼓勵學生批判反思等，這是違反前二項規準（因為有些灌輸的情形，也可能發生在學生的自覺情形下），而不是自願性規準。

不過，在中文概念下的一般用語，筆者認為「合自願性」較難視之為教育的概念真理，中文概念下的「自願性」，誠如歐陽教（1973. p.16）所詮釋的「教育活動，……不能生吞活剝，更不可橫施教師的淫威，要顧到學習者的身心發展歷程，與自由意志的表達」，雖與皮德思理念類似，但類似「不打不成器」的「嚴師狼爸虎媽」理念，也深種人心。即使是在國外，也有學者認為自願性規準是皮德思較晦澀不明的地方（李錦旭等譯，1991，p.486）。

受限於篇幅，筆者無法做出更多的例子與說明，期待讀者能駐足片刻，不要以背誦三大規準為能事，仔細運用皮德思的方法，再去思考或重構教育概念，必然會有新的理念，而本書第六章，也會介紹歐陸對「教

育」的看法，讀者可以與三大規準作一對照。

(二)教育即引領入門

皮德思在1963年倫大教育學院的就職演說中，也曾以教育隱喻的方式指出，「教育即引領入門」（education as initiation），後來在《倫理學與教育》（*Ethics and Education*）一書中，又再度強調。前面對三大規準的說明中，已具端倪。皮德思認為老式的教育，只重視教育的內容，教學的方式了無生趣。至於進步主義或兒童中心的教育方式，特別重視教育的「引出」方法，皮德思希望能夠調合這兩種立場。皮德思從心靈的探討中，嘗試去調合理性主義與經驗主義。他認為心靈是人出生後與社會互動的結果（就這點而言，與杜威也頗為接近），理性論者強調心靈的主動性以運作外在的經驗，把心智結構視為天賦，忽略了心智結構是來自於公共傳統，個人意識的內容也是個人被引領進入公共傳統之中，此一公共傳統正是內建於我們所處的語言概念、信念及規則體系之中。心靈當然也不像經驗主義洛克所稱是空無所有，全靠外在經驗的填充。簡而言之，兒童的意識模式的分化與心智結構的發展，都與公共世界的對象和關係型態緊密相連。兒童開始對事物有欲求時，會逐漸從漫無邊際的念頭中走出，會逐漸運用方法來把握經驗對象的存在。兒童透過表達其意向，逐漸掌握生活中可預測的行為模式，並根據社會規範內化其行為模式。心靈的發展正是心智的範疇、概念基模不斷分化的結果。不同的思考模式或認知模式，用赫斯特的話，也就是不同的知識形式（form）是健全心靈的不二法門。倫敦路線的學者認為，教育正是引領協助學生從公共的傳統中去熟悉這些不同的認知模式或知識形式。若像夏山學校一樣，全賴學生自我探索或發現，就忽略了引領入門的重要，也會使心靈的發展偏狹。

教師在「引領入門」的過程中，既要注意學生的個別差異、身心發展、適度興趣或動機引導（符合自願性規準），也要開拓學生視野，協助受教育者將注意力引導到公共傳統的精華——不同認知模式的深度與廣度理解（認知性規準）中，皮德思認為較之「生長」、「塑造」，更為恰當。當然，引領入門本身並沒有規範和價值的方向，有賴教育工作者更加體認合價值之意涵。

三、內在教育目的與民主的教育理想

教育分析學者強調對教育語言做次元性（second order）的省思，不會特意提出浮泛的教育理想或目的。不過，皮德思對「教育」設定規準時，確實也隱含著一套既定的價值與理想。「教育人」即為日常用語教育概念所內建的理想。赫斯特與謝富樂也分別從心靈、知識的界定中，型構一套博雅教育或理性教育觀。皮德思的第一代弟子狄阿典與懷特也建構了一套以「自主性」（autonomy）為強調重點的教育觀（Dearden, 1968; Peters, Hirst & Dearden, 1972; White, 1973, 1990），皮德思晚年更從民主的價值，揭示其「實質」的教育目的（Peters, 1981）。

㈠通觀的認知

所謂「教育人」是指能掌握知識的認知形式，不只是事實、訊息或是技能，能深入理解這些知識，知其所以然。除了專業或專家的理解之外，教育人更具有全人性或廣博性，能兼顧不同知識的認知形式。以科學為例，一位科學家不僅熟悉其科學之專業，也能了解其科學知識在人類文明與社會實踐的意義。科學家若能有美學術養，不僅憑添生活情趣，也有助於其更順暢地將科技導入社會之中。近年來，科學教育日益重視「科學、技術、社會」（STS）的整合，也算是體現通觀認知的價值。

㈡內在價值的體認

教育分析學者指出一般人在談論教育目的時，都把教育目的視為外在產出。製藥工廠的目的是要增進人們身體健康，不是為了讓工人有工作。透過概念分析，教育的三大規準，特別是認知性、價值性，即是內建於教育本身，並不是要把這些合認知性、價值性的內涵抽離出來，等同於射箭的外在「鵠的」。又如，教師詢問學生為何要讀英文，學生可能回答：「喜歡英文的結構，透過英文，理解有別於自己母語的另類思考」，學生也可能回答：「想到美國唸書，將來賺大錢」。皮德思等不反對教育也會有職業導向的成果，但堅持前者才是教育內建的價值，教育人不僅致力於知識與理解的廣度與深度，他也要發展出一種為知而知的非工具性態度（前述讀英語賺大錢，是把學英語當成一種工具手段），能從知識追求中覓

得樂趣。美國杜威也曾倡言，教育目的不宜孤懸於教育歷程之外，教育歷程之內無目的。杜威認為只有成人、社會才會加諸其價值於學生身上，與皮德思之看法，說法雖不同，但精神相通。臺灣升學主義的氛圍中，家長學子都很重視追求熱門系所，也同樣是重視教育的外在目的。當然，對於「內在」價值的堅持，精神雖佳，終不免陳義過高，其弟子懷特，已不堅持這種立場。

(三)自主性作為教育目的

在自由民主的氛圍中，價值必然多元。分析學者雖有其心儀的一套對知識、認知、理解的價值，但也不會主張把這些價值視為教育之外的目的或是強加在學生之上。他們認為教育可以從培養學生的自主性出發，也就是重視學生的選擇能力，但為了使學生不致於盲從，所以自由、自主必須建立在理性之上。若把教育目的的程序原則視為學生幸福或福祉的達成，教育重點應該是使學生能在受教過程中為其一生做良好的規劃，教育工作者自不宜把各種實質的價值（如賺大錢，從事某種熱門工作）強加在學生身上，學生必須自己自主判斷。為了使學生做出良善的判斷，教師應盡可能把人類多樣化的生活經驗提供學生，以利學生自我判斷，所以，建立在理性的自主能力，就成為分析學者重視的教育目的。我們可以再追問，受教時間有限，如何盡可能地提供多樣化的生活經驗，皮德思或赫斯特的答案是透過不同知識形式的掌握，而不是一大堆資訊，才能健全學生心靈，不隨波於外在目的逐流中。「自主性」作為教育目的，可算是西方二次戰後最重要的教育價值之一，也算是自啟蒙時代康德以降及自由主義下的教育精神。不過，到了1990年代，來自社群主義對自由主義的挑戰，而後現代、後結構取向的學者也開始質疑「自主性」的諸多預設是否合理，有沒有可能形成理性的霸權？雖則如此，倫敦路線的一些學者，仍然為文捍衛自主性之價值（Wringe, 1997）。

(四)民生價值的生活態度

或許皮德思早年過於堅持教育的內在價值，遭致許多曲高和寡之評，他退休前夕，重新揭示民主價值下的教育理想，認為教育應：(1)發展人倫道德，培養學生道德，從他律到自律，並重視相互尊重、公平等程序

原則，理性與情性兼顧；(2)了解人類境遇，認識自然世界，發展人際關係，了解公民社會政治責任；(3)促進自我實現，兼顧個性與群性，不流於自我中心；(4)提升職業知能，職業教育不宜淪為職業訓練，不宜過早分化，也應兼重工作情趣，品嘗工作成果的內在價值；(5)宗教美藝：皮德思認為宗教、藝術在人類生活中也扮演重要角色，他特別在該文中予以著墨，但由於不一定直接關聯民生生活，並未列入具體教育目的。（Peters, 1981）。歐陽教（1988）則認為宗教美藝可以撫慰人生、美化人生，使民生生活多彩多姿，如果謹慎處理，美感教育應可與道德、知識、職業並列民主教育目的。

第三節　教育分析哲學的挑戰與反思

一、分析方法的侷限性

　　即使是在1960年代分析最壯大的時候，有許多來自其他學派陣營的學者紛紛批評，分析並不是從事哲學的唯一方法。本章一開始引莊子、惠施魚樂之辯，也同樣出現在西方學術陣營。大體上，來自現象學，存在主義陣營的學者，對分析方法的批判最大，美國學者莫里斯（V. C. Morris）曾經指出，分析是從世界中抽離意義（extracting meaning from the world），分析學者預設著人們可用正確的思考與精確的語言，將紛沓的世界切割，然後正確的予以掌握，存在主義等則不然，他們所持的立場是賦予世界意義（endowing meaning on the world），人的主體經驗，情感等共同形構世界的一部分（簡成熙，2015, p.206）。如果允許筆者用東方的語彙來類比，分析學希望透過「時時勤拂拭，勿使惹塵埃」，以獲得清明的菩提知識。禪宗（接近現象學傳統）則另有「菩提本無樹，明鏡亦非臺」之嘆，主張明心見性，不一定透過精確的文字、制式的修行，才能證道。宋明理學中，朱熹等主張「窮理盡性、致知格物」，王陽明一脈則主張「致良知，心即理」，代表的是不同知識探索的方式。中西方都有「分析」以外的傳統。雖則如此，郭實渝仍然認為「無論提出何種教育理念，若沒有證據加以證

成，這些理念也都無法成立，任何理念、美學、價值語句，仍然需要正確的論辯或有效證成」（郭實渝2005，p.75）。皮德思的弟子歐陽教也認為分析開創之初，不無給人破壞有餘，過分繁瑣（hair-splitting），造成「蔽於辭而不知實」的印象，值得虛心受教，但「清晰」永遠是學術的美德，歐陽教勉勵我們在清晰分析力道外，多所努力，從事合理的科際整合，教育哲學當更博采周諮（歐陽教，1988，pp.38-39）。

二、反映啟蒙以降過於重視理性之西方傳統

雖然1960年代的教育分析哲學，在方法論上標榜「革命」，但其教育主張，誠如前節的引介，其實並不新穎，反映的是自西方啟蒙運動以降的理性傳統，這套傳統更承繼西方自希臘文化以降的知識傳統，結合著民主理念，成為二十世紀二次戰後的西方英語系世界主流教育觀，但二十世紀後半葉，一股後現代主義（post-modernism）氛圍已儼然成型，對「理性」概念加以解構。這些主張，在以後各章中，會再仔細討論，在此先簡單描述。

㈠博雅理念過於保守與菁英

一些後現代、後結構學者或馬克思立場的教育學者質疑，博雅教育之傳統。他們認為孤懸理性知識過於菁英，反映的是優勢的階級意識。例如：批判教育學季胡（H. Giroux, 1943-）對布魯姆（A. Bloom）所疾呼的「通識教育」的抨擊，即為顯例（Aronwitz & Giroux, 1991）。珍·馬丁（J. R. Martin）也認為赫斯特的「博雅教育」所重視的知識形式，所培養的是「象牙塔的人」。這點，赫斯特晚年對於其早年博雅教育的主張，也有類似的反思（但昭偉，2003）。

㈡分析的傳統未能兼顧多元性

部分多元文化主義或是後殖民主義的學者認為分析的傳統代表的是西方盎格魯撒克遜中產階級意識。從文化、種族的觀點，不同文化族群也各有其主體性。近二十年來，也有不少臺灣學者認為，教育價值要兼顧原住民的文化認同，不宜以漢文化強加在原住民族之上，亦是類似的反思。

(三)分析傳統未能正視女性的主體性

珍馬丁認爲無論是皮德思之「教育人」，赫斯特之「博雅教育」及謝富樂「理性教育論」等，這些教育分析大師，在建構其教育理念時，排除了女性的經驗（Martin, 1982）。諾丁（N. Noddings）認爲應該是以「關懷」作爲教育的核心思考概念，包括教育目的（以關懷取代批判思考）、道德教育（關懷倫理取代正義倫理）、課程規劃（以關懷取代知識建構）。有關關懷倫理之課程規劃，可以參閱本書第七章。

1990年代英美世界當年分析傳統所建構之理性教育觀，已備受質疑，謝富樂曾經起來捍衛「教育人」之理念（Scheffler, 1995）。其弟子席格（H. Siegel）也爲文，力拒後現代多元文化以降的相對主義，認爲自啓蒙以降的理性傳統，可以有效回應前述的批評，但席格也不全然反對前述的批評，他只是強調，理性、分析的傳統可以吸納前述的主張（Siegel, 1997: 簡成熙，2015，pp.235-264）。讀者也可以再去澄清相關的論辯。

三、臺灣啓示

哲學的發展本來就是前仆後繼，後浪推前浪，也應似大海納百川。當二十世紀初分析哲學勢力如日中天，分析學者企圖消解傳統哲學的企圖，從今天觀點來看，似乎並未達成，教育哲學自然也不能定於一的獨尊分析。不過，歷經分析的洗禮，也的確聚焦了教育哲學的議題。教育分析哲學所代表的西方啓蒙以降的民主理念，現在雖然也面臨一新的盤整階段，但筆者認爲我們不宜趨流行或追求時髦，分析的傳統，仍然值得吾人珍視，理由如後：

(一) 東方傳統相較於西方，比較不重視概念的澄清，名家自先秦以後，並沒有後續發展，我們應該藉著分析的傳統，精進思考。

(二) 臺灣得天獨厚，有親炙1960年代倫敦路線諸儒的歐陽教返國推廣，使臺灣對於教育分析的傳統得以同步於西方，這是華人世界在二十世紀與西方教育哲學接軌的重要契機，華人世界有志於教育哲學的同道及可畏後生應該珍惜。

(三) 雖然有歐陽教等引介，臺灣受制於學術人口，1970年代以降，並

未有充沛人力投入，廣大的中小教師在師資培育過程中，不一定有機會接受教育哲學學科的洗禮，遑論教育分析的學習。2000年以後，師資培育多元，教育哲學雖也列入檢定考試，但標準答案式的試題，並不利學子的哲學思辨與論證。簡言之，臺灣的教育工作者在師資培育過程中，學習哲學的思辨與論證，還有很大的進步空間，也期待讀者以此自勉。

(四) 由於地球村時代的來臨，也由於網路資訊的普及，各種學術琳瑯滿目，臺灣社會發展需求也已進入後現代的多元社會，當此之時，堅持分析傳統的教育主張，無論是學術或教育實踐上，未免顯得「政治不正確」。但筆者仍然認為，西方學術或社會發展，從現代到後現代，自有其發展的理路。我們時時的引進西方新趨勢，固然有與西方接軌的現實需求，但斷裂式的引進，並無助於本土實踐。分析的傳統，雖也是外來，其立基於西方啓蒙以降的理性傳統，至少是二十世紀華人世界各項改革的重點。五四運動時代的「民主」與「科學」，也疾呼了百年，分析傳統下的教育主張，雖不能說一定契合本土，但我們在百年發展過程中，自由、民主一直是努力的目標，是以分析傳統下的民主教育主張，仍值得臺灣深究。繼之，再接續到後現代，將更能完整呈現教育學術全貌並有效發揮指引教育實踐之力。

參考書目

一、中文部分

李奉儒（2004）。**教育哲學：分析的取向**。臺北：揚智。

李錦旭等譯（1991）。**教育理論**。臺北：師大書苑。

但昭偉（2002）。**思辨的教育哲學**。臺北：師大書苑。

但昭偉（2003）。分析哲學與分析的教育哲學，見邱兆偉主編**教育哲學**（35-

51），臺北：師大書苑。

林逢祺、洪仁進（主編）（2013）。**教育哲學：隱喻篇**，臺北：學富。

歐陽教（1973）。**教育哲學導論**。臺北：文景。

歐陽教（1988）。觀念分析學派的教育思潮。中國教育學會（主編），**現代教育思潮**（頁1-50）。臺北：師大書苑。

簡成熙（1996）。**理性・分析・教育人**。臺北：師大書苑。

簡成熙（2005）。**教育哲學專論：當分析哲學遇上女性主義**。臺北：高等教育。

簡成熙（2015）。**新世紀教育哲學的回顧與前瞻**。臺北：高等教育。

郭實渝（2005）。教育分析哲學的兩個論辯，**教育資料與研究**，66期，65-76。

二、英文部分

Aronowitz, S. & Giroux, H. (1991). *Postmodern education: Politics, culture and social criticism*. Minn: University of Minnesota.

Blake, N., Smeyers, R., Smith, R., & Standish, P. (1998) *Thinking again: Education after postmodern*. Westpork, CT: Bergin & Garvey.

Blake, N., Smeyers, R., Smith, R., & Standish, P. (2000) *Education in an age of nihilism*. Londan: Routledge.

Cuypers, S.E. & Martin, C. (2013). *R. S. Peters.* London, England: Bloomsbury Publishing.

Dearden, R. F.(1968). *The philosophy of primary education.* London, England: RKP.

Elliott, R. K. (1986). Richard Peters: A philosopher in the older style. In D. Cooper(Ed.), *Education, values and mind: Essays for R. S. Peters* (pp.41-68) London, England: RKP.

Hirst, P.H. (1998). Philosophy of education: The evolution of a discipline. In G. Haydon (Ed). *50 years of philosophy of education-Progress and prospects*. London: Institute of Education, University of London.

Kneller, G. (1964). *Introduction to the philosophy of education*. New York: John Wiley & Sons.

Lawler, R. (1968). *Philosophical analysis and ethics*. Milwaukee: The Bruce Publishing Company.

Martin, J.R. (1982). The ideal of the educated person. In D.R. DeNicola (Ed.), *Philosophy of Education 1981*(pp.3-20). Normal, Illinois: Philosophy of Education Society.

Peters, R. S. (1966a). Philosophy of education In J. W. Tibble (Ed). *The study of education.* (pp.59-90). London: RKP.

Peters, R. S. (1966b). *Ethics and education*. London, England: George Allen and Unwin.

Peters, R. S. Hirst, P. & Dearden, R. F. (Eds.)(1972). *Education and the development of reason*. London, England: RKP.

Peters, R. S. (Ed.)(1973). *Philosophy of education*. Oxford, England: Oxford University Press.

Peters, R. S.(1977).*Education and the education of teachers*. London, England: RKP.

Peters, R. S. (1981). *Essays on educators*. London, England: George Allen and Unwin.

Peters, R. S. (1983). Philosophy of education. In P. H. Hirst (Ed.), *Educational theory and its foundation discipline.* (pp.30-61). London, England: RKP.

Scheffler, I. (1960). *The language of education*. Springfield, Illinois: Charles C. Thomas.

Siegel, H. (1997). *Rationality redeemed? Further dialogues on an educational ideal.* New York: Routledge.

Smith, B. O. &Ennis, R. H.(Eds.)(1961). *Language and concpts in education*. Chicago: Rond McNally & Company.

White, J. (1973). *Towards a compulsory curriculum.* London, England: Routledge & Kegan Paul.

White, J. (1990). *Education and the good life.* London, England: Kogan Page.

Wringe, C. (1997). In defense of rational autonomy as an educational goal. In D. Bridge(Ed.), *Education, autonomy and democratic citizen: Philosophy in a changing world*.(pp.115-126). London, England & New York: Routledge.

延伸閱讀

　　除了參考書目外，重要的教育哲學教科書，都有分析的篇章，讀者可以自行閱讀，不在此列出。謝富樂的《教育的語言》，李逢祺已譯出（桂冠出版），美國梭爾提士（J. F. Soltis）之《教育概念分析導論》（*An Introduction to the Analysis of Educational Concepts*）由簡成熙譯出（五南出版）。此外，簡成熙（1996）之《理性‧分析‧教育人》是博士論文的改寫，對教育分析的發展有清楚的說明。李奉儒（2004）之專書，是臺灣繼歐陽教《教育哲學導論》之後，分析傳統的佳作，把倫敦路線當年最重要的教育概念，做了深入淺出的討論，值得研究生參考。但昭偉（2002）的著作，則具體的利用分析的方法，論證許多教育政策與實務問題。P. H. Hirst與J. White任1998年主編的《教育哲學：分析傳統中的主要主題》（*Philosophy of Education: Major themes in the analytic tradition*）四巨冊，由林逢祺與洪仁進主編，帶領臺灣各學者共同導讀，分別是《教育哲學述評》，《教育與人類發展：哲學述評(二)》、《民主社會中的教育正義：教育哲學述評(三)》、《課程與教學哲學：教育哲學述評(四)》，均由師大書苑出版，值得有志者一閱。

劉育忠

第五章

後現代／後結構哲學思想與教育：走向多元、差異、創造與流變

「日常生活的世界並不是真實的，或者說，不像我們所相信的那樣具體地存在著。……現實世界，或者說我們大家都知道的世界，只是一種描述而已……──我心中這個眼前的世界只是一個描述，從一生下來就重重打入我們內在的一個描述。……和孩子接觸的人都是孩子的老師，不斷地把世界描述給孩子聽，直到有一刻孩子能照著描述去感覺世界。……從那一刻開始，孩子就變成了一個「成員」，他知道了世界的描述。當孩子能配合這個描述去進行各種恰當的知覺詮釋，以詮釋來印證描述時，他的「成員資格」便算是完全成熟了……」（魯宓譯，C. Castaneda著，2004：44）。

上述這段話語，深入淺出地描述了後現代／後結構哲學思想的起點與問題意識：世界並不真實，而只是一種描述；教育就像是某種描述的形塑與傳遞，受教育者意味的是進入這種描述的心靈與感知狀態、成為其成員。

如此一來，所謂的後現代／後結構哲學思想，就是去揭示與展現：一切不過只是種描述與詮釋，也因此不必然只能是這樣的描述與詮釋，並且提醒我們必須擔心特定描述與詮釋內部所包含的種種設定與權力，以及探索種種除此之外的其他可能。這也正是為什麼R. Usher and R. Edwards（1994）會這樣強調：「後現代不只是一種思想的本文內容、某種論理方式，而是一種實踐的方法」（Usher and Edwards，1994：1）。

或許現在正是讓我們試著擺脫某種本體論上的論爭的時候了，無論後現代究竟有多「後」或是仍有多「現代」，而以更實踐地角度來試著理解看看：究竟後現代／後結構哲學思想倒底想表達什麼？想突破什麼？又會讓教育轉變成什麼樣的面貌呢？無可避免地，我們還是得先從「什麼是後現代／後結構」的理解與定義問題，開始我們的認識之旅。

第一節 什麼是後現代／後結構：關於後現代／後結構的定義問題與（難以）理解

在〈當代藝術關鍵詞100〉（2009）中，暮澤剛已（K. Takemi）在「後現代／後現代主義」（postmodern/postmodernism）的條目之下，這樣寫道：

> 「後現代是『近代後期』、『近代以後』之意，後現代主義就是批判近代後期的思想、近代政治、社會、文化等各種現象，以及歷史，以便設法加以克服的思想或潮流的總稱。後現代通常是包含近代、現代主義批判等因應時代區分的思潮，後現代主義則主要是指1980年代流行的理念、風格或潮流。總而言之，兩者都是為了打破陳規舊套，這些陳規舊套就是本來指涉最新思潮或潮流的現代或現代主義」（蔡青雯譯，2009：196）。

如果以「打破」已經淪為「陳規舊套的現代或現代主義」來回答「什麼是後現代／後現代主義」這個提問的答案，雖然大致捕捉了此一哲學思想立場的精神，卻難以與同樣高舉「批判」的現代主義加以區辨。

因此，我自己在教育哲學相關課程上到「後現代主義／後結構主義（structuralism）」這個主題的時候，通常會試著從「後」（post-）這個綴字來加以介紹：所謂的「後」，既是出現時間次序上的「後」來者，同時有意義與立場上的「後繼承續」以及對先前思想的「超克與顛覆」。

也就是說，要能理解後現代／後結構主義的哲學思想，就必須從其「承繼與超越」的「現代主義」（modernism）與「結構主義」（structuralism）之核心意涵來加以掌握，而這樣的理解脈絡之要求，恐怕正是造成普遍認為「後現代／後結構主義哲學思想」過於晦澀深奧印象的罪魁禍首，也導致一般對「後現代／後結構主義」理解難度上的責難：似乎「後現代／後結構主義」好像只流於一味的「否定」，只提出一大堆的

「不是」什麼、「批判」什麼，卻一直說不清楚其核心的「主張」與「立場」。尤其，要掌握「現代主義」與「結構主義」本身，就已經有其難度；更別提還要掌握以企圖「承繼與超越」「現代主義」與「結構主義」做為其發展立基的「後現代／後結構主義哲學思想」。

　　然而，若我們深入理解「後現代／後結構主義」的發展脈絡，或許就會理解：一開始「後現代／後結構主義哲學思想」就是出自於「回應」與「修正」「現代主義」與「結構主義」的問題，這種尷尬的處境，多少無可厚非。畢竟，「後現代／後結構主義哲學思想」批判最著力的，正是「現代主義」與「結構主義」隱含的「同一」（identity）哲學與「普世／普遍主義」（univeralism）預設。

　　也就是說，當「後現代／後結構主義哲學思想」真的提出特定主張與自身立場的同時，就必然陷入淪為自身批判對象的危險當中：其所強調的「動態的差異」（the dynamics of difference）與「持續流變的複雜」（the constant becoming of complex），就必須被迫靜止、化約為某些「同一性／身分」（identities）來標示「後現代／後結構主義哲學思想」自身的身分特徵。

　　另外一種理解「後現代／後結構主義哲學思想」的進路，即是從那些被稱之為「後現代主義者」與「後結構主義者」的思想家們來掌握與歸納所謂的「後現代／後結構主義哲學思想」。

　　一般常見的思想家名單，通常會包含這些以歐陸哲學為主的法國思想家們：批判現代社會裡「後設敘述」（Metanamative）的李歐塔（Lyotard）、強調真實已被「擬仿物與擬像」（Simulacra and Simulation）取代的布希亞（Baudrillard）、以及將後現代主義視為資本主義文化邏輯展現的詹明信（Jameson），這幾位認為是後現代主義思想的代表。與此同時，要能被普遍認可為後結構主義思想的代表人物名單，則很難遺漏：關注現代社會的規訓問題，強調真理、主體與權力三者交纏關係的傅柯（Foucault）、提出「解構」與「延異」概念，著力於對西方形上學隱含的中心主義加以批判的德希達（Derrida），以及強調「哲學就是概念創造」，戮力批判西方思想裡長期對差異與流變扭曲的德勒茲（Deleuze）。

　　有趣的是，許多思想家們都曾公開拒斥這些封號，甚至強調我不是後現代／後結構主義者，更別提這裡面每一位思想家都著作等身，更喜歡以創造新概念語彙，企圖徹底更新既有、現成的舊理解，因此也造成對「後現代／後結構主義哲學思想」有興趣的研究者，迷失在新穎概念的迷宮裡，只能挫敗地望文興嘆。

　　弔詭的是，出於我們思想與理解事物的習慣與慾望，我們終究還是必須選定部分的議題與概念，來勾勒「後現代／後結構主義哲學思想」的核心關注。底下，我們就從「現代主義」與「結構主義」所關注的「眞理」（Truth）、「主體」（the Subject）、「眞實」（Reality）等議題，來勾勒「後現代／後結構主義哲學思想」的核心關注與立場。

第二節　後現代／後結構哲學思想的核心關注與立場：走向「眞理」、「主體」與「眞實」概念的多元複數觀實踐

　　假若我們必得用一個非常不後現代也不後結構的公式來統括所謂的「後現代／後結構主義哲學思想」，那麼走向「多元複數化」（multipying），可能是其中一個能夠用來勾勒後現代／後結構哲學思想的核心關注與立場的暫時性答案。

　　有別於西方哲學尋尋覓覓於「什麼是眞理、主體、眞實」問題的終極解答，後現代／後結構主義哲學思想直接拒斥了尋找這個大寫單數型標準普世解答的絕對誘惑，而主張某種小寫複數型的多樣存在形式；也就是說，對後現代／後結構主義哲學思想來說，眞理、主體、眞實其實都是某種繁多的存在樣貌：眞理不只有一個，主體也不是唯一的、不變的，更不存在某種常識上預設的共同世界。我們活在不同的世界裡，活在某種多元眞實（multiple realities）之中，因而不但根本不存在、同時也不可能找到某種以大寫單數型存在的普世眞理、絕對價值，也沒有一個既成、不變的自我與主體，所有以某種絕對與唯一宣稱的正解，都可能成爲行使某種武斷暴力的藉口與理由，遂以收編與整併所有的異見與不同。

　　這也意味的是，由於後現代／後結構哲學思想強調多元（multiple）、差異（difference）與流變（becoming），因而無畏並投身於對峙種種企圖「一統化」、「同一化」、「標準化」事物的思想觀念、制度系統與價值文化。無怪乎後現代／後結構的哲學思想經常呈現出某種政治性與批判性，甚至是顛覆性與挑釁性，因為「個人的就是政治的」、「權力無所不在」。這樣一來，既存的統治秩序、原有的價值序階、現行的規範原則，其背後的種種預設與慾望，以及種種的壓迫與宰制系統，都被迫攤開、現身，那些視為理所當然、根深柢固、牢不可破的信念，以及據以建構出的真實與正常，都必須再行建構、重構。

　　這正是Usher and Edwards（1994）所定義的，後現代／後結構哲學思想「或許最好的是，被理解為某種思考方法、某種理論立場或分析模式」，強調關注事物的「文本性」（textuality）：不光是寫定的印刷文本，而是所有產製出意義的論述、實踐與機構。後現代／後結構哲學思想，通過挑戰將文本當成是對真實的再現，從而將真理真相認為是對外在實在的符應；以及以某種直接、無需中介的方式來認識世界的可能性，因此在根本上，「摒除了所有關於人類本質的本質主義與先驗主義概念，也拒斥了統一性、同質性、同一性、關閉性與認同，更排除了對『真實的』與『真正的』追求」（Usher and Edwards, 1994: 18-19）。

　　後現代／後結構哲學思想主張，我們需對所有挾正統之名者，進行質問與解構，以突顯出其中隱含的中心主義以及對他者的壓制。正因如此，後現代／後結構的哲學思想強調對他者存在差異性的徹底尊重，更質疑「寬容」與「對話」背後所隱藏的自我中心主義：在寬容弱勢、少數的「你們」中顯露我們作為主體的憐憫與主位，既大致維持既有利益的權力分配運作，又博得倫理上的美譽；在對話的開啟中，以共識與團結之名的大義與大局，強迫他者無論如何得納入與退讓，絕不容其從系統的各種形式中逃脫，從中確保自身的優位性與既得利益。同時，後現代／後結構的哲學思想，也強調從我們自身對慾望的壓抑與綑綁中解放，探索多元自我的可能、挑戰自我經驗的邊界與窠臼，也因此自我多元慾望的潘朵拉盒子，得以從道德的鎖鏈中被釋放、開啟，從性慾望與性傾向的多元化、去

污名化、除罪化，讓世界、社會與自我開始眾聲喧嘩、繁華盛開。

　　也因此，在重整過程中所擾動的「亂象」，其實是某種過渡性的必然，但不幸的是，這樣的「多元複數化」，大大挑戰與悖逆了我們原先安身立命、習以為常的種種價值信念與慣例常規，於是「亂」被解讀與污名為「混亂」與「紊亂」。出於我們的安全感與不安全感，以及追求秩序和穩定的習慣使然，後現代／後結構的哲學思想，就可能被扭曲污名為是種種的亂源、麻煩製造者，對現實沒有真正作為的搗蛋鬼。在某個意義上，R. Wolin（2004/2006）在《非理性的魅惑》一書中「試圖揭露反啟蒙思想與後現代主義之間諱莫如深的關聯」，並宣稱「勢力龐大的後現代主義在今日似乎已陷入困境」，認為後現代主義「無法滿足這個時代在道德與政治層面的要求」（閻紀宇譯，2006），就是某種典型的說法，要求後現代主義必須像其他的思想主義一般，提出自己的具體宣稱與實際作法上的主張，而不是流於文字遊戲與概念批判上的紙上談兵。

　　這或許正是，強調實踐性格的教育學領域遲遲無法真正擁抱後現代／後結構哲學思想的原因之一，除了導致一堆亂象、生產出一大群艱澀難懂的新概念玩意，到底後現代／後結構哲學思想在教育實踐現場上真正能夠給出什麼樣的啟發與建議呢？底下，我們就試圖來回應這樣的疑惑與提問。

第三節　後現代／後結構哲學思想的教育啟示：面向差異、權力與創造的教育哲學觀

　　除了對後現代／後結構哲學思想相關概念群理解上的陌生，教育（哲）學界對後現代／後結構哲學思想普遍仍然有所擔憂與拒斥，究其因由，多少與教育學本身的學門發展與領域造型有關。教育作為啟蒙之子，向來帶有特定的規範性與價值性，所謂傳「道」、授「業」、解「惑」，方方面面都要求著某種普遍真理、確切的學習程序、明確的標準答案的存在。尤其，就現代教育學的發展來說，除了根植於啟蒙所強調的理性價值，同時也擔負著提高人民素質的教化責任與提升人力資源品質的國家

機器任務，具有匡正視聽、教化黎民、移風易俗的文化社會責任，這些根本上的價值設定使得教育學的立場彷如從一開始就正是後現代／後結構哲學思想所企圖挑戰與顛覆的對象，自然也較難以領略與融攝後現代／後結構哲學思想對教育學可能給予的許多提醒與洞見。R. Usher and R. Edwards（1994）就曾這樣認為：「教育……特別地對後現代的訊息是有所抗拒的。」不但教育的理論與實踐就是根植在現代性的論述之上，連教育對自身的理解也是由現代論述的根本前提與內部預設所打造的（Usher and Edwards, 1994: 2）。

　　不過，儘管教育學界對後現代／後結構思想的抗拒、批評與爭議，仍然持續，但後現代／後結構哲學思想已經是當代教育哲學的討論與研究中不容缺席的存在，加上這三、四十年來，後現代／後結構哲學思想自身的內部論爭與自我重構，並通過文化研究的延伸與實踐中持續發展，或許，現在正是我們擺脫既定的成見與印象，持平地從後現代／後結構哲學思想中擷取洞見與養分，與當代教育學的發展與實踐進行交融、連結的時候。

一、關注他者的差異：陶養多元文化、差異政治與認同政治的倫理敏感度

　　具體來說，由於後現代／後結構哲學思想的背景緣起中，後現代主義來自於對現代主義的反思與批判，與現代化推展過程中出現的帝國殖民主義、都市化主義與大量生產的工業化歷程有關，因此，對當前社會中多元文化存在的價值與強調，可說是其主要的貢獻之一。

　　由當代媒體所推波助瀾而形塑出的大眾文化的生產、製造成為關鍵的教育與研究議題。同時，由於後現代主義關注過去被邊陲化、消音、排除的「他者」，既得利益者對「非我族類」的種種文化壓迫與價值宰制，涉及性別、種族、階級、族群等多方社會議題的「差異政治」（politics of difference）與「認同政治」（politics of identity），成為當前教育政策與教育設計實踐（課程與教學）裡無法迴避的核心爭論議題。因此，多元文化、差異政治與認同政治的關注，成為後現代／後結構哲學思想對教育學在價值論上的主要啟示之一。

二、強調知識、真理、權力與主體的流動性與交引纏繞：覺察意義符號結構的偶然性、知識的非中立性與主體的形構力量

此外，源於對結構主義的反省與批判：結構主義過於相信文化與符號意義結構的穩定性、確定性、中立性與無歷史性，而無視於語言與思想本身的限制與侷限，後結構主義不但企圖突顯與探索我們語言與思想的可能邊界，更努力通過新概念語彙的產製，希望突破與展現在思想、知識，甚至是哲學內部，種種潛藏的中心主義的權力運作與收編慾望。

後現代／後結構哲學思想，強調語言符號結構的不確定性、意義的流動性，如德希達的「解構」、「延異」概念；與真理知識的權力性，甚至是知識的主體化運作，真理、知識與權力彼此如何交纏，最終成為我們的自我規約與建構自身的形塑技藝，如傅柯在許多作品中展示的那般：從「關注自身技藝」的概念，將自身當作藝術品創作來理解；以「生存美學」的觀點，來理解存在經驗的自我轉化與持續創化。

因此，留意並拒斥單一穩定的意義結構，察覺各種知識與真理背後運作的權力與利益，並小心翼翼地投入與介入所有加諸自身生命之上的形構力量與作用映照的概念。無論主體是如傅柯所說，可能是論述的歷史產物；或是如德勒茲所言，主體並不存在，存在的只是慾望機器的種種生產，流變在外部的種種作用，要求我們必須對意義、知識與自我主體的創造過程，有所意識與作為，這應該是後現代／後結構哲學思想對教育學在認識論上的核心貢獻之一。

三、回到世界性存在的多重真實：朝向無窮無界的流變與創造的世界觀

在一個意義上，後現代／後結構思想，可說是某種對西方形上學傳統的反動成果集結。在德希達那裡，西方形上學的「邏各斯中心主義」、「語音中心主義」與「歐洲中心主義」被揭示與「解構」，意義在時間與空間上的「延異」效果，以及許許多多並非「二元對立」的存在，才是事

物存在的眞正樣貌。在傅柯哪裡，眞實則呈現爲權力—知識—主體的複合關係之建構物，是論述的歷史效果與部署的偶然性形構，並不存在堅實、中立的客觀眞實。在德勒茲那邊，眞實更被理解爲是慾望機器的生產效果，是持續性的流變與創造。這些概念，或許看來抽象而艱澀，但卻是幫助我們更眞實地理解當代教育學所面對眞實教育現場情境與困局。

　　在現代教育學的傳統上，我們持續將教師與學生理解爲某種穩定、理性主導、有著既存建構的自我，並將學校視爲程序化、標準化、追求效率與績效的組織系統，將課程與教學建構爲某種目標達成的程序性安排與成果導向性的設定流程，常常只能無視於作爲教育主體的師生其內在生命情調的多樣性與處境的歷史性，無感於學校系統是如何走向官僚化與非人性化，無力於課堂裡的課程與教學是如何地以知識的記憶與灌輸爲目的，既缺乏經驗生發的參與創造性活動，也失去學習與探索的熱情與意義感。這些例規與常態，讓學校變成是一個怪異的過時陳舊的知識灌輸系統，不但架空於師生個別歷史的生存性世界與所居處的眞實社會，也無法學習的變化眞正發生。

　　在取消既定的理性自我的預設與消解主體概念的確定性與優位性的同時，後現代/後結構思想也同時開啓了經驗的多重可能建構，強調世界的差異性與多元性，不再信仰某個由普遍理性與永恆眞理所框限的套裝知識所建構出的抽象世界，因而關注於個別經驗的具體獨特性與不可化約性，以及生命的持續流變性、非穩定性與非理性。在這樣的脈絡下，後現代/後結構思想在承繼取消主體、強調主體已死的結構主義主張的時候，卻也讓生命的完整面向得以被關注，讓慾望不再被理性所驅逐與壓制。慾望，不再是缺乏與空闕，而是某種具有生產性的力量，應該被導引與珍視，如此一來，師生不再是知識教育的灌輸工具、某種理性的工作機械，而是回到自身具有無窮學習可能的慾望機器：能夠跨越既有系統性知識的藩籬與專業教育框架的疆界，可能投入跨界知識與知識創新創造的活動，不再試圖去操控與預測，而正是世界與生命無窮無界地流變與創造本質。

　　強調我們應該更眞實地面對教育現場、更眞實地學習、認識更眞實的師生存在處境，並且在擁抱世界性眞實的同時，也相信眞實的持續流變，

充滿創造的無限可能。這種擁抱經驗眞實，並朝向面對更眞實生命與世界問題的創造教育觀與流變世界觀，正是後現代／後結構思想在本體論上對當代教育學的最重要的禮物與啓示。

也因此，如果我們大膽地將教育哲學的主要發展取徑，粗略地分爲：分析取向、批判取向與創造取向的話（劉育忠，2014），那麼或許未來後現代／後結構思想就將是接續在英美分析哲學、歐陸批判哲學的影響之後，對教育哲學的創造取向，最具啓發性與影響性的思潮了。

第四節 後現代／後結構哲學思想的在地實踐與反思：臺灣的「後教育學」發展（代結論）

在領受後現代／後結構思想啓示之後的當代教育學，會在臺灣呈現出什麼樣可能的面貌呢？或許，可以暫時姑且以「後教育學」來加以命名，來作爲掌握當代教育學轉型創新的可能方向。

在一個意義上，臺灣的「後教育學」發展，可能與近二、三十年來臺灣社會的變化與教育政策本身的轉變有關。一方面，當代教育學，承繼了台灣社會解嚴之後教育民主化的發展，以及幾十年來的教育改革浪潮的落地實踐，從師資培育多元化、廢除聯考後的入學管道多元化一直到十二年國民教育的芻議起步，這些教育界的大事，即使不以後現代／後結構思想爲依據，也或多或少呼應著後現代／後結構思想強調多元的精神。另一方面，經過多年來，民間力量的努力，在2014年通過的教育實驗三法，也裨益了日益蓬勃、茁壯的另類教育運動，從各種理念學校的創立、在家自學與共學社群的興起，似乎也體現了後現代／後結構思想強調的他者與多元的價值，後現代／後結構思想也成爲支撐教育轉型發展與創新實驗的重要力量與概念工具。

「後教育學」之所以「後」，在於將教育學「問題化」，「解構」教育學內含的「規範性」以及其所預設的「好道德」與「普世價值」；「後教育學」關注那些被視爲「理所當然」、「想當然爾」的觀念、模範與作

法是如何壓制並定義所謂的「正常」、「標準」、「正統」，從而讓我們彼此歧視並污名化那些「界外」、「異類」、「怪胎」與「變態」，甚而在主體內部自我箝制、自我疏離，甚至自我分裂，規訓並形塑自我，因此將人的個體性與獨一無二性，壓抑得不自由且別無二致。

「後教育學」也不再一味強調教育的工具性：無論是將教育做為國家政府的政令宣導工具、為工業社會培育所需的人才，或者是把教育當作教孝教忠的社會教化工具、教導自律道德的規範工具，而希望將教育重新設定為嶄新經驗創造與眾聲喧嘩的對話辯證平臺，提供出跨界、踰越與突破自我框架與疆界的理論工具與體驗活動設計，讓人朝向更不一樣的自己、更開放也更充滿無限可能，勇於探索、冒險，而不斤斤計較得失、利弊與好壞的算計。

「後教育學」相信生命經驗本身的價值性，存在的價值無需外邊的認可與排序，相信：人本身即是目的，而非工具；教育不再是變成「人」的過程，而是「人」持續流變的歷程。「後教育學」主張學習應該成為流變的通道：人不是因此變得更「有用」，以求被產製成符合特定用處的東西，而應該是越來越「無用」，能夠跨越現存被界定、使用的設定，引領新的使用規則、創造新的用法，變身創造出新的存在與意義。

也因此，如果從在臺灣教育現場的具體實踐現象來看，所謂的「後教育學」：不再天真地相信知識的中立性，也不再蒙蔽於學校教育「虛假的去政治性」的裝扮，而強調：我們必須察覺知識的階層性與權力性，以及知識與權力暗合的共謀關係，並且開啟多元世界價值的共存與自我多元的實踐可能，不再以符應現存的主流價值，以複製既有利益的遊戲規則為教育目的，而鼓勵多元、創造的人生目的：不以功成名就、眾所欣羨的人生勝利組為存在的職志與價值的判準，而是以充滿熱情與流變的經驗創造，作為身心安頓、自在自足的體悟與領會：將自我當作不斷創造的藝術品，將生命當作持續不輟的藝術創作歷程，從而學習存在內部性的最高意義與核心價值。

這樣的「後教育學」觀點，倘若真正實踐，或許有人覺得有些驚世駭俗，甚至認為根本不學無術、陳義過高，根本就是不食人間煙火，擔心將

會造成天下大亂、無法無天，不可能落地實踐。但或許當代教育學最大的問題與危機就在於此：當前社會文化，其實已然呈現出後現代、後結構的特徵，但我們掌握與思考當前教育問題現象的概念工具與理想價值，仍然是現代主義式的，習慣用既有的規範、判準與做法來框套出現的問題，也因此，往往徒自嗟嘆：時代變了、往日不再，而無法真正理解問題的根源與根本價值上的立場差異。

但如果回到教育學最原初的關注與本質，就如同Usher and Edwards（1994）一再提醒我們的，教育正是「我們與世界加以連接的最重要方式：藉此我們不但得以與我們對世界的經驗方式、對世界的理解方式與企圖改變世界的方式有所關聯，也和我們在其間理解我們自身及我們跟他者關係的理解方式有關。其中解放與壓迫的問題正是核心關鍵」（Usher and Edwards, 1994: 4）。我們不可能繼續偽裝知識的普世性，無感於知識—權力關係對我們信奉的真理、規範與價值塑造及主體建構之間複雜交纏的共生與同謀，可能繼續躲在虛假的「我們」背後播送世界一同的教育福音：教育能讓你烏鴉變鳳凰，飛上枝頭完成階級流動，並保障人生未來的就業與幸福。

「後教育學」的教育實踐，將不再拿一套無法變通的規範、規則與價值，而更保持溝通對話的彈性與「滾動式修正」，強調時空文化脈絡的在地差異與因地制宜，不再追求表象的公平一致，而強調實質的差異與平等，在乎個別主體的感受與經驗。「後教育學」，強調實質造成經驗改變與觀念更新的學習經驗，不再以外部的衡量標準決定教育的成效與意義，而更強調學習者個人歷程性的變化與成長。上述這些說法與作法，或許聽來並不新穎，也並非原創，但問題的關鍵在於：教育者倒底用什麼樣的立場來引導學習者投入這些活動，是真正出於珍視與在乎每一位學習者的主體經驗與主觀詮釋之獨特價值，還是仍然規定一套標準格式與共同範式，以要求所有人產出同樣的成效，便利後來的評比與排序，將學習者再度拉回一個同儕競爭的排序遊戲：以序階決定存在的意義與價值。也因此，「後教育學」追求的教育模樣，必然是美學式的，是園藝式的，而非工廠式的：獨特就是價值，差異就是意義；不是劣品、次品與偏誤。

　　「後教育學」期盼的是：我們學習允許生命的多元盛開，以詩歌、舞蹈、笑聲見證存在的豐富、多樣與流變，宛如尼采式的、對一切都能肯認地說：「是」，能夠歡慶生命的不同與無法比較，能夠看見存在內部裡的完滿與合一。「後教育學」鼓勵所有人能夠喜悅、自在地走過這趟生命的冒險旅程：真正肯定自我與尊重他者，共同好好地經歷與體驗這個世界裡的多元、可能與無限。

　　此外，需要特別說明的是，在本章中，我們之所以選擇對後現代／後結構哲學思想並未清楚地加以二分，儘管後現代主義與後結構主義的確是存在差異的：後現代主義企圖對治的是現代主義，而後結構主義企圖對峙的是結構主義。其背後的原因，乃是基於其二者根本上的相互共生與糾結：不理解歐陸理論、結構主義與後結構主義，實在很難單獨理解後現代主義，而後結構主義本身又時常與後現代主義的討論夾雜在一起，尤其後結構主義的許多概念之所以引起注意與價值，更與後現代的興起有關，可說是立基在後現代的社會文化脈絡之上，也因此，本章以後現代／後結構哲學思想來掌握這個強調語言在真實建構上的重要性、流動性與曖昧性，從而凸顯「文本性」與拒斥「再現性可能」的實踐觀與本體論立場。

　　當我們願意不再天真地相信：理性的穿透性與普世性，語言的工具性與再現性，真實的客觀性與完成性，主體的確立性與優位性，我們或許就真正進入後現代／後結構哲學思想所允諾開啟的那座──向我思的非思、語言與思想所能抵達的終極界線的外邊──一座持續皺摺、展開、再皺摺的內在性迷宮，以哲學也暈眩的虛擬性與未確定性，逃離、飛行向他者的他性（otherness）。

參考書目

一、中文部分

C. Castaneda著，魯宓譯（2004）。巫士唐望的世界。臺北：張老師文化。

暮澤剛巳（K. Takemi）著，蔡青雯譯。（2009）。當代藝術關鍵詞100。臺北：麥田。

R. Wolin著，閻紀宇譯（2004/2006）。非理性的魅惑：向法西斯靠攏・從尼采到後現代主義。臺北：立緒。

劉育忠（2014）。開創的教育學：在真實中體現的創造實踐。臺北：漢世紀數位出版。

二、英文部分

R. Usher and R. Edwards (1994). postmodernism and education. London: Routledge.

延伸閱讀

一、關於後結構主義的概論與教育研究的啓示探索

劉育忠、馮朝霖、李東諺（2014）。教育哲學研究與系譜學方法。收錄於教育哲學方法。林逢祺、洪仁進主編。臺北：學富。

劉育忠（2011）。無目的論的教育學可能性想像：後結構主義與另類教育的接合。收錄於漂流・陶養與另類教育。馮朝霖主編。臺北：政大。

劉育忠主編（2010）。當代教育論述的踰越。臺北：巨流。

劉育忠（2009）。後結構主義與當代教育學探索（增訂版）。臺北：巨流。

二、關於後結構主義思想家與教育哲學的延伸討論

劉育忠（2011）。邁向一種德勒茲式的課程美學觀：創造性地重構生命與經驗。收錄於課程美學。臺北：五南。

劉育忠（2010）。教育學的再想像：德勒茲思想與教育哲學。臺北：巨流。

劉育忠（2010）。創造轉向的後教育學探索：從批判的經驗性到生命內蘊的創造性。收錄於當代教育論述的踰越。劉育忠主編。臺北：巨流。頁39-61。

劉育忠（2006）。再探主體性教育學：傅科晚期思想中的關注自身倫理學與主體性教育學意涵，行政院國家科學委員會專題研究計畫（NSC94-2413-H-153-009）。

三、關於後結構主義教育學與後教育學的探討

劉育忠（2014）。開創的教育學：在真實中體現的創造實踐。臺北：漢世紀數位出版。

劉育忠（2010）。導論：後教育論述的開展-踰越的三種姿態。收錄於當代教育論述的踰越。劉育忠主編。臺北：巨流。頁1-12。

王俊斌

第六章

教育的概念

第一節　前言

在討論教育的概念之前，我想先從兩個例子嘗試描繪出當代「教育」圖像，一個是日本文部科學省為實施大學改革，在2015年6月時便通知所屬國立大學應著手規劃廢除人文社會科學（如法律系、經濟系與教員養成）等相關系所，或者需將人文學系轉型為更符合社會需求或更實用學習範疇之政策。後來，在一份問卷調查中，日本設有人文學系的60所國立大學中，便有26所同意廢除人文學系或進行轉型（廢除人文學系日本26所國立大學擬實施，2015）。這樣想法顯然認為要教有用的知識或技術才是「教育」！事實上，日本的做法也不是什麼新鮮事，早在1970年代的英國，Margaret H. Thatcher在擔任教育及科學大臣時即已採取市場化的「新自由主義」（neo-liberalism）政策，她除了取消全國幼稚園與小學學生的免費牛奶政策外，她認為教育經費有限，若想要免費享用更多，這無疑是占了所有納稅人的便宜。她更關閉了許多不實用的「文法學校」，認為學生不應花大量時間學習拉丁語和古希臘語等無益的學科，同時更增設大量的可以提供學習實用技能的「綜合中學」。

從日本與英國的例子來看，教育必須要給學生有用的知識與技能，也就是說，教育是為「學生就業」與「經濟進步」而服務，可是這卻不見得會是件好事，原因就如同Harry R. Lewis在《失去靈魂的卓越——一流學府是如何遺忘其教育初衷》（*Excellence without a soul: How a great university forgot education*）一書的批評，當大學忘記教育的基本任務應是幫助年輕人了解自我、探索自己生活的未來目標，而畢業時能夠成為更成熟的人，這樣的大學還有是卓越的嗎？事實上，當大學愈熱衷學術成果的追求，自然會擁有較好的聲望，也會更強調教師和學生的競爭力，與此同時，必定會較忽視原應承擔的教育年輕人責任（Lewis, 2006: xii）。毫無疑問，臺灣近期的教育政策也呈現同樣的狀況，在「獎勵大學教學卓越計畫」政策中，我們的教育部鼓勵學校應落實推動實務經驗課程，以強化與產業之連結，據此達成「提升學生就業力，以達學用合一」之理想。雖然，這樣的「教

育」的概念不能說完全錯，當然也不能被視爲唯一方向。

　　從主流的英、美分析哲學的角度來看，「教育」是一種「複合概念」（a complex concept），是具有「爭議性的概念」（a contested concept），也是一種「多樣態歷程」（a polymorphous process），更是涉及「工作—成效的概念」（a task-achievement conceopt），前述例子便很清楚呈現「教育」概念的複雜性，我們很難給出明確、標準的「教育」定義。縱使有個「正確」定義，未必就能導引出好的教育實踐。因此，分析哲學放棄追求標準化的「教育」定義，轉而主張應訂定理性的共識規準，認爲唯有如此才能做爲判斷「教育」、「反教育」與「非教育」的依據（歐陽教，1990）。舉例來說，若大學課程像是由許多選修課程堆積而成的「自助餐」，課程間缺乏知識內在完整性，只關心如何爲讓學生和教授開心，或者是把學生當成謀利的工具，利用產學合作之名義，順理成章地強迫學生當廉價勞工，若是如此，這便是動機邪曲的「反教育」。

　　如果說英、美分析哲學關注的是「教育」概念的澄清以及教育實踐是否合理，不過分析哲學僅關心教育概念的掌握，它並不是關心每一個具體的個人。當J. Krishnamurti在思考「何謂教育？」的問題時，他的提問方式明顯不同於分析哲學所採取的角度：

> 〔當〕我們把孩子送去學校學習技藝，讓他們知道怎樣謀生，我們想要讓孩子成爲專家或有一技之長，希望這樣能給他們一個安全的經濟地位。然而，培養技藝可以讓我們了解自己嗎？……當今的教育完全失敗，因爲它過度強調技藝，這樣會毀了一個人。在不了解生命，對思想和欲望也沒有完全認識的情況之下，培養能力與效率只會讓我們愈來愈無情，而無情只會衍生更多、更大的不幸。（麥慧芬譯，2015：155-156）

　　我們若把追求「了解自己」的歷程就視爲「教育」的具體實踐，這種看法不再以外在目的爲核心，也不在形式的概念分析之中打轉，而是將教育視爲個人內在主動性開展的「自我完成」，它關心的是教育的主體，關

心怎樣的教育才會使人得到「幸福」。為能有助於說明這樣的「教育」圖像，以下我將借英國Newcastle大學教育Sugata Mitra教授推動的「牆中洞」（Hole in the Wall）實驗來說明主體主動性的教育概念。在1999年，Mitra著手進行一項他稱之為「牆中洞」的實驗，他在印度德里貧民窟的一面牆上鑿洞，並在洞中裝上電腦，不一會兒孩子們便很好奇地聚集在牆邊，但Mitra在沒有給予任何指導之外便離去。孩子們卻沒有多久便知道如何上網，更透過合作提升網路速率，同時孩子們像為了操作電腦，也經由自學方式來學習英文。根據實驗的發現，Mitra指出學童是可以透過自發地進行自主學習，當印度的小孩子能夠自由探索學習的樂趣，這樣的改變更將從一群小孩，一所學校，一個村莊，蔓延到整個印度，乃至於與整個世界連結在一起（教育，從「心」開始，2013）。雖然，分析哲學也指出教育應是一種「自願的歷程」（voluntary process），絕不應是在強迫的灌輸或強制的訓練，不過它的焦點不在受教育的主體，而在於析辨客觀的教育活動是否合理或合宜而已，這當然與注重個人內在主動性的教育圖像有著根本性的區隔。

　　回到本文的主題，教育的概念，一般對於「教育」意義的詮解，大都不免要提及《說文解字》的「教：上所施，下所效也」、「育：養子使作善也」以及《孟子‧盡心篇》「得天下英才而教育之」等文字的拆解，而「教育」的意思則是「長者對下一代有形或無形的教導」，也就是以「品德之規範為第一，甚至完全以行為之『陶冶』作為全部教育之意義」（林玉体，1988：3-4）。顯見，「教育」若是「成熟者將經驗傳遞給未成熟的歷程」（林逢祺，1996：5），或是「成熟的一代對尚未準備好接受社會生活之下一代人的影響」（Durkheim, 1956; 引自譚光鼎，2010：31），那麼「教育」自然就是將個人帶入「整個人類社會與共同歷史的發展過程」（楊深坑，2011：15）。只是這樣的詮釋，它卻未是教育概念的全貌。其實，德文中的「Erziehung」即為中文的「教育」，它的意思是「已受教育者有意識地帶著某種觀點，有責任感地影響未成年人，以引導其生活進行的活動」（梁福鎮，2006：619），然而這樣的「教育」僅指借助父母或教師給予的外在動力，協助未成年孩子將內在潛能發展出來（楊深坑，

2011：15）。不同於這種由外而內的「教育」概念界定，德文中尚有特有「*Bildung*」一詞，該詞可被譯為「陶冶」、「陶養」、「陶成」、「教化」或者直接譯為「教育」（本文將使用「*Bildung*」，後續若有行文文句通順的考量，則會使用「陶養」一詞來涵括其他意思），它「指涉著一個受教育者內在的積極主動成分」（馮朝霖，2012），意思接近形於中而成於外的「自我形塑、自我發展過程」（楊深坑，2011：15）。

相較於中國哲學把「仁」、「義」等價值視為無庸質疑的教育前提，分析哲學能指出教育概念的複雜性本質，這當然是正確的態度，然而，分析哲學除了給出教育是否合理的判斷規準外，似乎也沒能形構更積極教育概念的可能性，而這卻是「*Bildung*」概念的重要內涵。本文將不從英、美分析哲學或中國哲學的角度來討論教育概念，而是企圖從歐陸哲學的角度，特別是德國傳統來談「教育」的概念，也將舉例說明「陶冶」觀點教育實踐，並且進一步指出當代對於「陶養」觀點的批評與可能回應，期待能對於「教育」的概念提供不同取向的補足視角。

第二節　陶養的意涵與教化傳統

The true purpose of a person...is the ...forming of his talents...into a whole.
（von Humboldt, 1974[1072]: 21; cited from Schneider 2012: 302）

德文「*Bildung*」是一個具有多重涵義的晦澀語詞，我們很難找到一個恰當的中文翻譯。從字義來揣想，德文名詞「*Bild*」意思是「圖像」（picture），而動詞「*bilden*」則是意指「形成自我」（to form oneslf），或是「形成某物」（to form something）。若再加「vor」（在……之前）的字首，「*Vorbild*」也就有「模範」或「典範」之意；若是「*einbilden*」則因其有「給出某個圖像」之意，也就變成了「想像力」（*imago*/imagination）。按照Sven Erik Nordenbo（2002: 341-342）的分析，「*Bildung*」與動詞形式的「*Bilden*」或名詞形式的「*Bild*」有關，它的意思是「*image*」

（意思接近中文的「圖像」）；而它的字尾「-ung」，要麼就是強調其為某種行動（an act），不然就是著眼其「發生」（occurrence）之意涵（這就是拉丁文的「nomina actionis」），即從發生的初始、歷程到行動的完成或結果的產生。

若從拉丁文的字源意涵分析的角度來看，「Bildung」具有四重意涵（Nordenbo, 2002: 342），即「imago（image）」，「forma（form）」，「cultus animi humanitas（cultivation of the soul）」以及「formartio, instituio（formation）」，其最早的意思是與一個人的外貌有關，也就與指涉著個人容貌的外在可見形象。在中世紀時，「Bildinge」則是帶有某種神祕性，它被用來指稱人的身體與精神的整合狀態。後來，「Bildung」被部分學者用來和G. W. Leibniz的形上學相連結，並開始被賦予「溫雅人格的形成」（formation of a genteel character）的詮解，「Bildung」自此便開始轉向「內向的形式」（inward form），強調其內在的（inner），而非較早僅與外在長相有關的解釋。

在十八世紀時，「Bildung」的理念在Goethe、Schiller與Humboldt等人著作中都占有核心地位，但它主要的意涵則較強調形構（formation）或涵育（cultivation）的意涵。「Bildung」的概念被類比為植物種子最後長成果實的有機發展過程，新人文主義學者皆認為真正的人生目標在於涵育一個人的多樣稟賦，並使其能夠均衡地整體開展：

> 人必須積極參與世界，透過接觸自身文化、社會以及地理環境之過程，個人內在的稟賦才能得到逐步開展契機。因此，「Bildung」意指著個人與文化之間的關係，或者是文化對於個人生活的意義。對於每一個人而言，每一個人雖然必定展現著個人的特質，但他卻也同時必須扮演其應有的社會角色。個人總是已經參與了某種文化，並且與他人共同被嵌入同一個世界之中。換句話說，在「Bildung」的關聯之中，「自我永遠不會是個孤獨的流浪者」（the self is never a lonely wanderer）（Kim, 2013: 383）。

根據前述字義以及字源意涵之分析，「*Bildung*」具有「使……變成……」之意。然而，當我們說某人或某物成爲某個「圖像」，這好像意指某個對象的人或物的意象被描繪出來，德文的意涵其實並非如此，它無關乎某人或某物被變成某種不同的「圖像」，而是被轉變爲某種「典範」（model）的圖像。在這樣的脈絡下，當一個人能夠在主動掌握自我形成（formation）或者發展的方式，特別是能以某種理想爲目標時，這種具有主動性的的教育活動歷程便是「*Bildung*」的根本意涵（Nordenbo, 2002: 342）。換言之，「*Bildung*」自然可以被理解成引導某人掌握或發展某些有價值心理氣質（psychic dispositions）之行動歷程，而這也接近爲德文「*Erziehung*」所意指的教育概念。（Schneider 2012: 305）

如果說「接觸自身文化、社會以及地理環境之過程」，這樣說好像接近「社會化」解釋，這雖然也是教育，但它並非「*Bildung*」；如果說「使某人具備某種理想人格」或者「溫雅人格的形成」，這種看法又類似「德行倫理學」（virtue ethics）或品格教育（character education），但卻也同樣不能被直接等同於「*Bildung*」。換言之，我們不能從一般教育概念來掌握「*Bildung*」的完整內涵。就概念史的角度切入，Gert Biesta（2002: 378）指出希臘時代的「*Bildung*」概念即表徵著當時的教育理想，後來的羅馬文化、文人主義新人文主義與啓蒙時代，西方世界的教育傳統也都以「*Bildung*」爲核心理念。在此一傳統之下，如何讓一個人能夠有教養或者有涵養？它並不是規訓、社會化或道德訓練來回答此一問題，而是以一個人如何適應外在秩序的方式來回答，也就是關心個人內在生命涵育（cultivation of inner life）的問題，簡單的說，就是關心人類靈魂或心靈的人性（humanity）提升問題。舉例來說，對於何謂啓蒙？（what is enlightenment?），I. Kant將啓蒙定義爲「人藉由行使自身悟性的過程來掙脫自我囚禁（self-incurred tutelage）的困境」，他認爲當人把理性自律視爲個人存在的終極目標，並且能夠真正開始運用自身的理性，這個同時包含個人主動性、實踐歷程以及目標之說法，它才算完整地呈現出「*Bildung*」的教育概念：

「Bildung」一詞雖意指著某人形成特殊個性以及個人認同的發展歷程，同時卻也與該歷程所能得到的結果。與學習（learning）或發展（development）的概念相較，「Bildung」的過程的概念意味著各個超越自我的方式，它的超越來自一種矛盾關係，它既不是某種目的論，卻又是無目標的；沒有目標（自由），卻又有一個目標（完成或完善）；是確定的（內在本質的），卻又不確定的（自我創造）。「Bildung」據此便得以從不確定性之中得到確定性。（Wimmer, 2003: 185）

因此，「*Bildung*」本身雖是一個矛盾的概念，但「*Bildung*」所具有的教育蘊意，即從不確定性之中得到確定性，這種是一種「辯證性」的教育觀。簡言之，「*Bildung*」所具有的教育意涵是一般理論無法完整涵括的，像是社會化、教導或學習等說法都只是部分觀點，「*Bildung*」更在於追求統攝所有事理的先驗統一性（transcendental unity），它故而與主流的「分析取向」教育觀點截然不同。分析取向教育觀要求概念的清楚與明確，也要求通過教育規準來取得教育實踐的合理性。相較之下，「*Bildung*」所期待的「統一性」卻較晦澀，又帶有某種神祕主義色彩。

第三節 「*Bildung*」概念的辯證性開展

不論是將「*Bildung*」譯為「陶養」、「陶冶」、「陶成」、「教化」或「教育」，理解「*Bildung*」必須從「學習者的主動性—學習的歷程性—理想典型的同一性」等三個層次來掌握：首先，「*Bildung*」牽涉學習者個人的主體性問題，也就是指涉著受教育者內在的積極主動性：

「Bildung」之所以可能，這必須以個人自由意志（free will）為前提，若缺少了慎思（deliberate），它便不會是「Bildung」（Hammershøj, 2009: 548）。

其次，「Bildung」除了關注存有（being），它同時也關注「生成變化」（becoming）或者個人與文化之關的互動關係（Bauer, 1997）。亦即，給予學生的學習自由以提升其能動性（agency），若認為這就是教育，這其實只是完整教育概念的一個面向而已。事實上，「生成變化」的歷程性即在於反映學習者是如何從學習的初始點逐漸被改變的歷程，也就是注重學習的潛移默化，這樣的教育形式必定是「急不來」。雖然個人不免受到過去經驗，成見和特殊性等立場之限制，「*Bildung*」卻能在個人追求人格特質形塑以及涵育自身理智與德行的過程之中，使其能夠持續開啟融合不同視域的敏察能力（Kim, 2013: 384）。因此，「生成變化」的歷程性不同於化約的線性因果模型，它當然反對教育的功利化，又與效率化的現代化教育觀截然不同。

第三，「Bildung」又意謂著「自我與世界」（the ego and world）以及「個體性（individuality）與普遍概念」之間的和諧狀態，或者是人類「理性」（reason）與人類「本性」（nature）的統一（the unity）。這裡所指的「和諧」或「統一」，即意謂個別的主體性與外在普遍秩序能夠達成某種同一的結果。因此，「*Bildung*」故也同時表徵個體被帶向外在普遍秩序之結果，亦即是「透過群體我（we）來建構主體我（I）的過程，它既不會是無中生有的（ex nihilo），也不可盡憑指導或訓練就可以得到」（Reichenbach, 2003: 204）。這種同一性關係就如同英文的「form/formation」（形式／形成），拉丁文的「forma（*Gestalt*）/formation（*Gestaltung*）」，法文的「*forme*/formation」，「*Bildung*」不僅指涉第二個層次的實際發展過程（the actual process of development），同時也是此一過程的最終形式（its final form）（馮朝霖，2012：7），也就是達成將某種理性人格典型（或圖像）內化為個人氣質之結果。

顯然，從主體性與個人主動性出發，進而投入改變的歷程，最終達成個人與世界的和諧統一，「*Bildung*」便具有教育概念開展的「三部曲」（triad），用較簡單的類比來解釋，這像是「見山是山—見山不是山—見山又是山」，像是王國維在《人間詞話》三種境界的比喻也可以貼近教育三重蛻變，王國維說「古今之成大事業、大學問者，必經過三種之境界：

『昨夜西風凋碧樹。獨上高樓，望盡天涯路。』此第一境也。『衣帶漸寬終不悔，爲伊消得人憔悴。』此第二境也。『眾裡尋他千百度，驀然回首，那人卻在燈火闌珊處。』此第三境也。」表面上看來，王國維談的雖是三種境界，不過，三種境界的不同卻也能貼近教育的辯證揚升。除此之外，Georg W. F. Hegel在《精神現象學》（*Phänomenologie des Geistes*）中有關主人與奴僕關係的辯證性轉折，也可以協助理解三重層次的「*Bildung*」教育概念。Hegel認爲就主人與奴僕之間關係而言，一開始主人的地位是凌駕於奴僕之上，前者才具有眞正的主體性。但是，當主人依賴奴隸並以此慾望滿足時，主人便失卻原先具有的自主性。相反的，奴隸卻是從勞動過程中讓自我又取得某種自主性。原先獨立的主人與依賴主人的奴僕，後來則是變成主人必須依賴奴隸，而使得主人不再是獨立的（Hegel, 1977: 117; 王俊斌，2007）。通過這樣的三種層次的辯證性開展，我們將可以間接陳顯「*Bildung*」的教育概念也具有三部曲（triad）的辯證性（Odenstedt, 2008: 561-562）：

(1)個人自然狀態（natural state）的整體性尚未陳顯，同時也未能關注他異性（otherness）；

(2)他異性的介入導致個人及其自然狀態的疏離；

(3)自我與他者之間達成反思的和諧（reflective reconciliation）。

爲了更清楚說明「Bildung」概念的教育實踐三部曲，或許可以借用一些不同於主流體制教育之主張來描繪陶養的圖像。體制化教育倍受批評的關鍵即在於它忽略學生學習的主動性，如同Paulo Freire在《受壓迫者教育學》（Pedagogy of the opressed）的批評，現在的師生關係基本仍是講述（narrative）性質：

師生關係中包括了一個進行講述的主體（教師）與一些耐心聽的客體（學生）。而教學的內容（無論是現實中的價值或實際），則是在這種講述過程中逐漸變得僵硬無活動。教育，所罹患正是一種講述症（narration sickness）。當教在論及時，彷彿現實是靜止不動、停滯的、片段化的與可預期的；要不然就是他所闡述的主題與學

生的存在體驗毫無關聯。（Freire, 2000: 71; 引自方永泉譯，2003：107）

John Dewey在《學校與社會》（The school and society）也提到類似的批評。他曾苦尋不著一種不論從藝術、衛生、教育等角度皆能符合兒童需求的課桌椅，在幾經努力，他發現這種桌椅真的很難找到。最後，有一位看起來比其他人來得聰明的店員向他說：「我恐怕沒有那種合您意的課桌椅，這裡有的都是適合提供學生靜坐聽講用的桌椅而已。」他認為這段話一語道破傳統教育的面貌。學生都是被要求要專心靜聽的態度到學校上課，如果我們能夠用心想像在一間普通教室中井然有序地放了許多醜陋的桌椅，在十分擁擠的教室無法提供學生較多的活動空間，而且桌面上又只有放置書籍紙張，另外再加上一張大桌子、幾把椅子，教室牆面又只掛著幾幅圖畫，我們不難在心中勾劃出此一場所唯一所能進行的教育活動會是什麼樣子。所有一切都是為了能夠讓學生「靜聽」而設計的，因為純粹書本的學習都只是「靜聽」的另一種形式，此種設計也顯示出一人之心靈對於另一個人的依賴，靜聽的態度與談話相比較，都顯得是消極（Dewey, 1956）。

表面看來Freier或Dewey提出了類似的批評，但一個是馬克思主義者，另一個則是實用主義者，兩者的哲學立場截然不同，但其相同之處則是在於一致強調「*Bildung*」的第一重意涵（即學習者的主動性），也反對以成人或權威者的觀點來宰制教學活動。正是共同強調學習者積極的主動性，這便讓他們的教育主張具有「*Bildung*」的教育意涵。反過來看，若只是強調學習者的主動性，這有可能是批判教育學，也有可能是實用主義取向的教育，但它未必是「*Bildung*」的教育。

就其第二重意涵（即「他異性的介入」）而言，畢竟，讓學生真正擁有自由與自主，這雖然重要，但卻只是起點，部分教育觀點主張要給予學生完整的自由，認為學生才是自己的「主人」，並支持學生有權決定是否學習以及學習內容！所謂成為真正掌控自己學習的主人，話雖沒有錯，但「*Bildung*」則是在此一基礎上進一步強調主體與他者（當然包括人與物）

的邂逅。這是一種「往外」尋求對話與連結的過程，只是這個過程當然不會是單向接受外在價值的規訓，果若如此，那麼這樣的教育必定又與自由與自主的學習前提相悖。有學者據此建議將自我與他人的關係認為是非透明的（non-transparency；意即不易立即被掌握的一種關係），其原因在於個人與他人關係的脈絡性限制，個人對於他人會採取何種作為？這當然要看其對「他者」所採取的倫理責任程度來決定（Thompson, 2005）。由於主體的非透明性即在於反映人與人之間的倫理連結（ethical bonds），「往外」因而會是「*Bildung*」教育概念實踐的過程，它並非直接就是目的，它著眼於「往外」的探索與連結的行動，「往外」的本身即隱含著某種倫理關係，透過「往外」的連結，這才得以此讓人走出自我（I），而嘗試窺見「大我」（we）。

　　換言之，「*Bildung*」的教育實踐必須進一步嘗試尋求個人與外在秩序的和諧與同一（例如：天人合一或物我同一），期能達成個人生命提升以及理想人格的形成，並真正體現「*Bildung*」教育的第三重意涵，即「返回向內」尋求與外在秩序合而為一的可能性。誠如《易經·繫辭下》「窮神知化，德之盛也」，《詩經·大雅》「天生烝民，有物有則。民之秉彝好是懿德」，或者是孟子所說的「盡其心者，知其性也。知其性，則知天矣。存其心，養其性，所以事天也。」中國哲學所謂「天人合一」、「天人合德」與「天人相應」，這些說法可以說是「反思和諧」的恰當註腳。簡言之，唯有透過「*Bildung*」的「內向性」（向內形構）過程，一個人才得以真正具備「理想人格」，也就是能夠達到與外在普遍秩序相呼應的狀態。

第四節　「*Bildung*」是否會是個過時的教育口號？

　　面對全球資本主義的強勢影響，教育幾乎都以提升人力素質與強化經濟競爭力為目標。舉例來說，在全球資本主義強大影響勢力的推波助瀾，為能因應全球化挑戰或知識經濟時代的需求，世界各國的高等教育

治理（higher education governance）重點幾乎完全集中於全球競爭力與協助學生就業等人力資本式論述，傳統大學教育的陶養傳統已被「就業準備」或「帶動經濟發展」等說法所取代。政府挹注大量經費的目的，除了期待提升大學的世界排名，進而藉此促進產業升級及提升國家競爭力。無庸贅言，教育完全被導向一種「以經濟為本位」（economic-based）的規劃。所謂「人才」不是指「知識分子」，而是必須要能滿足產業需求，所謂「以學生為中心」的課程改革也不在於提供「有人味」的教育，而是要能強化競爭實力。在這樣的處境下，宣揚或主張教育應協助學生「形成某種理想人格」的說法，自然會被譏諷「跟不上時代」的陳腐教育觀點。

　　從另一個角度來看，由於受到後現代激進多元（radical plurality）觀點的嚴厲挑戰，「*Bildung*」的傳統又成為質疑的焦點（Koller, 2003），像是「*Bildung*」教育概念所標示的理想人格會是什麼？」（Hammershøj, 2009），這樣質疑很輕易便為「*Bildung*」貼上保守主義，甚至是「過時」教育概念的標籤。在這種多元化的狀況之下，人不但與傳統社會（traditional social）的關係日益疏離，對於攸關眾人利益的政治制度問題也較為漠視（Jesssop, 2012）。究其原因，這是因為「*Bildung*」多被窄化為僅是導向內在（inward occurrence）的自我形成，或者是強調國家導向或民族性涵育的教育。在這種詮釋觀點的影響下，在十九世紀時，當時社會才將目光轉向階級與權力結構所造成的政治不公平，問題焦點也才被放在政治障礙的排除，所謂「個人與社會整體精神統一」也因其充滿意識型態灌輸而成為被批判的箭靶，同時又因「*Bildung*」傳統未能顧及婦女議題，基於這兩層因素使得「*Bildung*」傳統一度被棄置（Vinterbo-Hohr & Hohr, 2006）。無疑，「*Bildung*」因被簡化為內向性（inwardness）或自我涵育（self cultivation）等「去政治化」意涵，自然而然，「*Bildung*」也就顯少與公共性、民主制度或自由主義教育有關（Baure, 2003）。

　　除了經濟全球化與後現代多元的因素，當代新興數位科技（information and communication technologies / ICT）的發展，它所改變的當然不只是教學型態而已，它更已徹底改變教育的內涵。A. Loveless等學者即曾指出過去的教學是將焦點放在指導學生盡可能背誦與記憶教材等活動。與之相

較，在大量數位科技融入教學後，重點就被轉移至如何引導學生學會掌握知識，檢索並且學會管理資訊（Loveless, Devoogd, & Bohlin, 2001: 75-77）。因此，新興數位科技總會極力宣稱其教育運用價值，透過教學科技的引領，學生將可主動發現新世界，激發無限的學習渴望，也可以釋放無限的想像力（Buckingham, Scanlon, & Sefton-Green, 2001: 20）。面對各類新穎的資訊通信科技（諸如Moocs, Mobil Learning, Web 2.0, ……）被大量運用到教學場域所造成的改變，非但教師的地位可能被弱化，一個叫做「學校」的地方更會消失，也就是會被「線上課程」或「虛擬教室」所取代。如果，這是未來的樣子，那麼「具備理想人格」以及「個人與社會整體的精神統一」是什麼？它只是不值一提教育觀點罷了。

回到「*Bildung*」的原初意涵，「*Bildung*」若指涉的是「formation」，這是關於一種理想的圖像，指的是一種渴望達到目標的精神；若是「*up-bringing*」（*Erziehung*），則是具有「拉起某人／某人被拉起」之意；若是「teaching」（*Unterricht*），則是一種向下的方向，其圖像為將某事物傳交給某個在下面位階的人。顯然，「*Bildung*」可以是「formation」，可以是「upbringing」（*Erziehung*），又會是「teaching」（*Unterricht*）。這三層意涵是有其時代性差異的：

> 在古代，教育的任務在於根據理想模範發展個體；而中世紀的教育任務則是將野蠻人或異教徒拯救上宗教與救贖的船上；而現代時期則是傳授知識與技能給未受教育者。（Nordenbo, 2002: 343; 轉引自馮朝霖，2012：5）

根據前述全球化、後現代與數位時代之狀況分析，我們是否可以就此論斷「*Bildung*」已是一個該被丟棄的過時觀點？答案幸好是否定的。早已有許多學者提出「*Bildung*」教育概念的二十一世紀新解釋，舉例來說，面對全球化發展，由於「*Bildung*」係反映著個人與文化之間的關聯性，傳統「*Bildung*」觀點不免因其區域特殊性的限制，未必能契合經濟與文化的全球化趨勢。未來的社會變化當然是更難以預測的，新工作型

態也可能會有不同以往的需求，為了順應新時代問題與教育需求，協助學生能具有更好靈活性與更強的生活適應力，這樣的說法自然會是「*Bildung*」的新意涵（Wmmmer, 2003: 168; Thompson, 2006: 74）。換言之，不同於「形塑理性人格」的傳統定義，諸如「自決（self-determination）、自由、解放（emancipation）、自律、理性或獨立」（Klafki, 1986: 458; Biesta, 2002: 379），或者是強調「不僅僅只是將自己歸屬於某一個特殊地區或群體的公民而已，同時，任何個體應該清楚認識自身早已透過交互肯認與人際關懷而將所有人類緊密地結合在一起，自己必須轉而成為世界公民（cosmopolitan citizen）（Nussbaum, 2006; 王俊斌，2010，2013），這些觀點其實都企圖為我們指出「*Bildung*」概念的新內涵與新思考的方向。

第五節　結語：回歸「*Bildung*」教育傳統的呼聲

　　受到去泛教條化與反國家意識型態等自由主義思潮影響，再加上全球資本主義與新興數位科技的強勢引導，當我們問什麼是教育？什麼是學習？答案可以是「在於使人獲得真正自由」，可以是「學習者中心」，可以是「競爭力與適應力」，也可以是「數位時代公民」，對照之下，像是「培育良好人格」這類答案雖可能被提及，這樣的主張必定因其較無效益，多半只能當「陪襯」或「跑龍套」的角色。縱使如此，當代教育的功利化與非公共化程度已遠遠超過以往，二十世紀的學校教育被批評完全為資本主義服務，並讓中、下階級學生透過教育「順利」學習成為勞工。二十一世紀的學校教育，不只是繼續臣服於資本主義，更被資本家收編，教育失去對公共善（public goods）的關懷，而權貴世襲化（crony capitalizing）的狀況，不只是讓中、下階級學生無法翻身，更讓絕大多數人難以期待教育會帶來階級流動的機會（王俊斌，2015）。有鑑於此，一種真正以人為本，以自由為前提的「*Bildung*」的教育傳統，它再次被寄予解除資本化魔咒的希望。

　　相較於發達資本主義以及資訊科技受到歡迎的程度，嘗試與傳統連結不免被視為是保守或落伍之舉，想要找出能被社會共同接受的核心價值，

這更是艱鉅。因此，「*Bildung*」若要不被丟棄，它必須要強調「懷疑」（sceptical）與「創新」（innovative）等兩種新的面向，所謂的「懷疑」體現於拒絕形上論（metadicsourse），透過對於差異的尊重進而維護異質性（heterogeneity）。然而，我們卻更應以「創新」的面向找到走出「懷疑」的可能侷限：

> 畢竟，教育行動不能只看到差異，而是要讓有意義的教育觀點可以在教育被實現。顯見，「Bildung」一方面仍與哲學的思辨傳統緊緊相連，另一方面更在於提出不同於傳統之主張，若能如此，「Bildung」也就不會只是傳統的殘存而已。（Koller, 2003: 163）

賦予「*Bildung*」教育概念具有時代性新意，就務實角度，這當然是必要的。然而，契合時代性的新意究竟為何？這則尚未明確。平心而論，「*Bildung*」的目的若是在於達成人性的完整開展（fulfillment of humanity），也就是讓一個人具有完整發展的能力。過去，或許「理想」人格的典範圖像只有一個。今日的多元化社會，人性的完整開展則應不是把所有人都變成一模一樣，發展方向會是各適性化，那麼「每一個人也就會有極清楚的不同特質，若每個人都是獨立個體，具有創造力與自主性，那麼整個社會也將會更具人味（humane society）」（Gur-Ze'ev, 2002: 392），這樣的新解便有助於我們重構教育圖像。

　　然而，我們為能順應新時代要求，如科技與數位時代的發展，人被要求要具備更強的適應力、改變的能力以及國際的移動力（mobility）等超越界限的能力，期以讓人的效能最大化（maximum effciency），這些能力或素養會不會是「*Bildung*」的教育圖像呢？事實上，這些論述仍不免只是資本化效益論思維的「換句話說」：

> 〔即〕完全僅以市場運作的角度來看待人與人之間的社會關係，而社會根本被化約為完全只看效益（bare efficiency）的存在形式。再者，若所謂的適性力、改變能力或移動能力又被視為一個人應具備

的素養，那麼這些全球化素養也就變成新的「Bildung」意涵，其結果便會讓平等與社會正義完全被視爲無物。（Sünker, 2006）

綜言之，爲了重新找回有「人味」的教育，爲了促使教育能關注「公共善」的社會責任，爲了讓教育重新成爲一種「希望」，臺灣早已有許多理念辦學的教育實踐（如特色學校、華德福學校、苗圃蒙特梭利學校、道禾實驗學校、全人實驗中學、政大與清華等大學校的書院教育），這些教育實踐即已一致反映回歸「*Bildung*」教育理想的時代趨勢，他們各自提出想法多樣的「*Bildung*」圖像，而這些新的「*Bildung*」教育概念將會使學習天空更自由、更繽紛。

參考書目

一、中文部分

方永泉譯，Paulo Freire著（2003）。**受壓迫者教育學**。臺北市：巨流。

王俊斌（2010）。論Martha Nussbaum「能力取向」的正義觀與教育發展。**教育研究集刊**，**56**(2)：41-69。

王俊斌（2013）。善的至高性與脆弱性——Murdoch與Nussbaum的立場及其德育蘊義。**教育研究集刊**，59(3)：1-33。

王俊斌（2015）。新菁英論、能力平等與社會正義——權貴資本主義如何進行高等教育的收編？發表於「**第21屆臺灣教育社會學論壇-教育改革與異化、邊緣化的新世代：教育社會學的觀點**」。埔里鎮，南投縣：國立暨南國際大學。

林玉体（1988）。教育概論。臺北市：東華。

林逢祺（1996）。教育的意義。收錄於黃光雄主編**教育導論**，頁3-21。臺北市：師大書苑。

侯定凱等譯，Harry R. Lewis著（2012）。**失去靈魂的卓越：哈佛是如何忘記**

教育宗旨的。上海市‧中國：華東師範大學。

教育，從「心」開始（2013年4月5日）。TedxTaipei，2015年8月31日檢索自 http://tedxtaipei.com/articles/education-2/

梁福鎮（2006）。**教育哲學的辯證取向**。臺北市：五南。

麥慧芬譯，J. Krishnamurti著（2015）。**與生活和好：克里希那穆提寫給你的 28道生命習題**。臺北市：商周。

馮朝霖（2012）。**後現代陶養與公民美學研究成果報告**。（科技部專題研究 計畫成果報告編號：NSC 98-2410-H-004-004-MY2）。臺北市：中華民 國行政院科技部。

楊深坑（2011）。教育哲學研究歷史發展之國際比較。**教育研究研究集刊**， 57(3)：1-36。

廢除人文學系日本26所國立大學擬實施（2015年8月25日）。中央社，2015 年8月31日檢索自http://www.cna.com.tw/news/firstnews/201508250002-1. aspx

歐陽教（1988）。觀念分析學派的教育思潮。收錄於中國教育學會主編現代 **教育思潮**，頁1-50。臺北市：師大書苑。

歐陽教（1990）。教育的概念、口號與隱喻。**教育研究集刊**，32：29-49。

譚光鼎（2010）。**教育社會學**。臺北市：學富。

二、英文部分

Bauer, Walter (1997). Education, Bildung and post-traditional modernity. *Journal of Curriculum Studies,* 5(2): 163-175.

Biesta, Gert (2002). How general can Bildung be? Reflections on the future of a modern educational ideal. *Journal of Philosophy of Education*, 36(3): 377-390.

Buckingham, D., Scanlon, M., & Sefton-Green, J. (2001). Selling the digital dream: Marketing educational technology to teachers and parents. In A. Love-less (Ed.), *ICT, pedagogy and the curriculum: subject to change*, pp. 20-39. London: RoutedgeFalmer.

Cahill, Kevin M. (2009). Bildung and decline. *Philosophical Investigation*, 32(1):

23-43.

Dewey, John (1956). *The child and the curriculum*、*The school and society*. Chicago : The University of Chicago Press.

Durkheim, Émile (1956). *Education and sociology*. Glencore, New York: Free.

Gur-Ze'ev, Ilan (2002). Bildung and critical theory in the face of postmodern education. *Journal of Philosophy of Education*, 36(3): 391-408.

Hammershøj, Lars Geer (2009). Creativity as a question of Bildung. *Journal of Philosophy of Education*, 43(4): 545-558.

Hegel, Georg Wilhelm Friedrich, A. V. Miller(trans.)(1977). *Phenomenology of Spirit*. Oxford: Clarendon Press.

Jessop, Sharon (2012). Education for citizenship and 'ethical life': An exploration of the Hegelian concepts of Bildung and Sittlichkeit. *Journal of Philosophy of Education*, 46(2): 287-302.

Kim, Jeong-Hee (2013). Teacher action research as Bildung: An application of Gadamer's philosophical hermeneutics to teacher professional development. *Journal of Curriculum Studies,* 45(3): 379-393.

Koller, Hans-Christoph (2003). Bildung and radical plurality: Towards a redefinition of Bildung with reference to J.-F. Lyotard. *Educational Philosophy and Theory*, 35(2): 155-165.

Lewis, Harry R. (2006). *Excellence without a soul: How a great university forgot education*. New York, NY: Public Affairs.

Loveless, A., Devoogd, G. L., & Bohlin, R. M. (2001). Something old, something new...is pedagogy affected by ICT?. In A. Loveless (Ed.), *ICT, pedagogy and the curriculum: Subject to change*, pp.63-83. London: RoutedgeFalmer.

Nordenbo, Sven Erik (2002). Bildung and the thinking of Bildung. *Journal of Philosophy of Education*, 36(3): 341-352.

Nussbaum, Martha C. (2006).*Frontiers of justice: Disability, nationality, species membership*. Cambridge, Massachusetts / London, England : The Belknap Press of Harvard University Press.

Odenstedt, Anders (2008). Hegel and Gadamer on Bildung. *The Southern Journal of Philosophy*, XLVI: 559-580.

Reichenbach, Roland (2003). Beyond sovereignty: The twofold subversion of Bildung. *Educational Philosophy and Theory*, 35(2): 201-209.

Schneider, Käthe (2012). The subject-object transformations and 'Bildung'. *Educational Philosophy and Theory*, 44(3): 302-311.

Sünker, Heinz (2006). *Politics, Bildung and social justice*. Rotterdam/Taipei: Sense Publishers.

Thompson, Christian (2005). The non-transparency of the self and the ethical value of Bildung. Journal of Philosophy of *Education,* 39(3): 519-533.

Thompson, Christian (2006). Adorno and the borders of experience: The Significance of the nonidentical for a "different" theory of Bildung. *Educational Theory*, 56(1): 69-87.

Vinterbo-Hohr, Aagot & Hohr, Hansjörg (2006). The neo-humanistic concept of Bildung going astray: comments to Friedrich Schiller's thoughts on education. *Educational Philosophy and Theory*, 38(2): 215-230.

Wahlström, Ninni (2010). Do we need to talk to each other? How the concept of experience can contribute to an understanding of Bildung and democracy, *Educational Philosophy and theory*, 42(3): 293-309.

Wimmer, Michael (2003). Ruins of Bildung in knowledge society: Commenting on the debate about the future of Bildung. *Educational Philosophy and Theory*, 35(2): 167-187.

延伸閱讀

　　有關「Bildung」教育概念的分析文獻，馮朝霖在「後現代陶養與公民美學」一文，對於「*Bildung*」概念的發展史有詳細分析，該文收錄於道禾教育基金會2016出版《乘風尋度─教育美學論輯》一書中。另外，

讀者若有興趣，有兩本英文教育哲學期刊專刊可以閱讀，一個是*Journal Philosophy of Education*, 2002年出刊的第36卷第3期，專刊主題為*Educating humanity: Bildung in postmodernity*，另一個則是*Educational Philosophy and Theory*, 2003出刊的第35卷第2期，專刊主題即為*Bildung*。

王嘉陵

第七章

課程與教學哲學

　　子路問：「聞斯行諸？」子曰：「有父兄在，如之何其聞斯行
　　之？」冉有問：「聞斯行諸？」子曰：「聞斯行之。」公西華曰：
　　「由也問聞斯行諸，子曰『有父兄在』；求也問聞斯行諸，子曰
　　『聞斯行之』。赤也惑，敢問。」子曰：「求也退，故進之；由也
　　兼人，故退之。」《論語‧先進》

前言、課程與教學的哲學思維

　　上述對話出自於《論語》，公西華看到孔子對於不同學生的教誨有異，進而提出疑問。當子路（亦稱為「子由」）問孔子：「聽到就要去做嗎？」孔子回答：「有父兄在，怎麼能聽到就做？」後來冉有（亦稱為「冉求」）也問了同樣一個問題，「聽到就應當去做嗎？」孔子卻回答他：「聽到就該去做。」公西華覺得很疑惑，為何孔子面對兩人的問題，回答竟是如此不同，孔子說出他在教學上的思考，他覺得，冉求個性怯懦，做事總是喜歡退縮，所以要鼓勵他積極一點，做事要立即行動；而子路這個人做事膽大，但有時會有勇無謀，所以勸他做事要三思而後行，也因為子路事親至孝，所以讓他遇到事情先請教父兄的意見，再去執行。在此對話中，孔子為我們示現「因材施教」這個教學理念，基本上，每位學生都有其潛力，也有自身不足之處，一位好老師的教學，需要透過各種方式，修正學生的待人處世態度，並帶給學生信心，協助將學生的潛力激發出來。孔子的言語，展現他背後的教育哲學思維，事務上，每位老師在擬定課程內容與設計教學策略時，都會有其哲學立場與考量，並依此想像其教學後所期待的結果，教育哲學理念雖然大都隱而不顯，但是影響教師的實務操作甚鉅，所以在教育研究上，除了可以探究教師背後的哲學觀點之外，關於課程與教學理論可以連結哪些哲學觀點或概念，也是重要的探討面向。

　　課程的英文是curriculum，源自於拉丁文的currere，本意是「跑馬道」（race course）的意思，就白話的意思而言，課程是一個設計者規劃好的道路或方向，引導學生朝此方向學習，至於朝什麼方向規劃？以及透過什

麼理念進行規劃？這就涉及哲學問題。課程與教學的哲學探究，需要探討什麼知識應該被教？以及為何它們需要被教？因為這些問題涉及人類生命與福祉的考量，所以與倫理、道德有密切關係，再者，課程與教學會考量到學校裡面所教的知識、技能，以及各種教學目標的價值，這就關係到哲學裡面的認識論層面，而這些討論也通常與社會、政治、經濟哲學有所連結（Carr, 2009）。

就課程史的發展來看，課程與教學哲學曾經出現過許多不同派別，某些派別之間關聯性很高，也有些派別之間會呈現相互對立的看法，本章因為篇幅有限，沒有辦法對於各個派別做完整介紹，只能挑選一些較具代表性的課程與教學哲學議題，做脈絡性的介紹，期望讀者對於課程與教學理論，能有更清晰的認識，以此為基礎，未來可以再進行多方涉獵；另外要說明的是，在本章中筆者沒有刻意區分課程與教學這兩個概念，而是將它們視為教育實務的一體，所以文中也沒有課程哲學與教學哲學的分別。

本章的大致內容如下：第一節首先討論課程與知識的組織，先從課程界的「聖經」——《課程與教學的基本原理》這本書談起，討論課程目標與組織的問題，再討論英國教育哲學家赫斯特所歸納出的七種知識形式，因為課綱特別關注統整課程這個議題，所以筆者在此也兼論赫斯特對於課程統整的觀點。第二節主要探究「何謂課程理論？」這個問題，以美國課程學者派納的觀點為主，思索課程理論的意涵，以及課程理論與哲學之間的關係。第三節討論教學中的「關懷」議題，主要帶入美國教育哲學家諾丁斯的觀點，說明「關懷」的意涵，以及如何將關懷應用於教學之中。第四節則是談論當前課程與教學哲學的發展，進入到後現代，它們所呈現的是何種樣貌。最後再呈現本文的結語。

第一節　課程與知識的組織

本節主要討論課程與知識如何組織的問題，以下先說明影響課程實施數十年之久的泰勒理性，接著再介紹赫斯特所提出的七種知識形式，以及赫斯特對於課程統整的看法。

一、課程與教學的基本原理

關於「課程應該如何組織？」這個問題，不得不提到泰勒（Ralph W. Tyler）這位美國著名的課程學者，泰勒是二十世紀上半葉課程思想的集大成者，在課程史上具有重要地位，他所在的當時，美國進步主義與精粹主義壁壘分明，在此充滿衝突與對立的時空下，泰勒的理論帶有統合且獨特的特質，也統一了當時的課程語言（王秀玲，2007）。《課程與教學的基本原理》（*Basic Principles of Curriculum and Instruction*）（國立編譯館，1991；Tyler, 1969）是泰勒的一本重要著作，書中內容是他在芝加哥大學上課時的講義，當中所提出的概念具有劃時代意義，也使得本書成為美國當時課程領域的聖經。

《課程與教學的基本原理》這本書主要是回答規劃課程時所需要考量的四個根本問題，分別是：

1. 學校應該追求哪些教育目標？
2. 我們要提供哪些教育經驗才得以達成這些目標？
3. 這些教育經驗如何才能有效地加以組織？
4. 我們如何才能確定這些目標正在被實現？

書中各章節的內容即在回答這四個根本問題，後來發展成包含計畫、選擇、組織、評鑑這四個步驟的「泰勒模式」，「泰勒模式」又被稱為「目標模式」，因為它是以目標為首，貫穿整個課程組織與計畫。泰勒認為課程設計要考量的基礎學科為哲學、心理學、社會學，特別是對心理學的強調，如同早期的課程學者，泰勒的課程思想也受到行為主義的影響，當他提及教育目標時，認為：

> 「教育的真實目的不在於讓教師完成某些活動，而是要使得學生的行為模式產生重要變化，所以，很重要的是，學校目標的陳述，應該要說明發生在學生身上的改變。」（Tyler, 1969: 44）

上述觀點與行為主義不謀而合，皆認為學習是要尋找刺激與反應的連結，以促成行為的改變；此外，泰勒的課程設計理念，亦受到科學理念

的影響，很重視教育績效，從目標一直到評鑑，整個過程非常符合邏輯與科學。關於學習經驗的組織，則需要遵循繼續性、順序性、與連續性的原則。承襲進步主義的想法，泰勒認為教育需要協助個人參與現今複雜的社會，以及公民、工業生活，有學者指出，泰勒課程理論的背景與當時美國的工業化脫離不了關係，當中學校是促成工業化的重要一環（Paraskeva, 2011），而課程目標的擬定與社會狀況有著密切連結。「泰勒模式」因為目標明確，又強調執行具體，受到當時許多課程學者的採用，至今歷久不衰，泰勒將教育焦點從教師的「教」拉回到學生的「學」，也是一種進步的想法，但其理論帶有一些缺失，例如：目標模式無法適用全部學科或教學內容（黃光雄、楊龍立，2012）。目標模式的思維是線性的、現代的，所以它也受到晚近一些批判課程理論學者或是後現代陣營的批判。

二、知識形式

赫斯特（Paul Hirst）是1960、1970年代時，英國分析哲學學派著名的教育哲學家，與皮德思（Richard Stanley Peters）齊名，他的文章〈博雅教育與知識的本質〉（Liberal education and the nature of knowledge），在當時受到極大關注，並引發教育學者對於知識形式的探討，提醒眾人開始思考學校課程的認識論議題。以下先說明赫斯特所歸納的七種知識形式，接著提出他對於課程統整的看法。

㈠七種知識形式

如同皮德思的觀點，赫斯特也認為教育應當要傳遞學生富有價值的知識，而這些富有價值的知識，是由七類形式（forms）所組成，分別如下（Hirst, 2010; 黃光雄、楊龍立，2012）：

1. 形式邏輯與數學
2. 物質科學
3. 了解自己及他人的心靈
4. 道德判斷與意識
5. 審美經驗
6. 宗教主張

7. 哲學了解

此七類形式是依據人類經驗、共同接受的符號而加以組織，彼此之間也擁有不同的邏輯特性，具獨立性且界線明確，赫斯特認為，學校教育的課程內容主要是依據此七類知識形式發展而成，他進一步說明，這些知識形式具有下面四項特徵（Hirst, 2010）：

1. 每一個知識形式都包含某些中心概念，例如：動力、加速度、氫、光合作用等是屬於自然科學的特性；數、積分、矩陣等是數學的概念；神、罪、命運注定論等是宗教的概念；而應然、善、惡等則是屬於道德知識。

2. 知識本身有專屬的邏輯結構，例如：力學的用詞與陳述，只能與某些特定方法產生有意義的關聯，歷史的解釋也是如此。在這些有連結的關係之下，經驗才有辦法被理解。

3. 每一種知識形式有其特定的陳述方式，並能多次被檢驗，例如：科學知識、道德知識即具備此特性，即使像藝術，無法產生明確的問題，它的檢驗標準還是可以透過文字來表達。

4. 各種知識形式已發展出特定的技術或技巧，以探究不同經驗，並能對於相關知識陳述加以檢驗，例如：科學的技術，以及文藝方面的知識皆是如此，科學有特定方法以驗證假設是否成立，藝術方面也有探究、表達各種經驗的符號語言。

除了知識形式的主張與分析之外，基於對知識的論點，赫斯特也針對課程統整提出他的哲學看法，因為課程統整這個議題過去在臺灣的課程領域曾有諸多討論，所以筆者在此也順道一提。

(二)課程統整

赫斯特認為，在對於統整課程的敘述上，統整課程「不是什麼」比「是什麼」更為清楚，它不像數學、歷史、地理、英文等學科組織，具有學科領域的特定目標。傳統做法上，學科課程在實務現場具有操作的便利性，課程表與任教人員都較易安排，而統整課程之所以出現，與知識不斷成長以及社會需求有關，它與學科架構對立，企圖破除其限制。傳統的學科課程常遭受到以下三點批評：第一，學科的形成是歷史因素使然，但是

個人未必依照這樣的組織單位進行學習；第二，小學與中學階段的學習，與學術學科的相關性較少，應當要在實際生活脈絡中教育學童；第三，個人的生命與經驗是統整的，無法加以區分，學科架構的課程會限制學童思考，使得學習與生活缺乏連結。針對上述批評，赫斯特認為，這些批判立場沒有呈現出清晰概念，這促使他想透過哲學觀點來重新看待課程統整這個議題。

就赫斯特的看法，各種知識都有其邏輯架構，也涉及概念系統以及對真理的判準，例如：物理世界的知識與心靈的知識有所不同，可是，知識與學科卻不見得等同，大學裡面的研究領域與知識形式也未必相同，攻擊現存知識的邏輯結構其實無濟於事，因為那只是知識所呈現出來的本質而已。每種知識所包含的概念都有其不足之處，但可以靠不同知識之間的邏輯關係加以補充，所以赫斯特除了主張知識形式需要加以區分，對於不同形式知識之間的邏輯內在關係，我們也需要進行了解。赫斯特認為，知識形式之間的相異特質不是構成學科的來源，同樣地，知識形式之間的內在關係也不能被證成是某種內在形式或是主題結構，當前所談的統整課程，的確打破了傳統學科界限，但其實並未將知識形式間的不同邏輯結構連結（bridge）起來，例如：某個新科學可能結合了物理與化學，但它並未打破兩種知識形式的邏輯分野，因為兩個學科原本就屬於同一種形式；此外，某種新概念架構的成立，也未必會產生出一種新的知識基礎形式，它或許還停留在舊有的知識形式。所以就課程的安排方面，赫斯特主張，需要考量的是，學生學習的學科需要包含不同知識形式，才算是完整的學習。至於教育目標，它們與知識形式未必能等同，雖然知識形式是依邏輯來區分，但是赫斯特認為，它們未必包含重要教育目標，因為目標在本質上不是理論、學術、或是智性的，例如：學生要學習在社會上如何與他人相處，這個教育目標就不具有學術性。

即使知識形式與結構，會隨著時間有所改變，但傳統學科之所以遭受質疑，是因為它們很少關注到孩童所需要面對的實務與道德問題，只是某些實務問題也未必涉及知識的直接應用，對於道德問題的探討，時常需要橫跨不同知識形式，但傳統的學科課程未能提供這些不同知識形式間的重

要連結，所以無法掌握道德問題的複雜面向。赫斯特主張，我們需要重視的，不只是不同知識形式之間的區分，而更應掌握它們之間的內在關係，特別是道德或實踐層面的內在連結，這在傳統上一直迴避去做進一步處理，但是赫斯特也不認為需要創造一個非學科形式的新課程單元，學校所需要的，是透過一個脈絡，將不同的知識要素結合起來，而學科本身就可以做這樣的處理，這樣的知識本身並不是統整的，而是要掌握不同知識間的關聯性，是故，學生若要認識知識的特性，需要由不同知識形式間的差異，以及彼此之間的關係去了解。

　　總而言之，赫斯特主張，不同的知識形式的確存在，它們之間的連結也是必要的，至於概念統整的做法，應當是以某一個知識形式為主，做不同知識領域之間的連結。在課程計畫方面，赫斯特也提出他的建議，首先，為了協助學生在知識上的認知發展，需要處理不同知識形式之間的相互形式關係（inter-form relations）；而知識之間的統整要在某一種知識形式內進行，其所要達成的目標，也要以單一知識形式內的目標來處理；此外，主題式的課程可能涉及所有知識形式的一些相關元素，但是關於單元的課程設計，還是要以知識本身的目標，而不是以外在目標為主。

　　可見對於課程統整這個問題，赫斯特是抱持傳統且保守的態度，認為課程設計與實施還是要依照知識本身的內在邏輯結構來進行，即使不同知識形式的某些要素可以結合，但還是需要以其中一類知識形式的目標為主軸來貫穿其他知識形式。後來受到社會、政治哲學的「後分析」趨勢所影響，赫斯特不再強調其知識形式主張的學術論點，但是他的觀點對於1960、1970年代的英國課程政策、課程設計有深遠的影響，甚至帶動了博雅傳統課程理論的極盛時期（Carr, 2009）。

第二節　何謂課程理論？

　　隨著時代發展，課程理論陸續呈現出它的不同樣貌，派納（William Pinar）是美國著名的課程學者，他對課程理論的看法時常被學者所引述，他也鼓勵課程學者以更多元的角度探究課程，例如：從文化、歷史、社

會、哲學、宗教、美學等觀點來看待課程實踐，並將課程研究「再概念化」（reconceptualization）。在提及「何謂課程理論？」這個問題時，派納（2004a）認為，簡而言之，課程理論是教育經驗的跨學科研究，課程理論的研究本身有它獨特的歷史、複雜的現在、以及不確定的未來，它受到許多學科所影響，特別是社會科學，或是人文、藝術等；在《理解課程》（*Understanding Curriculum*）（Pinar, Reynolds, Slattery, & Taubman, 2004/1995）這本書裡面，派納等人也宣稱，課程需要以不同以往的方式去理解，但是究竟應以何種方式理解課程理論？為回答此問題，以下將介紹課程理論的「再概念化」運動，以及之後派納繼續發展出來的「後再概念化」觀點。

一、課程理論的「再概念化」

針對「再概念化」這個名詞，派納認為，它是對於兩個派別的反動，第一是以泰勒理性為基礎的傳統課程理論學者，第二是強調只相信課程中之可觀察、可測量行為的概念實徵論者（conceptual empiricists），就「再概念化」的論點，派納建議以現象學、批判社會理論等觀點進行課程研究（Pinar, 2009），並重視個人在公共世界中的內在與存在經驗，試圖了解教育經驗的本質。從課程史來看，大約在1970至1980年代，課程理論受社會學與政治學的影響甚深，認為知識是社會與文化的建構，最著名的莫過於美國課程學者艾波（Michael Apple）的《意識型態與課程》（*Ideology and Curriculum*）（Apple, 1990/1979）這本書，以左派的社會學觀點分析課程，在當時引起極大震撼，哲學家哈伯瑪斯（Jürgen Habermas）的批判理論（critical theory）在當時也常被引用，以反省課程實踐的技術旨趣，一直到2000年左右，課程學者還時常討論課程實務中的受壓迫或是解放議題。如上提及，派納認為課程是關於跨學科的教育經驗探究，所以應當引進不同學術觀點，以進行學校、教師、學生等對象的探討，基於哈伯瑪斯的觀點，派納也批判過去以技術觀點來看待知識與學習成果的方式，認為實際問題無法因此而解決。

派納等人宣稱，課程發展的時代已然過去，吾人應當透過「理解」的

方式來看待課程（Pinar, Reynolds, Slattery, & Taubman, 2004/1995），這個觀點是在批判過往主導課程論述已久的泰勒模式，它是先設立課程目標，再透過組織學習材料、實施與評鑑課程的過程，確定目標是否達成，但是就派納的看法，在目標模式之下，教師終日追逐教學成果，被矮化為教育技術人員，無法發揮其專業能力，於是他主張理解課程比發展課程的實作更為重要，這也是1980年代以來，課程領域逐漸發展出的一股趨勢，如同外在世界的劇烈變動，許多新概念與想法也促使教育工作者對於理解課程的方式產生轉變，所以課程理論應當要能激發思考，問題也應當由過去的「如何做？」轉變成為思考「為什麼？」慢慢去理解當今學校裡面錯綜複雜的課程脈絡是如何形成，而這類問題是早期「課程發展」思維所無法處理的。

除上述論點之外，派納亦主張「公共教育」（public education）這個概念，就派納的定義，公共教育是對於自我與社會之基礎智性建構，它是一種歷程，在此歷程中，教育者運作於公共與私人空間，游移（in-between）於各種學術學科與現存大文化的狀態之間，游移於智性發展與社會參與之間，以及游移於學識與每日生活之間；除此之外，派納也提出，公共教育的重新建構不能脫離私領域（private sphere）的重建，它們之間需要相互對話與交流，所謂私領域是指自我主體，學術知識必須與自我形構（self-formation）產生關聯，派納於是建議自傳（autobiography）的教育研究方式，它是學術知識與個人自我反省的遭遇與對話（Pacheco, 2009），此點主張也影響到後來許多課程學者，透過自傳的形式進行課程探究，也經由自傳，思索個人與社會之間構築出來的教育關係。

二、課程理論的「後再概念化」

自從1980年代之後，派納將自己視為「後再概念論者」（post-recon-ceptualist）的一員，「後再概念論」的產生，是受到當時後現代、後殖民、後結構等諸多理論的衝擊所產生，它比「再概念論」更重視實踐，就派納的觀點，經過再概念化，課程理論已從現象學、後現代主義、或美學等概念得到它的多元理解面向，除了政策、教科書、多元評量之外，課

程參與者有了更多複雜的對話，也促使我們理解，課程不只是名詞，它同時也是一個動詞，需要參與者的實踐，有別於「再概念論」，實踐是「後再概念論」特別強調的，派納於是投入更多關於種族、性別的政治議題，並尋求為弱勢發聲的管道。「後再概念化」亦重新思索英國學者斯賓賽（Herbert Spencer）的「何種知識最有價值？」（What knowledge is of most worth?）這個古老議題，但不是將它視為社會學問題，而著重在於方法論的問題，並提出課程研究與發展，必須是概觀的、批判的與轉化的，才能形成有價值的知識（Pacheco, 2009）。

三、「再概念化」的課程意義

　　其實「再概念化」與「後再概念化」的分野並不明顯，兩者差異不大，我們亦可將「後再概念化」視為是「再概念化」的繼續延伸，只是比較起來，「後再概念化」更重視個人主體性的問題，以及回歸到課程發展的實踐意涵（Pacheco, 2009），這裡所談的課程發展已不是承續泰勒模式的課程發展，而是協助教師以多元、跨學科的研究方式進行課程議題的研究，使得教師從知識的消費者轉變成為主動的課程參與者。以當代的課程理論發展而言，「再概念化」已形成一種課程典範，即使「後再概念化」重視課程發展，但嚴格來說，「再概念化」與「後再概念化」應當同樣皆屬於「理解課程」的典範，一如《理解課程》這本書的標題，除了中心學者派納之外，它是眾多課程學者（特別是在北美洲）所形成的學術運動（movement），這些學者的論點，促使我們反省課程不能只是考量如何設計、如何實施、或是思考要達成哪些可觀察、可測量的成果，事實上，影響課程的因素相當廣泛，課程是由個人、社會、與文化傳統之間的複雜因素交織而成，如同威利斯（George Willis）所言，再概念化的探究促成了課程領域的兩個重要討論方向：第一是外在經驗與政治實際，第二則是內在經驗與個人意義（轉引自Pacheco, 2009），再概念化的課程研究將原本的課程實務導向轉移至對於歷史、哲學等理論觀點的重視，其對於標準化測驗與學科中心的批判，也協助教育學者進一步思考課程實踐的真正目的為何。

第三節　教學中的關懷

「關懷」是身為一位教師，需要具備的人格特質，對學生而言，也是教育歷程中很重要的一項學習目標，雖然有學者認為，關懷比較傾向於女性的特質（Pinar, 2004b），但它仍是教育愛當中重要的一環。談論關懷這個概念最為著名的，莫過於美國教育哲學家諾丁斯（Nel Noddings）。諾丁斯認為每個人都渴望被關懷，也想要與人建立關懷的關係，雖然這種慾望本身可能不具有任何道德意義，但是它的普世性使大家認定，關懷關係是一種根本的善（國立編譯館譯，2008）。過去西方倫理學的主流在於強調知識的理性作用，並建構出種種道德原則，以致道德律令不是成為抽象或先驗的義務（如康德的道德哲學），不然就是其標準被建立在各種算計的原則上（如效益主義），而貶抑了情感的價值（簡成熙，2005），但是諾丁斯認為，關懷的行為動力不是要符合什麼標準或事實原則，它是發自內在的，能夠付出全力關注他人，並感受到他人的痛苦。以下分別說明，在諾丁斯的關懷概念中，關懷關係所需具備的條件，以及關懷在道德教育的具體實踐做法。

一、關懷關係中需要具備的根本條件

諾丁斯（2004）提出在關懷關係中需要具備的一些根本條件。首先，關懷關係的形成需要有一個人施與關懷，以及另一個人接受關懷，對諾丁斯而言，「全神關注」（engrossment）是關懷行為的重要根本，這是從對於自身實體的關注轉移至對他人的關注，由心中升起感覺，覺得我必須為他人做些什麼，例如：為他人消除不愉快、減少痛苦、滿足需求、或是實現夢想等，如此在關懷關係中，他人這個實體對我而言，才能形成一種真實的可能性；至於關懷能維持多久，也視此種倫理上的關係能維持多久而定，所以關懷涉及對他人的處境有所感（"feeling with" the other），此種感覺不一定是同理心，也並非對於他人的投射或完全理解，而是對於他者的感受性（receptivity），或是接納。關懷不能只是嘴上說說而已，但是與其

說它是某些具體行動，諾丁斯認為，還不如說它是一種態度，能夠讓被關懷者接受到的關懷態度，就此而言，關懷具雙向性（duality），經由關懷者與被關懷者雙方相互履行，才得以達成，若關懷者施以關懷，但被關懷者未接受或確認，則關懷的目的並未達成。此外，關懷也涉及跨出個人自身的參照架構，而能進入他人的觀點來思考，如此才能清楚知道被關懷者的期待與需求，心理上的「全神貫注」才能為接受關懷的人考量，而不是為了自身，當然，兩者間的關係也不能帶著控制與干擾，關懷行為的出發點不是出自於支配，而是基於愛（affection）與尊重（regard），以保護與促進他人的福祉為目的。

二、關懷在道德教育的實踐

關懷與教育存有密切關係，諾丁斯提出以下四項道德教育的實際做法，作為教育場域中，實踐關懷的方式（曾漢塘、林季薇譯，2000：376-382）：

(一)**以身作則**（modeling）：道德的推理很重要，但更應重視學生成為關懷者與被關懷者中間的過程，與其給學生教科書、或是一味地要求他們要去關懷別人，不如以自身行為讓學生了解關懷的意思，透過教師與學生之間的關懷關係，闡明教師所要傳達的關懷意涵。

(二)**對話**（dialogue）：讓學生參與有關「關懷」這個主題的對話，對話可以促進理解並修正概念，如果不參與對話，就無法真正了解關懷的意涵，對話也可以幫助老師及學生去反省、批判自身做法，對話可以更深入了解他人，藉著這份了解，可以進一步學習做個更好的關懷者，對方的回饋也幫助我們以更適當的方式來照顧他們。

(三)**實踐**（practice）：如果我們希望培養出能夠關懷別人的人，就應該多讓學生實際學習關懷，並反省如何關懷他人。關於兒童，則需要有成人示範如何關懷別人，與他們討論關懷所帶來的困難與回報，並向他們證明關懷究竟有多重要。

（四）**肯認**（confirmation）：在道德教育中，關懷之所以與其他方法有所不同，是因為「肯認」這個因素，就馬汀布柏（Martin Buber）的觀點，肯認是一種對他人的確認與鼓勵，當我們肯定他人時，就是在確認別人擁有一份很好的本質，並鼓勵這個本質繼續發展。肯認也需要信賴與持恆，所以諾丁斯建議，老師與學生應該要長時間相處，建立彼此的關懷關係，並持續豐富這樣的關係。

諾丁斯強調，在關懷倫理中，我們要提升他人的成長，但要以不妨害別人的「他者性」（Otherness）為原則，同時也避免為別人決定他應該做的事情，如同德里達（Jacques Derrida）所主張的，「讓他者成其為他者」（letting the other be），將別人當作是我本身之外所存在的「他者」來尊重，雖然我們與「他者」有依賴關係，但需要尊重其為獨一無二的完整個體，也儘量不要對別人直接下判斷，因為此種判斷有可能來自於我們內心不良意念的反射，所以關懷不只是要向外，也需要向內自省，況且當我們愈深入人與人之間的關懷時，同時對我們自身也會有更進一步的了解。

在具體的課程規劃上，諾丁斯建構了七項關懷的主題，此七項主題包含：關懷自己、關懷親密之人、關懷周遭熟識之人、關懷他人（遠方不熟識之人）、關懷動植物及自然環境、關懷人為世界（各種文明構成之人為世界），以及關懷理念這七項，理念在此並非嚴謹的知識結構，而是要讓學生體會理念與人生的關係（簡成熙，2005）。這些需要關懷的主題與對象，可以提供中小學教師作為課程設計與課程實施的參考架構。

第四節　課程與教學哲學的當前發展：後現代的多彩繽紛

受到「再概念化」學派所影響，課程研究開始引入不同學科的觀點，例如：在《理解課程》這本介紹不同觀點課程理論的書籍中，即呈現出可以將課程視為現象學文本，以及後結構、解構與後現代文本，甚至是美學文本、神學文本，這些課程理論的取向都與哲學相關，而後現代哲學是近一、二十年來很多課程學者談論與引用的對象，後現代哲學包含的面向非常廣泛，它們共同的主張是去中心化，企圖接納更多異質、多元的想

法，並將此觀點應用於關注種族、性別、階級、公民權利等議題，因為這些議題與教育有諸多關聯，所以甚受教育學者的青睞。後結構主義是後現代主義在法國發展形成的一個重要派別，主要代表人物有傅柯（Michel Foucault）、德里達、里歐塔（Jean-François Lyotard）、德勒茲（Gilles Deleuze）等人，他們的思想起始於對法國結構主義（structuralism）的反動，企圖解構科學的線性、因果觀點，以及解構歐洲啟蒙（Enlightenment）時代以來的理性觀點，以此方式投入分析與批判，拓展個人對於事物與環境的認知，並藉由檢視當代文化與歷史，挑戰現代主義的價值，近年來許多課程學者運用後結構的哲學概念來解構教育政策，或是解構長久以來支配教育的中心價值；在教學理論方面，維果斯基（Lev Semyonovich Vygotsky）的認知發展理論時常被引用作為建構教學或是認知教學的理論基礎，維果斯基提出社會文化對於學童認知發展的重要性，有學者認為，此種觀點即是屬於後結構、後現代的學習觀點。

　　後現代哲學對於課程與教學的影響其實早已行之有年，多爾（Jr. William E. Doll）是早期將後現代觀點引入課程理論的學者，他寫了一本後現代課程理論的專著，名為《課程的後現代觀點》（*A post-modern perspective on curriculum*）（1993），多爾以後現代論點批判屬於科學的線性發展模式，主張課程應當是有機的（organic）持續轉變，難以被統一、預測、決定，並且是在互動過程中發生與成長，在失衡時尋求平衡，所以唯有在開放情境中，課程才有可能發生轉化，多爾也提醒，課程本身不是競賽，它是一段旅程（journey）；而且為了引發教育社群的對話，隱喻（metaphor）比邏輯更為有效；至於教育目標、計畫、與評鑑方面，應當要更有彈性，著重歷程而非結果，上述多爾的這些論點，引發了課程實務工作者諸多反省。

　　依據史拉特利（Patrick Slattery）（2006）在美國所觀察到的現象，後現代的課程理論已經逐漸崛起，但不同派別之間常有彼此敵對、競爭的現象，例如：政治理論、女性主義、實用主義、酷兒理論者（queer theorists）、批判種族理論、新馬克斯主義、現象學者、多元文化論者、後結構主義者、解構主義者，以及建構的後現代主義者（constructive postmodernists）等，常會抱持自身立場，而與其他陣營有所爭論，此外，後現代課程取向也常與傳統論者、永恆主義者（perennialists）、精粹主義者（essentialists）等掌握學校改革計畫的主事者，產生意見上的衝突，特別是在為了爭取自身立場納入課程發展方案時，但是，即使充滿意見上的爭議，後現代的哲學論述對於課程發展已形成一股影響力，不容忽視。如同史拉特利的看法，哲學無論如何還是與科學有所不同，哲學是一種對於智慧、課程實踐的無止盡探究與批判檢視，後現代的課程理論已脫離不了與哲學的連結，哲學可以提供課程反省的理解、歷史基礎、脈絡意涵，以及解放的實踐，在處於後現代之際，它為教育領域提供各種議題的批判思考。

後現代思潮具多元性與思想解放的功能，的確為教育工作者開拓更多思考空間，也使得長期受到科學影響的課程與教學理論，引發許多思想與實務上的改變，這個改變剛剛開始，也尚未停歇，未來會如何發展仍有待觀察，但可以預見的是，許多不同觀點會持續以不同方式發聲，甚至影響教育政策的運作，教育領域已經很難再有以往那種可以支配或統一全局的思想出現，地方的聲音或弱勢團體的教育權益，也將日益受到關注。

第五節　結語與省思

課程與教學實務背後可以有許多不同的哲學思維，本文僅就一些重要觀點做介紹。首先從影響課程界最深遠的泰勒理性談起，討論其背後的基本原理；並且探討赫斯特對於知識形式的看法，以及他如何從分析哲學的觀點看待課程統整這個議題；接著，筆者從「再概念化」、「後再概念化」的課程取向，思索課程理論的方向與意涵，以及哲學在課程中的應用；另外，關懷是教育中相當重要的一種特質，本文從諾丁斯的觀點，申論關懷關係需要具備的條件，以及關懷如何在道德教育從事具體的實踐；最後，在後現代思潮百家爭鳴的今日，筆者說明了當代課程與教學理論的現況，以及它們如何受後現代哲學所影響。

在課程與教學哲學這個研究領域，尚有一些問題值得我們省思，即使教育哲學在課程與教學理論上得到多方運用，但它們彼此之間仍然有一些

衝突存在，例如：哲學有許多艱澀難懂的辭彙，令許多教育實務工作者望之卻步；此外，教育哲學家喜歡做理論與觀點方面的探究，但是許多研究課程與教學的研究者，更希望關注於實務情境，或是在教室裡面發生的事情。即便如此，教育哲學與課程教學的對話對於教育實務還是有所幫助，它讓教師們不再只是技術人員，致力於完成課程目標、達成學習成果，而期望能協助他們思索更深層的教育目的，以及提供更廣泛的教育思維，是故，教育哲學與課程教學理論實有許多共通、連結之處，以後現代的「跨界」觀點來看，兩者在學術上的分野其實不需要區分得那麼嚴格。

　　比較可惜的是，在教師職前訓練過程，對於教育哲學的重視程度愈來愈低，理論與實務的對話也愈來愈少，此一現象在臺灣十分明顯，若非教師資格檢定考試還保留「教育原理與制度」這個考科，讓師資生必須研讀教育哲學這門科目，情況恐怕只會更糟糕，近二十年來，教育學術傾向於追求數量與成果，在此取向之下，教育哲學這個學門日漸式微，也與教育實務工作者漸行漸遠，未來在課程與教學哲學這個領域，除了要發展出更多元的論述之外，也必須更貼近社會脈絡與教育實務，才能導引出更多理論與實務之間的對話。

參考書目

一、中文部分

王秀玲（2007）。課程與教學的基本原理。載於甄曉蘭（主編），**課程經典導讀**（149-167頁）。臺北市：學富。

林逢祺、洪仁進（主編）（2007）。**課程與教學哲學：教育哲學述評(四)**。

國立編譯館（主譯）（1991）。**課程與教學的基本原理**（原作者：Ralph W. Tyler）。臺北市：桂冠。

國立編譯館（主譯）（2008）。**教育道德人**（原作者：Nel Noddinds）。臺北市：國立編譯館與巨流圖書。

曾漢塘、林季薇（譯）（2000）。**教育哲學**（原作者：Nel Noddinds）。臺
　　北市：弘智。

黃光雄、楊龍立（2012）。**課程發展與設計：理念與實作**。臺北市：師大書
　　苑。

甄曉蘭（主編）（2007）。**課程經典導讀**。臺北市：學富。

簡成熙（2005）。**教育哲學專論：當分析哲學遇上女性主義**。臺北市：高等
　　教育。

二、英文部分

Apple, M. W. (1990). *Ideology and curriculum* (2nd ed.). New York: Routledge & Kegan Paul. (Original work published 1979)

Carr, D. (2009). Curriculum and the value of knowledge. In H. Siegel (Ed.), *The Oxford Handbook of Philosophy of Education* (pp. 281-299). New York: Oxford University Press.

Doll Jr, W. E. (1993). *A post-modern perspective on curriculum*. New York: Teacher College, Columbia University.

Hirst, P.H. (2010). *Knowledge and the curriculum: A collection of philosophical papers (Vol 12)*. New York: Routledge Taylor & Francis Group. (Original work published 1974)

Noddings, N. (2004). Caring. In W.F. Pinar (Ed.), *Contemporary Curriculum Discourses* (pp. 42-55). New York: Peter Lang Publishing, Inc. (Original work published 1981)

Pacheco, J.A. (2009). *Whole, bright, deep with understanding: Life story and politics of curriculum studies, in-between William Pinar And Ivor Goodson*. Rotterdam: Sense Publishers.

Paraskeva, J.M. (2011). *Conflicts in curriculum theory: Challenging hegemonic epistemologies*. New York: Palgrave Macmillan.

Pinar, W. F. (2004a). *What is curriculum theory?* Mahwah, NJ: Lawrence Erlbaum Associates Publishers.

Pinar, W.F. (2004b). Caring: Gender considerations. In W.F. Pinar (Ed.), *Contemporary Curriculum Discourses* (pp. 56-60). New York: Peter Lang Publishing, Inc. (Original work published 1981)

Pinar, W.F. (2009). The reconceptualization of curriculum studies. In D.J. Flinders & S.J. Thornton (Eds.), *The Curriculum Studies Reader* (pp. 168-175). New York: Routledge Taylor & Francis Group.

Pinar, W. F., Reynolds, W. M., Slattery, P. & Taubman, P.M. (2004). Understanding curriculum. New York: Peter Lang Publishing, Inc. (Original work published 1995)

Slattery, P. (2006). *Curriculum development in the postmodern era (2nd edition)*. New York: Routledge Taylor & Francis Group.

Tyler, R.W. (1969). *Basic principles of curriculum and instruction*. Chicago: The University of Chicago Press.

延伸閱讀

　　除了本文的的參考書目之外，讀者可以另外參考以下著作。

　　林逢祺、洪仁進老師合編一本著作名為《課程與教學哲學：教育哲學述評(四)》（2007），裡面有28篇與課程哲學、教學哲學有關的文章導讀，並加上導讀評述與讀書會的問答記錄。書中文章涉及課程與教學的許多議題，帶出不同派別哲學立場，以及一些反思，可以看到課程哲學各種議題的多元面向。

　　甄曉蘭老師主編一本名為《課程經典導讀》（2007）的書，當中由多位老師執筆，介紹二十一本課程領域中的重要經典，選自美國University of Carolina經典叢書編選計畫中的百本《課程選集》，是一本很好的導讀書，可協助了解當代課程的重要思想與論述，裡面介紹的經典作品皆有深入閱讀的價值。

陳延興

第八章

倫理學與德育

學校作為教育的主要機構，教育人員側重青少年的道德陶冶，且應以德育作為學校教育的主要目的。然而，每當校園產生青少年的偏差行為事件，新聞媒體或社會大眾往往會指責「我們的學校教育怎麼了？」這樣的質疑徒增教育人員許多壓力。事實上，我們所處社會正在逐漸走向「非道德化」（de-moralizing）的歷程，亦即許多原本人們以為具有明確是非對錯的事物，逐漸被認為屬於個人的喜惡、無關對錯，無法用一套特定的標準或價值觀加以評判，換言之，原有社會的道德限制與判斷的歷程逐漸被解除了（林逢祺，2010）。

我們身處於價值多元差異（diversity）的社會，教育人員必須體認且了解到此複雜的現象，因為不僅我們所珍視的價值趨向多元，我們用以詮釋此差異性的方法與態度亦是多元（Haydon, 2000）。上述現象符應曼德思（Susan Mendus）提到當前處在一個價值多元紛雜、相互衝突的社會，而教師必須肩負傳遞價值與道德觀的重責大任，究竟應該傳遞怎樣的價值？是屬於哪一種立場的價值？值得教育人員不斷省思（Mendus, 1998）。她認為德育的重點在於傳遞道德責任，因為在價值多元衝突的社會情境中，個人並無法免除進行道德抉擇的意義與責任。

因此，教育人員在了解德育之前，必須先了解哲學中的倫理學，而倫理學的角度在於討論「道德或善惡的意涵為何？」、「如何判斷一個人的行為是非對錯？」、「一個人進行道德判斷時，行為的表現的動機或結果，孰輕孰重？」這些問題均是藉由閱讀本章節可以獲得的重要概念。本論文除了前言，分四個部分，首先從四個主要的倫理學派別探討其與德育的關係，其次，探討道德教育與自律的關聯性；再者，討論情感與品德教育；最後，探討道德教育可以如何實施。

第一節　主要的倫理學學說與德育

哲學家對於倫理標準的探討甚為分歧，一般而言，西方的倫理學可以區分為「目的論的倫理學」（teleology）與「義務論的倫理學」（deontology）（沈清松，1996；黃藿，1996）：前者主張，倫理行為是為了追求某

些目的，不論是追求利益、幸福、人生全面的實現或德行之完成，都是根據目的來決定倫理行為之價值，所以稱為目的論。而後者主張倫理行為不應該追求任何目的，每個人應單純地盡自己的義務或本分，為義務而義務，所以稱為義務論。由此可知，目的論與義務論各有不同的立場，主要以倫理行為之目的取向作為區別之標準。

　　現存種種目的論倫理學中，可區分為「效益論」與「幸福論」（Eudaemonism）：前者過去多被譯為「功利主義」，因當今多被當作貶抑之詞使用，是故當前多以效益論一詞取代之，其主張：判別一件事情或行為之是非善惡，端視該行為產生的結果是否能產生最大的效益，即以行為結果作為論斷行為善惡或價值之標準，故又稱之為「結果論」（consequentialism）（沈清松，1996；黃藿，1996）。而後者揭櫫人生以追求幸福或至高善為終極目標，較重視人生的全面實現，Aristotle稱之為「幸福」，而幸福並不只是快樂，而是人本有的好能力之全面展開，因此，也被稱為「幸福論」，當前則以「德行論」來稱呼它，因為人生的目的在於促使人性本有的好能力之卓越化，以及人與人之間良好關係之全面展開，此二者正為美德之所在（沈清松，1996）。

　　嚴格說來，西方倫理學可區分為三大體系：分別是亞里斯多德（Aristotle）之德行論或幸福論倫理學、康德（Immanuel Kant）之義務論倫理學與效益論之倫理學（沈清松，1996；林火旺，1997；黃藿，1996）。此外，80年代以來，後現代主義（postmodernism）思潮廣泛受到重視，而其中由女性主義者（feminist）所發展出來的「關懷倫理學」（care ethics），批評傳統的倫理學只反映了男性的思維，以男性的標準作為道德高下判斷的仲裁，忽略了女性的生活經驗以及女性獨特的道德認知與心理思維（簡成熙，1997）。關懷倫理學的崛起，先由姬莉根（Carol Gilligan）提出「另一種聲音」（a different voice）質疑傳統正義為主的倫理學對所有人的適用性，而其所建構倫理學之主要內涵亦與教育有密切之關係，是故，筆者認為有必要介紹其論點，作為探討道德教育的理論依據。

　　以下分別探討德行論、義務論、效益論、與關懷倫理學四個主要理論，分析其優缺點，以作為指引德育之理論基礎。

一、德行論倫理學與德育

德行論倫理學揭櫫人生以追求幸福或至高善為終極的目的，重視人生價值的全面實現或完成；對亞里斯多德而言，這個幸福只有在個人本有的能力，本性的潛能都得到全面的開展時，才能夠實現，而且所謂德行就是個人本有能力的卓越化與良好人際關係的滿全，因此其倫理學更可說是一種「德行論」（黃藿，1996）。詳言之，「德行」的意義可歸納為二點（沈清松，1996）：

(一) **本有善性的實現**。每一個人本有的能力可以自由發揮，得到全面的實現，此為本有能力之卓越化，以追求卓越人生為目的。

(二) **良好關係的滿全**。人在任何狀況下都需要良好關係，只有在良好關係中才能夠全面開展自我。

此外，亞里斯多德把中庸當作德行之主要特徵，亦即任何道德的德行都必定展現出不偏不倚之中道，若我們的情緒或行動表現得太過或不及時，就成為一種惡行（vice）。而行為或情緒表現之中庸是相對於由個人來任意取決的，是需要根據所有人共通的理性，而以具有實踐智慧（phronesis）的有德者作為請教的對象，亦意味著道德的標準取決於有德行者的理智判斷（黃藿，1996）。亞里斯多德的倫理學很重視道德判斷，極力培養實踐智慧，指引人們在具體情境中如何行動，並透過日常生活中良好習慣的培養，發展成就個人的德行（黃藿，1997）。由此可知，德行論強調每個人本有的好能力之卓越化，以及人與人或人與自然間關係的和諧化，如此，關係的圓滿也就是德行。

布里克（David C. Bricker）指出：亞里斯多德提出對於情境加以正確評價的理論（theory of situational appreciation），有助於提升判斷是非的能力（Bricker, 1993），換言之，從亞里斯多德的觀點，我們辨識不同情境之特色的能力，會影響我們是否能夠推理出正確的事情。再者，過一個有道德的生活是一種好的作為，可運用事例，並透過實踐推理（practical reasoning）而評事例斷。在教育上，德行論主張培養、發掘情境道德特色的能力，就像培養美感的能力，必須透過自我知覺，知道自己本身先入

為主的觀念，以及這些先入為主的觀念如何反應在他們所看到的事物上（Bricker, 1993）。

學習者在生活中時常需要做決定，就亞里斯多德的觀點來看，好的決定需要實踐的思辨，進而作出理智的行為，思辨要結合「情感或情緒」、「想像力」與「推理」三者。亞里斯多德所主張的感知能力（aesthēsis）代表著一種能夠敏銳察覺各項細節與些微差異的能力，並且能省察到不同情境間的重要差異情形為何。Pendlebury（1990）認為如此的感知是面對獨特情境脈絡所需要的，且關係著是否能具有健全的實踐智慧。行動者針對情境脈絡具有敏銳省察的感知，情緒與想像力（phantasia）二者扮演很重要的角色。依據納斯邦（Martha C. Nussbaum）的看法，所謂想像力是指一種在特定的情境脈絡中，針對一些潛藏的特徵與內容加以區辨與洞悉了解（Nussbaum, 1990）。因此，想像力有助於行動者開放他們的思考，從各式各樣的意象中幫助他們做出更適當的行動，預想各種面向或可能的解決方向，透過他們從各方所獲得的不同經驗，審慎思考與洞察如何在面對各樣的衝突情境中作出抉擇。

在德育上，筆者認為：教育人員或家長會透過各種品德教育方式，以培養學生成為一位具有道德實踐的人為目標，即符合「德行論」主張追求卓越的精神，重視學生的品德或行為習慣之養成，這是從德行論的觀點出發的。過著理性而且具有道德的生活，乃是獲得幸福生活的先決條件。亞里斯多德認為：道德行動者不僅具備如何行動的知識與信念，也對行動（甚至信念）負有責任，而且有時也的確對於行動作了選擇（黃藿，1996）。從道德教育的觀點觀之，為人師長都希望學生能行事負責、關懷他人，此時教師可扮演道德典範的角色，依據德行論倫理學，教師的身教重於言教，透過道德榜樣的教育，要比專注於道德原理與義務的教育更為具體。

二、義務論倫理學與德育

義務論的倫理學產生於十七、十八世紀啟蒙運動時代，以康德為代表人物。康德認為：道德上的善要善的動機，或為善的意志（good will）作

為必要的條件，一個人做好事只能出於一種純正、為盡自己本分或義務的動機，亦即不可以為了任何目的而守義務，卻應該為義務而義務。因此義務論倫理強調人應自律地遵守義務，而非經由外力強迫才遵守義務（沈清松，1996；黃藿，1996；鄔昆如，1995）。換言之，康德認為為道德義務本身而做的行為才是道德的，道德義務不是條件性的，而是絕對的，稱之為「無上命令」（Categorical Imperative，或譯「定言令式」）。

依據康德的觀點，人們各方面舉止均須尊重道德行動主體（moral agent）的平等價值；亦即需要重視人類所擁有內在價值並且依此價值相互對待。這就是我們希望他人能有對待我們的義務，和我們有對待他人的義務是一致的。這樣的觀念被史特萊克（Kenneth Strike）與索提斯（Jonas F. Soltis）稱作是「平等尊重他人的原則」（principle of equal respect for persons），其重點包括下列三點（Strike & Soltis, 2009）：

㈠ 對待他人應視其為目的而非手段。

㈡ 必須視所有人是自由、理性、負責的道德行動主體。

㈢ 人類身為道德的代理人，具有平等的價值。所謂平等的價值是指人們雖然有不同的權益，但他們有資格享有相同且基本的權利。

義務論者重視平等的原則，換言之，注重對於規則的尊重，讓規則公平施諸於每個人，也重視正義感、相互尊重、平等互惠（葉紹國，1996）。然而，康德質疑效益論的利益之最大化，如果為了增加大多數人的幸福，而拿一部份人的幸福來交換，但對那些幸福減少的人而言，是否會變成替他人幸福著想但卻受到犧牲的手段呢？

義務論可能會造成兩個困難（Strike & Soltis, 2009）：首先，舉例而言，說謊不能被接受成為一個行為普遍的法則，是因為它會帶來人們不想要的後果；如果義務論者不願考慮行為的結果與其道德的評價有關，如此一來，那很難去決定一些道德原則是否應該普遍地被接受。換言之，如果義務論者不提及「結果」，他們如何解釋他們與其他結果論者的不同呢？第二，針對行為之後的道德原則，我們應該是用一般性或特定性的表達呢？在表達時，如果能夠考慮到環境的差異，所做的判斷就不會過於武斷。

三、效益倫理學與德育

　　效益論的倫理學目的就在於「效益」（utility），認為區別一件事情的善惡依據，在一個行為是否能夠達到最大的效益，若能達到最大效益時就是善的。學者沈清松（1996）指出效益論的主要論點可歸納為下列三點：

（一）**就心理論證而言**：效益論認為所有人在心理傾向上都是追求快樂，避免痛苦。

（二）**就善惡判準而言**：效益論者以是否合乎人類在心理上求樂免苦的傾向，作為善惡的判準。

（三）**就道德規範而言**：效益論者主張道德規範是為了增益人群之樂，減免其苦。因此道德規範本身並無純粹的義務性，而是以達到免苦為其規範性之依據。

　　在計算利益時，效益論首先結合了平等原則（即堅持每個人都能均等的獲利），即不能基於社會階級的繼承權，而給予某些特定人特權（Howe, 1993）。其次，效益論也結合了彌爾（John Stuart Mill）所提出的自由的價值（liberal value）的概念。然而哪一種效益才是應該擴展的？在歷史上最通用的標準是：「快樂」，而當今則用「個人偏好」。但是如果只有依賴偏好，在一個庸俗的社會，如此作為只會讓人民重視金錢與可以買到的樂趣，如同「只要我喜歡，有什麼不可以」的想法，忽略了人生真正的價值。所以為了避免這種結論，可以將若干偏好評定等第，再做決定（Howe, 1993）；但在一個重視自由民主的社會，困難在於決定「由誰來作判斷？」，而他們又如何對於加諸到別人身上的判斷自圓其說？所以效益論無法用自己的名詞區別上述的概念。

　　而效益論在教育上重視的是「考量大多數人的權益」，但是是否考慮到所有的結果對於每個人的影響呢？因此，效益論可能會招致兩個困境（Strike & Soltis, 2009）：首先，如何比較「快樂」與「痛苦」呢？效益論似乎要用量化的方式，但我們必須對所有行為與決策的結果了解，也要能判斷這些行為與決策對每位受到影響的人所產生的影響。第二，雖然效益論是符合絕大多數人的立場，但所產生的結果的根據是有待商榷的。

　　筆者認為：效益論的觀點用在道德教育上，主張進行判斷時宜考量大多數人的權益，然而如此的決定可能是比較適當的方法，但卻不一定是最佳的辦法，甚至可能做出違反道德的行為，忽略了少數人的權益與感受；因此如何透過補償正義來照顧少數人就顯得愈加重要。其次，所謂「利益的最大化」，對當事人而言，哪一種利益是對他們最有幫助的利益？而所依據的標準又是在哪裡呢？這些都是採用效益論觀點所必須注意之處。

　　其次，效益論者期望我們公正無私地對待每一個人，即當人類追求幸福之時，應以謀求最大多數人的最大幸福為考量，但也承認我們寧願使幸福發揮最大效益，而不惜使自身的生活受到痛苦。令人質疑的是：少數團體卻承受著大多數人的快樂所帶來的痛苦，以成就大社會的幸福，值得加以省思（Noddings, 1993）。是故，提倡關懷理論之學者認為他們可以提供一個可選擇的觀點，以改善上述的缺失。

四、關懷倫理與德育

　　柯爾柏格（Lawrence Kohlberg）從心理學的立場整合了啟蒙運動自康德以降的思想，因而建構了「正義─權利導向的倫理學」，在內容上以「正義」為最高優位，在程序上，則著重以原則來做形式邏輯的推論，但只反映了男性的認知；相對的，女性在思考道德抉擇時，是以不傷害他人的關懷為最高優位，在程序上，著重的是從情境中做通盤的考量，而權衡出一種於己無損、於人無虧的責任，故稱之為「關懷─責任導向的倫理學」（簡成熙，2005）。關懷倫理的主要代表人物為美國姬莉根與諾丁絲（Nel Noddings）二位學者，前者透過晤談在真實情境裡面臨道德衝突的婦女，來了解婦女在做道德判斷時心理的想法；而諾丁絲則從育兒、護理、教學、理家的經驗中建構出關懷倫理，而這種道德取向意指「關懷與回應」（care and response）（Noddings,1993; 2003），諾丁絲重視道德在人際脈絡中具體的權變結果，並提出其對道德教育與課程設計之看法。

　　姬莉根在1977年，從廿九位正在考慮墮胎的婦女進行深度諮商之研究發現（葉紹國，1996）：女性在作道德判斷的思慮過程顯然有異於男性之處；而女性思考的中心是對人的同情與悲憫，並以維持溫情關係為主體。

於是她主張關愛的道德，認為一個人善盡義務，考慮對他人幸福的責任，避免傷害人等議題，比平等正義等理念重要；這是女性對道德內涵的主體認識，她宣稱此種道德導向為「關懷與責任的道德」。

姫莉根原先把許多的焦點放在性別的議題上，使得關懷倫理學偏重在女性主義的性別平等上；而諾丁絲以女性的角度對傳統倫理學提出不同的看法，她認為若「關懷」是一種有價值的道德取向，無論男性或女性都應致力於此。是故，關懷被稱為是一項「關注愛的工作」（work of attentive love）（Noddings, 1993）。關懷倫理基本關注的是：人類如何相遇與如何相互對待。它不是不關心個人的權利、一般的善或是社群的傳統，但是它著重在人與人的關係上。

在關懷倫理中，被關懷者扮演一個非常重要的角色。因此，關懷論者重視學生，深深地關注學生在道德、社會及心智上的發展，以及成為一個有道德的人所需要的「關懷關係」。而學生的回饋對教學的關懷關係是很重要的，這一點教師必須藉由文字與行為傳達告訴學生。當前，許多學生從未學會如何接受關懷，且他們必須學習如何從被忽視中去辨別真正的關懷以及如何加以回應。關懷倫理學主張教師對於每位學生的道德發展都負有部分的責任，且道德教育的目的在於對自我與他人的了解，諾丁絲提出四個進行道德教育的重要成分（Noddings, 2002; 2003）：

(一)**身教**（modeling）：教師在關懷倫理中扮演關懷的典範，特別是在中小學教師與學生之間，心智年齡與成熟度差距較大時，特別是教師自然而然地關懷學生，就是最佳的身教。

(二)**對話**（dialogue）：身為關懷者需要關注或時常全神貫注被關懷者，在一個安全適切的環境下進行對話，讓被關懷者可以適當地提出回應，而非一種爭辯式地論辯，藉由提供參與者相關的資訊與支持關係，進而引導雙方對話與進行反省思考，也有助於提升參與者的溝通能力。

(三)**實踐**（practice）：學校應該提供機會讓學生練習與實踐，學生要能被鼓勵去幫助別人、或進行服務學習等合作的方式，學會關懷的能力，藉由此歷程，教師可以傳遞讓學生理解其負有道德責任的

重要性。

㈣ **肯定**（confirmation）：肯定他人可以引導出一個人內在的最好的一面，藉此引導被關懷者關注他或她本身的優點或良好表現。因此，關懷者需要充分了解被關懷者，認同被關懷者善的動機與行動，進而促使其自我肯定。

綜上所述，在追求效益論的過程中，可能會違反正義與公平等原則，因為一味地想要獲得的最大效益可能會剝奪其他人權益。而義務論講求一切為了崇高的道德理想，卻忽略了個人的需求，標準太高，不易達成。再者，德行論的觀點，包括能力的卓越化與關係的和諧化，但若只有強調德行論，行為的後果很難在短期內就看到，需要很長的時間才能開花結果。此外，關懷倫理的缺失在於：較缺乏對正義倫理的關注，而關懷倫理可能不會注意到「公平性」的概念。

史特萊克試圖對於道德的複雜性與衝突提供一個較為適切的觀點，因而提出「道德多元論」（moral pluralism）（Strike, 1999）。首先，他認為不應以部分的道德生活代表全部；其次，在道德多元的情境中，重視智慧的德行、判斷力、在規則與情境脈絡間取得平衡、與找出方法是很重要的；第三，道德多元論強調面對道德的複雜性，需強調寬容與互惠對等的相互關係（reciprocity），並非支持單一的道德觀。由此可知，史特萊克認為應該採取不同倫理學的立場，而非相互對立與詆毀，如此的道德多元論可以保留倫理學的全貌。

綜上所述，筆者認為單一倫理學理論都是不足夠的，因為他們各自說明了倫理生活的部分特質，其差異性在於其目標具有不同的道德的善，若彼此可以兼容並蓄，相互平衡，不僅會使倫理學的內涵更加充分，也會在實踐上較為落實。

第二節　道德教育與自律

道德教育的目的在於使得每位學習者成為具有道德自律的人，進而提

升學習者能為自己做出道德判斷或決定的能力（李奉儒，2004）。尤其是身處在當前價值衝突且多元差異的教育情境下，道德教育不能僅透過強壓式的灌輸或訓誡，教育人員需要教導學生培養道德的自律。

所謂個人自律，狄阿典（R. F. Dearden）認為，自律是一種依據理性判斷的選擇，而非被動地服膺於特定的威權（Dearden, 1968）。瑞茲（Joseph Raz）認為個人自律（personal autonomy）的精神在於「人們能掌理他們自己的命運，並且透過不斷的作決定以型塑他們的生命」（Raz,1986: 369）；據此，瑞茲意指個人的自律係指達到生活福祉一種必要的情境，想要增進社會整體的自主性，需要靠每個個人均能各自主且自律的行動。

由此可知，為幫助學生追求「美好或良善的生活」（good life），需以「個人自律」與「個人福祉」（personal well-being）作為教育目的之核心。個人福祉之所以重要，因為個人可以選擇最佳的生活方式，可以由自己作決定，而非受制於他人的決定；個人的自由同時需要受到保障，需要重視消極自由與積極自由，人們方能夠進行自由選擇，避免任何欲強壓在他人身上的生活方式，自由民主國家更應該以促進為未來公民的自主作準備作為教育目的（White, 1990）。懷特（John White）主張個人福祉必須要是達到個人自主，個人自律強調個人可以依據白主性與反省，選擇個人的生活方式，而非僅是依照別人的建議；因此，自律應該作為所有人福祉的構成要素（White, 1982）。

然而，個人的福祉是否達成，與生活中的欲求（desires）是否有所滿足有關，此外，端視欲求是否在訊息充足（informed desires）的情形下獲得滿足，亦即個人是否對所欲求的對象具有充分、合理且以經驗為依據的資訊（White, 1990）。特別是涉及與道德相關的欲求，例如中學生想要逃漏車票，或許只是一時想要貪小便宜，但是他應該了解的是，逃漏車票可能面臨的法律問題，換言之，他需要對於所作所為可能的影響獲得充足且正確地的訊息。因為個人的福祉除了重視對於欲求的目標是否充分了解之外，也強調要考量個人整體的生活或生命，從長遠的福祉加以考量美好生活對於他個人的意義。換言之，個人的福祉並非單單考慮個人表面的利益，而是重視每個人的反省與理性思考，對於個人的福祉有深入的瞭解。

　　關於所謂訊息充足的欲求方面，懷特引用葛利分（James Griffin）從效益論的角度談福祉（well-being）的概念，福祉係指如何讓一個人的生活過得更好，不可免除地需要考量個人要如何實現「實際的欲求」（actual desires）。但是當個人依照實際的欲望直接進行選擇，可能會因為資訊不夠完備或在未能充分知曉的情況下而有所失誤（Griffin, 1986）。因此，我們需要在事前對於想要滿足的欲求有所理解，因為對於個人所欲求的事物瞭解愈充分，則愈能避免可能犯的錯誤，這樣一來才能增進生活的效益，進而充分理解如何讓生活更加美好。葛利分進一步指出所謂資訊充分的慾望的意義係指我們在決定如何行動時，需要對於事物的特色與事情的狀況有進一步的瞭解，透過批判力與觀察入微對於其所欲求的對象深入理解。

　　事實上，懷特所指資訊充足的欲求即代表著教育的實質重要性。首先教育的一項重要功能在於提升學生的能力與智慧，即透過提供年輕學子愈多的資訊與知識，不僅有助於個人發揮實踐理性，也有助於解決欲求衝突的問題；其次，教導學生獲得福祉的教育，在於使學童具備他們原先沒有的欲求，像是老師安排服務-學習的利他行為課程讓學生參與，學生可從中獲得關心他人欲求的樂趣，因而增進個人的福祉（Clayton, 1993）。

　　懷特認為透過對於兒童的教養或教育，讓他們對於將來欲求的事物有某種程度的瞭解，進而經過多層次的反省，增進學生個人的自我知識。因此，教育本身就是追求學生個人福祉的情境，有系統地透過多次的闡明以協助學生瞭解自身的欲求，進而促進他們的幸福成長。馬普勒斯（Roger Marples）也認為教師在此可以扮演重要的角色，針對學生欲求的事物，拓展學生的視野深入瞭解，進而從多樣的欲求對象中作出選擇；然而懷特提醒教師試圖協助學生解決欲求時，宜避免產生可能強加滿足學生不同層次欲求的內容（Marples, 1999）。

　　儘管懷特與葛利分對於「資訊充足的欲望」解釋個人福祉的意義，對於教育中尊重個別差異的目標有所助益，但是馬普勒斯認為事實上「資訊充足的欲望」本身的整體意涵是更為複雜的（Marples, 1999）。第一個問題是，在資訊充足的情形下，滿足個人的欲望是否足以說明達到個人的福祉？譬如說，面對像是找工作、選擇伴侶等抉擇產生衝突時，要如何作決

定才算是最能夠滿足個人的欲望？第二個問題，舉例來說，一位抽菸過量的成年人了解到抽菸的各種危害，即使他所獲得的資訊是充分的，但是他還是決定繼續抽菸，然而這顯然與他個人的福祉是有所衝突。就第二個問題，葛利分會認爲這位抽菸過量的人即使了解到各種抽菸的不良後果，卻繼續抽菸，這並不屬於資訊充足的欲求。

就這兩個問題，筆者認爲這可透過泰勒（Charles Taylor）所說的「充分評估」（strong evaluation）加以補充，藉由行動者需要從長遠的角度考量作決定的動機好壞；行動者必須考量有關決定品質的「充分評估」，而非僅僅重視短視近利決定結果的「薄弱評估」（Taylor, 1985）。進行所謂的充分評估係指行動者能夠針對各種選項進行深入的比較了解，並且能妥善地運用語言清楚表達（articulate）作出該決定的理由；泰勒也指出面對價值衝突的選擇時，充分評估有助於行動者透過清晰表達的方式針對不同的選項進行反省與批判。此外，充分評估也必須透過更深的意涵加以考量生命的品質與意義，具體透過清晰語言清楚表達出作決定的理由，如此一來不僅是一種對於所作決定的負責表現，也能對自己的抉擇自我開放、接受挑戰並且進行再評估（re-evaluation）（Taylor, 1985）。因此，面對選擇衝突的人要能充分理解個人作出決定的意義，除對個人的決定加以省思之外，同時進行充分評估之思考，以作出理性且負責的專業決定。

懷特進一步區分所謂「弱義的自律」（weak autonomy）與「強義的自律」（strong autonomy），前者係指一個具有自主性的人能夠從各種選擇機會中，依據個人的目的作出選擇；而後者係指一個人不僅能夠作出選擇，還需要對於根本的社會結構進行批判反省（White, 1990）。懷特認爲就強義的自律而言，個人的自主係符合個人達到「幸福成長」的條件，換言之，作一個懂得反省的自律人，將有助於增進個人的福祉或幸福成長。

筆者主張教育人員從重視未成年學子的權益，在華人教養的社會文化脈絡下，確保學生自律藉以彰顯學生作爲教育之主體，建議家長與教師要時時自我省察，避免以父權主義的方式，將個人的特定價值觀強加在學生或子女身上。此外，如何在師生之間營造正向的溝通環境，可以透過相互尊重的理念進行眞誠的溝通，並且培養學生的批判性思考能力，以察覺自

由可能受到的剝奪，最後藉由彰顯在學業成就之外表現良好的楷模，試圖轉變社會與家長對於成績與考試的偏執，進而塑造學生的自律以達到眞正爲了自己的好而努力（陳延興，2010）。

第三節 情感、情緒與品德教育

無論就德行論或關懷倫理學，均重視情感或情緒在道德教育所扮演的重要性。在教育領域中重視關懷倫理學，要將個人的存在感受與當下的生存環境、人事物相互連結，如此才是道德實踐力的來源，因此在教育領域中需要提出道德情感疏通的優先性，且教育人員所散發出的深厚道德情感，是一種「情深而文明」，係由深厚的情意所轉化昇華的人性的創生，因爲情感的相通，由深情而帶動教育的文明活動（方志華，2010）。筆者認爲道德的情感能夠激發教育的善意與眞情，特別是身爲教育人員可以藉由主動積極的關懷、同情理解，正向的情意抒發，讓教育場域中的師生均能感受到最眞誠的價值。

亞里斯多德將德行區分爲理智德行（intellectual virtues）與道德德行（moral virtues）兩種，然而道德德行與情緒的意涵息息相關，陳延興、柯安生（2010）認爲若著重情緒在道德德行中所扮演的角色，強調情緒對於情境的反應以構成良好的德行，可稱之爲「情緒德行」（emotional virtues）。亞里斯多德指出：「德行與情緒和行動有關，從中我們要找尋不偏不倚的中庸之道，像是恐懼、信心、生氣、憐憫或者一般的苦樂等情緒；……而人們會有所感知：在恰當的時機、對於正確的事物與適當的人，考量正當的目的並且採取正確的方式。」（Aristotle, 1985: 44 [1106b17–35]）質言之，情緒或情感知反應必須適中而非過於偏頗，才能稱得上所謂的至善或幸福（Aristotle, 1985: 41 [1105b26-8]）。一位所謂具備完善德行的人，係指他能夠採取中庸的方式妥善地經驗個人之情緒，如同黃藿（1996: 88）的詮釋：「卓越的品格是一種感情恰當流露的穩定品格狀態」；像Aristotle認爲一些情緒的特質與道德德行頗爲一致（Kristjánsson, 2007）。因此，依據Aristotle的看法，道德德行係指對於所處情境的情緒反應是否合乎中庸的作法，因此，情緒反應若能合乎中庸之道則可作為構成良好的德行。林建福（2009）強調當代品格與道德教育致力於培養學生的德行或品格，必須同時兼顧道德德行與理智德行的培育。

依據亞瑟（James Arthur）的看法，品德教育是道德教育的一種取向，品德教育之立論基礎為德行論倫理學，關切議題為「我們將如何生活？」，1980年代起德行論再度受到重視且蓬勃發展（Arthur, 2003）。亞瑟從三點加以界定：第一，品德係指一些引領人類行為規範的價值觀，也是代表一個人是怎樣的人，以及會成為怎樣的人——好人或壞人；第二，品德沒有一套固定且可以具體評量的內涵，但並非是無法改變的；第三，對於行為的抉擇，乃關乎「對」或「錯」的行動與想法（Arthur, 2003）。因此，亞瑟認為我們可以形塑與涵養自身與他人的品德。

亞瑟主張教育學生品德（education with character）係以循循善誘方式教導一些美德給學生，成為引領他們行為表現與在民主社會中做出決定之原理原則（Arthur, 2010）。亞瑟同時強調品德教育不是行為管理、常規紀律，而是有更廣、更深遠的目標，主要係指在學校教育、家庭教育與藉由個人參與社會或社群網絡中，進行個人人格的形塑與轉化（Arthur, 2008）。

柯安生（Kristján Kristjánsson）指出，品德教育是屬於道德教育的一種形式，特別強調在追求幸福人生中美德所扮演的角色（Kristjánsson, 2013）；進一步指出，character一詞避免被當作一種先天的人格特質，character本身具有重要的道德意涵，為了避免該意涵喪失，可以在英文的character之前加上moral一詞，換言之，moral character更能貼近當前英國、美國主要學者所指的道德教育取向。且品德教育是我國教育當局目前所採取的道德教育取向，教育部與部分學者界定品德教育為「品格與道德教育」（character and moral education），目前僅有部分的基金會與少部分縣市採用「品格教育」一詞。我國所推行的「教育部品德教育促進方案」主要就是受到德行論之影響。

美國「品德教育夥伴」認為品德教育係學校藉由注重人們所共享的

普遍價值以形塑與教導良好品德，進而促進年輕學子成爲有德、負責與懂得關懷的人。換言之，無論從學校到社區的教育，均能循循善誘學生學習一些核心價值，像是關懷、誠實、公平、尊重自己與他人與負責等（Berkowitz & Bier, 2005）。亞瑟強調品德教育不是行爲管理、常規紀律，而是有更廣、更深遠的目標，主要係指在學校教育、家庭教育與藉由個人參與社會或社群網絡中，進行個人人格的型塑與轉化（Arthur, 2008）。

在進行品德教育的過程，教師必須清楚明白他/她與一般家長所重視核心價值爲何，在價值多元的社會下，無法再用過去那種唯一一套的價值觀或標準壓迫教師進行道德教學，而是需要讓老師與學生體認到不同的價值的意涵。如同李奉儒（2005）建議：爲落實品德教育，必須釐清品格教育的目標與內涵，換言之，需要事先加以說明「怎樣的品格？哪些的德行？」。然而，究竟對於核心價值之內涵或定義，以及哪一些核心價值值得強調，仍有待透過理論與實徵研究加以討論。

第四節 德育的實施—知行合一

本文以文化上的華人定義臺灣人，究竟華人的道德思考與西方文化是否有所差異？臺灣心理學界在1980-1990年代興起研究「中國人」的系列研究，包括道德發展、儒家的思想、孝道的轉化、面子與人情關係等面向之研究，進而發展爲華人本土心理學之相關研究。而華人傳統文化受到儒家的「庶民倫理」影響最大，所謂庶人倫理係指每個人都必須遵循的倫理準則，也是作爲人的基本條件，依據黃光國（1995；2005）的分析，庶人倫理主要包括仁、義、禮三個概念，而儒家的「義」是以仁爲基礎的「仁義」或「情義」，而非西方文化中所主張的普遍性「正義」，且儒家主張的「仁」乃是依照雙方關係中的「情感性成分」，而依據雙方「情感性成分」多寡選擇適當的「交換法則」是「義」，經過考量得失後所表現出來的行爲，則必須合乎「禮」。由此可知，華人文化中的倫理觀較爲重視「人情」與「關係」，不同於一般西方文化的道德觀，因此，在我國進行

道德教育的過程，不應僅參照西方的學術標準，仍需要考量我國傳統文化中的個殊性。

　　楊中芳（1991）從Kohlberg與Piaget等西方學者的道德發展理論，探討在臺灣的中國人之道德發展，發現傳統文化的道德觀念重視仁、義、禮、智、信、忠、孝等概念，華人的道德推論的重點在於以整個「社會」的利益為前提的情況下，以決定什麼行為是應該做的，與什麼行為是不應該做的。因此，華人的道德兩難困境不僅只有Kohlberg所提面臨個人普遍思考原則與社會規範壓力的衝突，也不僅只是忠、孝不能兩全的衝突；而是「在做了判斷後，要如何將判斷轉化為行為時，究竟要選擇按自己的判斷行事或是整體社會著想而不按自己判斷行事的兩難問題」（楊中芳，1991：21）。換言之，華人的文化重視社會整體利益為前提，以個人自己的看法和想法所導引出來的當做行為，往往與自己為了整個社會著想所導引出來的當做行為不相一致。研究者認為，楊中芳的看法點出我國傳承華人文化重視社會整體利益的基石中，近年來也感染自由主義中重視個人權利與民主多元的價值，的確有必要加以釐清。

　　在國外討論道德教育的實施方面，Nucci（2009）強調「好要更好」的道德或品德教育，主張透過統整的方式，透過道德教育情緒、認知、行為面向的社交與道德發展，以及透過教室氣氛、營造關係、有效的班級經營、與明智的運用學科課程。德育之目的在於培養一位所謂文德兼修的人（morally educated person）所應具備的特質、能力、知識：首先，培養學生成為作出明智決定的行動主體（informed moral agents），先要瞭解並內化道德習俗、理解與具備相關的道德原則與作法、進而認識主要的倫理學理論（Halstead & Pike, 2006）。其次，教導學生成為認同且主動的道德行動主體：所謂知德不一定能行德，因此德育也需要讓學生感同身受道德本身對他們生活的意義，才能展現道德勇氣去做他們知道且認為是對的事情。最後，培養學生成為獨立自主、批判反省的道德推論者，教師避免將所謂「對的答案」強加在學生身上，宜涵養學生的「道德想像」（moral imagination），意即協助學生考量別人的世界觀，了解行動與決定對於他人的影響情形，同時設想自身在當前經驗之外的各種可能性（Halstead & Pike,

2006）。

綜言之，當前道德教育的目的在於提供學生充足的資訊以做決定、培養學生主動認同的態度、並且具有反省批判的精神。筆者認爲Halstead與Pike （2006）的觀點頗爲適合當前我國社會價值多元差異的現狀，理由有三，首先，從認知的角度談德育，讓學生瞭解各種相關的道德論點與原則，因而具備充足的知識進行理性判斷與決定。其次，從情意層面切入讓學生感受到道德的重要性，進而願意展現道德的勇氣。最後，省思與批判是我國過去德育較爲缺乏的部分，實踐道德必須在不斷質疑與反思中修正，因此教師宜重視兒童的主動思考與反省。

誠如歐陽教（1995：1）所言：「道德教育旨在培養道德氣質，而道德氣質包含道德認知能力與行爲習性。」換言之，德育必須能知能行，知行合一，且樂善好施。李奉儒（2005）亦指出品格教育的實施必須避免使用說教或灌輸的方式，換言之，避免將品格教育侷限「事實知識」（know that）的認知層面，忽略了實作取向與著重態度養成的「實踐知識」（know to），同時也要結合道德推理思考能力的「技能知識」（know how）。同時，Lickona （1991）建議從道德認知（moral knowing）、道德情感（moral feeling）與道德行動/行爲（moral action/behavior）三部分來談品德教育，思考我們需要兒童學到怎樣的品德，深深關注怎樣才是對的作爲，進而去做他們相信是對的事情。其中，道德認知層面包括：道德意識與覺察、了解道德價值、設身處地能力、作決定與自我知識統整、道德推論；道德情感則包含良心、自尊、同理心、珍愛善的價值、自制、謙遜等；道德行動則由能力、意志和習慣所組成（Lickona, 1991）。歐陽教（1995）也建議教授德育的方法有三種模式：道德認知的教學、道德行爲的訓練與道德情操的陶冶，儘量避免悖理的教條灌輸。筆者認爲Lickona （1991）提出好品德應包含的要素中，似乎忽略了亞里斯多德在談德行倫理中所強調的情緒與想像力，林建福（2006）即建議道德教育應該善用各種與道德有關的「情緒」語言，並且重視相關道德情緒的抒發與良好行爲習慣的養成，而道德教育可以結合生命教育與情緒教育加以實施。

Puka （1999）則建議六種教學方法實施品德教育，首先，直接教導學

生一些基本的價值觀與理念，其次，建立行為的準則並確實執行；第三，敘說帶有道德寓意的故事；第四，模仿一些合乎價值的特質與價值觀；第五，從歷史、文學與日常生活周遭舉出道德楷模的例子，並加以說明值得讚揚的特質；最後，提供校內外服務的機會，讓學生藉此可以發揮好的特質與價值。從Puka的建議可知品德教育重視正確價值觀的教導、遵守行為準則規範、強調楷模學習、與擴大學生服務範圍以落實品德教育。

　　依據劉秀嫚、李琪明、陳延興、方志華（2015）針對「我國品德教育實施現況與問題」所進行之實徵研究，當前品德教育在各教育階段採多元但隨機方式實施；其中個人品德修養與團體規範的教育成效尚佳，但較乏公民意識與道德思辨能力之養成。因此，從德行論重視行動者的實踐推理能力來看，可惜的是當前國內在品德教育的教導過程中，缺乏有系統的教學材料與固定的上課時數，導致教師欠缺時間與專業教材教導學生對於實際情境進行道德判斷的能力，過多片段融入或隨機進行的德育教學，可能落入簡成熙（2004）所批判的德育「淺知」的問題，而忽略提供「新知」的道德「理解」式教學。

第五節　結語

　　本書作為修習教育學程或進修教育哲學所參考的專著，讀者大部分是未來的教師。「教育」就其規範面向的概念而言，係指有意向地用合乎道德可以接受的方式傳遞有價值的事物（Peters, 1966）；同時，卡爾（D. Carr）（2000）也指出教學活動是一門深切且明顯關注與考量倫理層面的工作。由此可知，教育活動或教學蘊含深切的道德意涵，關注老師教學是否合乎倫理規範並考量學生福祉是很重要的課題。然而道德教育不僅僅在於教導學生重要的道德觀念，且要能澄清重要的價值觀，教育人員更要時常自我省察個人本身的教學倫理，坎貝兒（Elizabeth Campbell）主張藉由師資培育課程應該透過各種方式，促使師資生理解他們未來在教學實務中，道德與倫理所扮演的重要性，藉由培養師資生的「道德行動性」

（moral agency），進而成為「有倫理的教師」（the ethical teacher）（Campbell, 2003）。在一本書標題為「教學與師資培育的道德要務」（The moral work of teaching and teacher education - Preparing and supporting practitioners），藉由科際整合的方式，主張：「教學倫理與道德教學兼顧」（teaching morally and teaching morality）（Sanger & Osguthorpe, 2013）。換言之，教師的本身品德、教學倫理與教師教導品德是一體兩面的事情，因為教學本身就係依據合宜的道德標準進行教學，本身即帶有道德價值的意涵，教育人員教導學習者辨別是非善惡，本身就應該身為一位良善且正直的人員，據此，教育人員方能提供各種方法讓學習者成為有道德的人。

參考書目

一、中文部分

方志華（2010）。**道德情感與關懷教學**。臺北：學富。

王金國（2011）。**品格教育：理論與活動設計**。臺北：高等教育。

但昭偉（2002）。**道德教育：理論、實踐與限制**。臺北：五南。

李奉儒（譯）（1994）。R. Straughan著。**兒童道德教育：我們可以教導兒童成為好孩子嗎?**。臺北：揚智。

李奉儒（2004）。**教育哲學：分析的取向**。臺北：揚智。

李奉儒（2005，5月）。美國品格教育、價值教育與道德教育的轉向。論文發表於國立中正大學教育學院舉辦之「現代教育論壇：學校如何落實道德教育？」學術研討會（頁179-192），嘉義縣。

李琪明（2011）。**品德教育與校園營造**。臺北：心理。

沈清松（1995）。德性倫理學與儒家倫理思想的現代意義。**哲學與文化**，22(11)，975-982。

沈清松（1996）。倫理學理論與專業倫理教育。**通識教育季刊**，3(2)，1-17。

林火旺（1997）。**倫理學**。新北：國立空中大學。

林建福（2006）。**德行、情緒與道德教育**。臺北：學富。

林建福（2009）。**德行取向的道德教育**。臺北：學富。

林逢祺（2010）。**教育規準論（二版）**。臺北：五南。

陳延興（2010）。為了誰的教育？學生作為教育主體之探討。**教育資料與研究雙月刊**，96，71-94。

陳延興、柯安生（Kristján Kristjánsson）（2010）。冰島實施價值教育課程之評析與啟示。**教育研究與發展**，6(2)，59-86。

黃光國（1995）。**知識與行動：中華文化傳統的社會心理詮釋**。臺北：心理。

黃光國（2005）。華人的道德觀與正義觀。載於楊國樞、黃光國、楊中芳（主編）：**華人本土心理學（上）**（頁407-446）。臺北：遠流。

黃藿（1996）。**理性、德行與幸福——亞理斯多德倫理學研究**。臺北：學生書局。

黃藿（1997）。亞里斯多德《尼各馬科倫理學》導讀。**哲學與文化**，24(4)，394-397。

楊中芳（1991）。試論中國人的道德發展：一個自我發展的觀點。載於楊國樞、黃光國（主編）：**中國人的心理與行為（一九八九）**（頁1-47）。臺北：桂冠。

葉紹國（1996）。道德推理中關懷導向與正義導向思考之區辯及其在中國社會實踐的特徵。**本土心理學研究**，5，264-311。臺北：桂冠。

賈馥茗（2004）。**教育倫理學**。臺北：五南。

劉秀嫚、李琪明、陳延興、方志華（2015）。品德教育現況及因應十二年國教課程改革之調查研究。**教育科學研究期刊**，60(2)，79-110。

劉慈惠、林麗卿、陳文玲、王莉玲、謝明芳、林育瑋、蘇育令（譯）（2013）。T. Lickona 與M. Davidson著。**品學兼優標竿學校：成就卓越的品格教育**。臺北：心理。

簡成熙（1997）。關懷倫理學與教育——姬莉根與諾丁思想初探。載於簡成熙（編）：**哲學與教育——20世紀末的教育哲學**。高雄：復文。

簡成熙（2004）。**教育哲學：理念、專題與實務**。臺北：高等教育。

簡成熙（2005）。**教育哲學專論：當分析哲學遇上女性主義**。臺北：高等教育。

鄺芷人（1995）。**康德倫理學原理**。臺北：文津。

歐陽教（1995）。**德育原理**。臺北：文景。

二、英文部分

Aristotle (1985). *Nicomachean ethics*, trans. Terence Irwin. Indianapolis: Hackett Publ.

Arthur, J. (2003). *Education with character - The moral economy of schooling*. London & New York: RoutledgeFalmer.

Arthur, J. (2008). Traditional approaches to character education in Britain and American. In L. P. Nucci & D. Narvaez (Eds.). *Handbook of moral and character education* (pp. 80-98). New York & London: Routledge.

Arthur, J. (2010). *Of good character - Exploring virtues and values in 3-25 year-olds*. Exeter, UK: Imprint Academic.

Berkowitz, M. W. & Bier, M. C. (2005). *What works in character education: A research-driven guide for educators*. Washington, D.C.: Character Education Partnership.

Bricker, D. C. (1993). Character and moral reasoning: An Aristotelian perspective. In K. A. Strike & P. L. Ternasky (Eds.). *Ethics for professionals in education: perspectives for preparation and practice*. NY: Teachers College Press.

Campbell, E. (2003). *The ethical teacher*. Berkshire, England: Open University Press.

Carr, D. (2000). *Professionalism and ethics in teaching*. London: Routledge.

Clayton, M. (1993). White on autonomy, neutrality and well-being. *Journal of Philosophy of Education*, *27* (1), pp. 101-112.

Dearden, R. F. (1968). *The philosophy of primary education: An introduction*. London: Routledge & Kegan Paul.

Griffin, J. (1986). *Well-Being: Its meaning, measurement and moral importance.* Oxford & New York: Oxford University Press.

Halstead, J. M. & Pike, M. A. (2006). *Citizenship and moral education: Values in action.* Oxon & NY: Routledge.

Haydon, G. (2000). Understanding the diversity of diversity. In M. Leicester, C. Modgil & S. Modgil (eds.). *Education, culture and values, (vol. 2) Institutional issues: pupils, schools and teacher education* (pp. 3-10). London: Falmer Press.

Howe, K. R. (1993). The liberal democratic tradition and educational ethics. In K. A. Strike & P. L. Ternasky (Eds.), E*thics for professionals in education: perspectives for preparation and practice.* NY: Teachers College Press.

Kristjánsson, K. (2007). *Aristotle, emotions, and education.* Aldershot, Hants, England: Ashgate.

Kristjánsson, K. (2013). Ten myths about character, virtue and virtue Education – Plus three well-founded misgivings. *British Journal of Educational Studies, 61*(3), 269-287.

Lickona, T. (1991). *Educating for character: How our schools can teach respect and responsibility.* NY & Toronto: Bantam Books.

Marples, R. (1999). Well-being as an aim of education. In R. Marples (Ed.). *The aims of education* (pp. 133-144). London & New York: Routledge.

Mendus, S. (1998). De-moralizing education. In G. Haydon (Ed.). *50 years of philosophy of education: Progress and prospects* (pp. 41-58). London: Institute of Education.

Noddings, N. (2002). *Educating moral people: A caring alternative to character education.* New York: Teachers College Press.

Noddings, N. (1993). Caring: A feminist perspective. In H. Sockett (Ed.). *The moral base for teacher professionalism.* NY：Teachers College Press.

Noddings, N. (2003). *Caring: A feminine approach to ethics and moral education* (2nd). London: University of California Press.

Nucci, L. (2009). *Nice is not enough: Facilitating moral development*. New Jersey: Pearson Education.

Nussbaum, M. C. (1990). *Love's knowledge: Essays on philosophy and literature*. NY: Oxford University Press.

Pendlebury, S. (1990). Practical arguments and situational appreciation in teaching. *Educational Theory*, *40*(2), 171-179.

Peters, R. S. (1966). *Ethics and education*. London: George Allen & Unwin.

Puka, B. (1999). Inclusive moral education: A critique and integration of competing approaches. In M. Leicester, C. Modgil & S. Modgil (Eds.). *Moral education and pluralism* (pp. 131-148). London: Falmer Press.

Raz, J. (1986). *The morality of freedom*. Oxford & New York: Oxford University Press.

Sanger, M. N. & Osguthorpe, R. D. (Eds.). (2013). *The moral work of teaching and teacher education - Preparing and supporting practitioners*. New York & London: Teachers College Press.

Strike, K. A. & Soltis, J. F. (2009). *The ethics of teaching* (5th). NY: Teachers College Press.

Strike, K. A. (1999). Justice, caring and universality: In defense of moral pluralism. In M. S. Katz, N. Noddings & K. A. Strike (Eds.), *Justice and caring: The search for common ground in education* (pp. 21-36). NY: Teachers College Press.

Taylor, C. (1985). *Human agency and language: Philosophical papers volume 1*. Cambridge: Cambridge University Press.

White, J. (1982). *The aims of education restated*. London: Routledge & Kegan Paul.

White, J. (1990). *Education and the good life: Beyond the National Curriculum*. London: Kogan Page.

延伸閱讀

　　除了參考書目外，重要的教育哲學教科書，都有倫理學與德育的相關篇章，讀者可以自行閱讀，不在此列出。歐陽教教授的《德育原理》、《道德判斷與道德教學》（文景書局出版）仍是重要經典；林逢祺譯（2009）的《道德哲學要義》（*The Elements of Moral Philosophy*）（桂冠出版），原著雷秋爾（J. Rachel），讀者可輕易明瞭道德哲學的全貌、道德難題的挑戰、道德說理的方法、道德與快樂的關係，以及應用倫理學的精義。另外，由洪如玉、王俊斌、黃藿（2012）翻譯的《倫理學與幸福人生：道德哲學導論》（*Ethics and Human Well-being: An Introduction to Moral Philosophy*）（學富文化出版），作者龐德（E. J. Bond）將倫理學的目標定位在追求共善與幸福，以清晰的邏輯思考導引讀者悠游於各種倫理學理論主張之間，並指出各種理論的優劣得失。國內教育哲學前輩專長道德教育學者頗多，諸多教授的專書或單篇論文，除了參考書目所陳列的書籍，僅列出數本專著以道德教育或品德教育為名的專著如上，值得有志者一閱。

方永泉

懲罰的「邏輯」

前言

前些時候有一則新聞（轉載自聯合報2014/9/16）是這樣的：

洪姓男子26年前就讀國小六年級被鄭姓女老師體罰，陰影揮之不去，38歲的他今年5月找到老師家，索賠3千萬並且提告，鄭老師控他恐嚇罪，檢方偵結起訴他。

洪姓男子民國77年就讀國小時常因成績未達標準被體罰，他控當年鄭老師標準嚴格，考試成績未達90分的學生，差一分打一下，他多次遭對方在課堂上拿藤條毆打屁股，不僅年幼心靈受創，屁股也嚴重瘀血、皮開肉綻。

且鄭姓女老師還在全班同學面前罵他「朽木不可雕也、糞土之牆不可汙也」，害他在同學面前抬不起頭，還多次被譏笑，留下難以抹滅的陰影；這麼多年來幾乎天天想起，對他來說是很可怕的夢魘。

38歲的洪姓男子今年失業，他認為當年鄭老師對他的體罰，造成他往後人格受損，見到藤條就想起往事，和同學相處也出現障礙，認為失業和當初老師過度的體罰有關。幾個月前翻出畢業紀念冊找出鄭老師地址，更找到她家翻舊帳。

當一個老師，最大的欣慰是，26年後還有學生向你致上感謝；但最大的夢魘卻可能是，26年後居然還有學生找上門來向你控訴。姑不論法律上的是非如何，老師過去對於該名學生進行的「體罰」，至少提供了這名學生日後上門控訴的一個「藉口」。

當然「體罰」（corporal punishment, physical punishment）並不等同於「懲罰」，目前許多國家都已廢除了學校中的體罰，而我國也在2006年修正的《教育基本法》第8條中明訂了「學生之學習權、受教育權、身體自主權及人格發展權，國家應予保障，並使學生不受任何體罰，造成身心之侵害」的「零體罰」政策。惟「零體罰」並不意味著「零管教」或「零處罰」，因為教育部隨即在2007年又公布了《學校訂定輔導與管教學生辦法

注意事項》供各級學校在訂定各校輔導管教辦法時參考，期使學校及教師管教學生時能以「正面管教」方式實施，以保障學生的學習權、受教權及身體自主權。而懲罰正是管教方式之一，根據該辦法第四點的定義，懲罰是「教師於教育過程中，為減少學生不當或違規行為，對學生所實施之各種不利處置，包括合法妥當以及違法或不當之處置」，也就是說，懲罰有兩種：一是「合法的」或「妥當的」，另一則是「違法的」或「不當的」。「違法的」懲罰主要就是體罰，而「合法的」懲罰則是教師為了減少學生不當行為，所進行的妥當處置。即便現今是「零體罰」的教育環境，「合法的」處罰在學校中仍是被允許認可的管教措施之一。

　　作為一位（準）教育工作者，無論是否認同將懲罰當成一種教育的方式，「懲罰」都是我們必須面對的問題，更是我們必須省思的概念。就如英國教育哲學家R. S. Peters所說的，「懲罰」是學校中一件「必要的麻煩」（necessary nuisance）（Peters, 1966），作為一位教師工作者，我們一方面不太喜歡懲罰所可能帶來的負面效應，另一方面亦不喜歡學生的不當行為因為未受到應有懲罰，反導致學校及教學秩序大亂。到底該不該體罰？是教育工作者向來關心的主題，對於這個問題的答覆，或許可以仿照蘇格拉底（Socrates）的回答及提問方式，「有關『德是否可教？』（Can virtues be taught?）的問答，我們應該先追問『德究竟是什麼』。」我們可以先思考，到底什麼是「懲罰」？懲罰所根據的原理為何？除了法律之外，教育中有沒有「合理的」懲罰存在？懲罰能否發揮其他教育方式所沒有的功效？如果需要懲罰，該如何進行，才能收到教育功效？而在教育活動中，懲罰的「紅線」又該在哪裡？這些問題，我們都需要進行理性的思辨，也由於我們所探討的是懲罰的「合理性」問題，故將本章名之為「懲罰的『邏輯』」。當然，此處所謂的「邏輯」並非嚴格意義下的「邏輯學」，而是就懲罰相關的意義、要素、模式、原理及規準等進行分析。

第一節 「懲罰」的涵義與要素

　　或許由於過去體罰的盛行及其所帶給學生的身心傷害最大，國內教育界以往有關懲罰的討論，泰半集中在「體罰」上面，而有關「懲罰」在教育的真正角色，特別是教育哲學中有關「懲罰」概念及本質的探討並不多，截自目前，仍推歐陽教先生於1976年所撰的〈懲罰在教育上的正用與誤用〉一文最具經典意義。而國外教育哲學中有關懲罰的論述亦以教育分析哲學為主，包含了Peters（1966）、Moore（1967）、Wilson（1971）與Smith（1985）等人皆曾為文探討過懲罰問題，包括Peters與Hirst經典作品《教育的邏輯》（*The Logic of Education*）即曾論及「懲罰」的三項邏輯「必要」條件。教育分析哲學家們之所以關心「懲罰」，主要仍是為了釐清「懲罰」的定義及內涵。

　　「懲罰」的意義究竟為何？在不同的專家眼中，如法律哲學家、心理哲學家及教育哲學家之間並無一致的看法（歐陽教，1976：246）。例如：從法律的角度論懲罰時，是將懲罰的本質當成一種報復的措施（an inherently retributive practice）（Bedau and Kelly, 2010），用意是在「威脅」；然而若從教育的角度入手時，我們卻不可能僅將「懲罰」侷限在報復或威脅的層次，而是更希望懲罰能夠具有「教育的」意義，透過懲罰可以改正學生的錯誤，並且使他們變得「更好」。

　　進一步說，固然在不同的領域，懲罰的目的或本質會有些不同，然而仔細深究，「懲罰」一詞是否涵蘊著所謂的「中心概念」或是可以應用於各個領域的「一般性本質」存在呢？依據歐陽教的解釋，懲罰是為了社會控制的需要才產生；所有的社會都需要有各種有形無形的法律綱紀及道德習俗存在，以作為社會成員的行為規範，但在社會過程中，難免會有人觸犯法律與道德規範，此時就需要懲罰直接對於惡行惡德施以報復，以遏止惡行的繼續發生，甚至希望能收防患、懲戒與嚇阻、感化的效果（歐陽教，1976：247）。正因為懲罰是人類社會普遍具有的現象，所以懲罰應該有其一般性的本質存在。

如前述，Peters與Hirst就曾說明懲罰的三項邏輯必要條件，也就是某項行為必須同時具備下列三項條件，才能稱為「懲罰」：（劉貴傑譯，1994：171-172）

1. 被罰者必須承受痛苦或不愉快；
2. 犯過者因其違反紀律，因而必須接受懲罰；
3. 必須由權威人士來執行。

另外，歐陽教則將懲罰的涵義定義如下：「懲罰……是有意地對犯罪（過）者施以痛苦、折磨、不舒服或損失等適量的報復，以期收到社會控制的效果。」（歐陽教，1976：245-246）。綜合前述的定義，我們可以將懲罰定義如下：懲罰是有意地對犯過者施行報復的行為，以達到社會控制及防止受罰者再犯的目的。在施行的過程中，受罰者會感到痛苦或不舒服，而且其受罰的理由也應該明確有據。

根據上述的論述，我們尚可以將懲罰一詞的涵義歸納成下列五個要素（歐陽教，1976：247）：

1. 懲罰的主、客體應該是有健全意識的人；
2. 罪證確鑿有據；
3. 確有犯過者；
4. 有意的施以痛苦或不愉快的報復；
5. 是為社會控制的目的而行罰。

懲罰的目的是「社會性的」，而不是為了發洩懲罰者心中的不平或怒氣，一個社會若要延續並發展，必定有規範（norm）或紀律（discipline）的設置，而懲罰正是為了維持及強化紀律，也就是為了要達成社會控制的目的，所以才會施行懲罰。故「紀律」可以說是「懲罰」的必要條件，沒有「紀律」，就沒有「懲罰」。其次，「紀律」無論是有形的法律，或是無形的道德習俗，皆應該是事先確立的客觀標準，執行時也不可因人而異；當然有時基於違規者的犯過動機與原因，懲罰的強度可能會有所調整，然而犯過者必須受罰，此點卻不能改變。在施行懲罰的過程中，必須掌握確據，而非僅憑懲罰者的臆測，甚至為了殺雞儆猴、株連無辜，致使無辜者受罰，這些都是懲罰過程必須避免的。

　　當然，站在教育的角度來看時，達成所謂的「控制」絕非教育的唯一目的，而是希望能夠發揮懲罰中蘊含的「教化」力量，以激勵受罰者能夠藉由懲罰的「他律」手段，達到自我努力向善的「自律」目標。而且，教育工作者也不太會認定學生犯過行為到罪行的程度，並且堅持故意地強加學生痛苦的感受，目的只是為了報復學生的犯過行為。因此，從教育的角度來看懲罰時，上述的五個要素應該調整為：

1. 懲罰的主、客體應該是有健全意識的人；
2. 犯過行為確鑿有據；
3. 確有犯過者；
4. 有意地施以一些帶給犯過者不愉快的處罰方式；
5. 是為建立秩序、導正犯過者行為的目的而行罰。

　　簡言之，教育中的懲罰其強度並不若一般社會上的懲罰那麼強烈，其所帶給受罰者的痛苦也不該太過激烈。例如：一般社會上所常見的監禁、罰款，在學校中就不會使用，而且教育人員在運用懲罰時也多半會考量到懲罰對於受罰者所可能帶來的導正力量，同樣強度的懲罰，若是較具有教育意義者，才會被教育人員所採用。

第二節　懲罰的本質、模式及原理

一、懲罰的本質

　　懲罰具有特定的要素，才會成為懲罰，才能作為社會控制的一種手段。然而在當代法國思想家M. Foucault的眼中，「懲罰」在本質上，還是一種權力（power）的行使。Foucault說：「就其功能來看，懲罰的權力與治療和教育的權力的行使沒有什麼本質上的不同」。懲罰的手段，若從權力行使的觀點來看，似乎與當代社會中的其他制度（包括教育在內）沒什麼不同。在Foucault的看法中，懲罰及所謂的「紀律」（或譯作「規訓」）（discipline），在歷史環境中產生的是一種「人體技術」，這種人體技術「其目標並不是要增加人體的技能，也不是強化對於人體的征服，而是要

建立一種關係，透過這種機制本身來使人體在變得更有用時，也變得更順從，或者因更順從而變得更有用。」他又說：「紀律就造就了馴服的、訓練有素的肉體，『柔順的』肉體。紀律既增強了人體的力量……，又減弱了這些力量。」（Foucault原著，1992：137-138）

在Foucault的看法中，紀律在人類的社會中無所不在，它就是一種權力機制，一種政治解剖學，它的發明並非突然，而是由許多較次要的進程匯合而成，這些次要的進程首先是在中等教育發生作用，後來又進入小學。後來則逐步控制了醫院的領域，然後又改建了軍隊的組織（Foucault原著，1992，頁138）。而懲罰藉由其所加諸身體的痛苦，其作為一種紀律的手段，似乎更容易造成Foucault所謂的「柔順的肉體」、「馴服的、訓練有素的身體」。這也難怪一般的教育工作者不易捨棄懲罰這項看似有效、迅速的工具。

Foucault的分析並非全然從壓抑、負面的角度來看待「權力」，在他的看法中，權力與知識的關係是密不可分的：「權力生產知識（並不只是因為知識為權力服務而鼓勵它，或是因為它有用才用它）；權力與知識彼此相互蘊含，沒有知識領域的相關建構就沒有權力關係，也沒有任何知識不同時預設或構成了權力的關係。」（Foucault, 1975/1977: 27）在西方關於知識的真理遊戲中，自始都貫穿著各種權力的運作與力量的競爭，其目的就是為了奪取某個特定個人或社會集團的權力，使他們對權力的實際操作發生真正效果（高宣揚，2004，頁163）。隨著社會文明的進步，在懲罰的過程中，人們已漸揚棄對身體的殘暴手段，而逐漸代之以將身體予以限制的「技術學」。規訓技術的進步讓懲罰不再殘酷，改成溫馴、人道的對待，但本質上的權力運作卻仍然存在（李真文，2008：49）。

Foucault關於「權力」與「懲罰」、「紀律」間關係的看法，固然戳破了現代性傳統下，一個理性、自由、自主的「自我」假像，揭示出現代性下的「自我」其實是權力的載具、是支配的產物。但他從權力的生成角度，解讀了懲罰在現代社會及教育中的意義——亦即懲罰作為一種規訓手段、在社會中普遍存在的性質——也使我們必須正視懲罰所可能帶來的「柔順的、馴服的肉體」的後果。懲罰不只會影響到教師和學生間的

關係，更會影響學生看待自我的方式乃至學生與其自我間的關係。從Fou-cault的角度來看，教育的過程中無可避免地一定會運用到與權力行使有關的技術，然而，我們可否擺脫Foucault對權力行使的「宿命」看法，亦即認為「權力是以造成馴服身體為目的」的分析，這就有待教育工作者的進一步努力了。

二、懲罰的模式

根據T. W. Moore的分析，懲罰有三種模式：報復性（retributive）、心理性（psychological）和法理性（juridical）（Moore, 1967）。其中報復性懲罰是將痛苦施加於某人身上，以作為對其犯錯行為的應復（rejoinder），卻未考慮到懲罰的後果。心理性懲罰則是透過心理學中的制約和負增強原理，希望讓某人學習到某些行為或是避免某些行為的發生。法理性懲罰則是前兩種模式的結合，一方面針對犯錯者的行為施予懲罰，帶有報復的意味，但另一方面它的目標卻是在對於未來可能犯錯行為的遏止（deterrence of wrong-doing in future）；前者類似報復性懲罰，後者則類似心理性懲罰。這三種模式的懲罰，何者較能應用於學校的情境呢？Moore的看法是，如果懲罰要在學校中扮演某個角色的話，還是宜以理性上和道德上較能被接受的法理性懲罰為原則。

歐陽教在論述「懲罰」和「處遇」（treatment）的關係時，也提及兩者在目的上的類似處，亦即要中止違法亂紀的行為，使犯過者能收到改過遷善之效，但「處遇」程序較為柔性，目的在積極探索過失行為的病因，進而疏導感化治療；「懲罰」較為剛性，是要以快刀斬亂麻的手法，消極地制止惡行的蔓延。他認為，今日的懲罰哲學非常重視「處遇」的原理，可說是罰與教並重、寓教於罰或寓罰於教的懲罰理論（歐陽教，1976：252-253）。

簡言之，「懲罰」雖然名之為「懲罰」，其實不只是為了「懲」而「罰」。中文裡，punishment有時也會被譯為另一個接近的字眼「處罰」，而後者似乎蘊指懲罰的同時，也必須就犯過行為有所「處理」或「處分」。現代的懲罰哲學在分析「懲罰」的概念時，多半也認定懲罰不

只是單純地為了報復而「罰」，而是為了防止日後再犯所進行的處理，是以在其討論懲罰時也多半包含了具有教化意味的「處遇」在內。

三、懲罰的原理

懲罰有其目的，「社會控制」是其一，若是在達到「社會控制」的同時，亦能獲致「個人改善」之寓教於罰的效果則更好。懲罰是透過怎樣的機制或原理來達成所謂的「社會控制」及「個人改善」的目的呢？我們可以從四項理由或原理來論述：報復（應）說（retributive theory）、懲戒說（deterrent theory）、感化說（reformative theory）及恕道說（punishment by reciprocity）（歐陽教，1976：258-270；歐陽教，1973／1998：116-121）。

(一)懲罰的報復說

報復說又稱報應說，主張「懲罰是對於罪行的痛苦性報復」，係基於「報應性的正義」（retributive justice）。這種正義觀相信「善有善報，惡有惡報」、「以牙還牙，以眼還眼」，屬常識層次的正義原則。報復說常見之於傳統社會的法律，強調懲罰應與犯錯者的罪行「一一對應」，例如：秦朝末年時劉邦入咸陽的約法三章「殺人者死，傷人及盜者抵罪」。報復說有其優點，明確易懂，滿足社會大眾的「本能報復性衝動」，又能讓原始的私人復仇合法化，用代表社會公意的法律來執行懲罰，這可以說人類步入文明社會的一項重要象徵。但報復說亦有其缺點：一是罪惡的行為無法客觀量化；二是很難施以完全與罪行相同質量的報復；三是報復若未加上感化的作用，很容易流於冤冤相報的惡性循環。

由於報復說很難予以量化，因此懲罰的報復說又從「行為取向的報復」演變成「原則取向的報復」，前者執意於罪行與懲罰報告的相等相稱；後者重點則放在罪行與懲罰的嚴重性，應儘量求其正比，也就是確立「重罪重罰，輕罪輕罰」的原則，而不是針對某項特定行為的報復。

「報復說」可謂懲罰存在的最基本原理，也是符合人性本能的原始正義觀，「行為取向的報復」儘管不合理，也不切實際，但「原則取向的報復」卻仍是迄今為止一般刑罰定罪時的重要正義原則。

(二)懲罰的懲戒說

懲戒說認爲「懲罰是對罪行的痛苦報復，期收到懲戒與嚇阻的目的。」懲戒說相信「殺一儆百」、「殺雞儆猴」，不只是基於公平正義，希望對於過去的罪行進行「回顧性的處理」，亦期望透過「前瞻式」的懲戒，遏止未來的罪行的再次發生。懲戒說相信，人有「趨樂避苦」的本能，故而當人因犯過受罰並感受痛苦後，應該就不會再任由同樣的行爲發生；另一方面，當其他人目睹了受罰者遭受痛苦的過程時，也將不敢以身試法。懲戒式的懲罰因而發揮了防微杜漸的效果。

從目的上來看，懲戒說似乎要比報復說文明一些，也理性一些。但在實際運用時，可能爲了追求懲戒的速效，其過程及方法有可能會更殘酷、更不人道；有時甚至會採連坐方式，殃及無辜，反而造成更多的反彈或不安。

懲戒說的根據，是在於其認定懲罰和嚇阻及儆戒之間有著必然的關係，然而事實上，有時懲罰並無法眞正的產生遏止作用，否則法律上就不會有再犯的情形發生。此外，爲了強調懲罰的作用，懲罰者常易重罰甚至濫罰，導致懲罰的濫用。這些都是運用懲戒式懲罰不可不愼的地方。不過，當然我們也無法完全否定懲戒說的效果，畢竟在很多時候，懲戒說所重的「以儆效尤」仍能發生不小的效用。

(三)懲罰的感化說

若說報復說和懲戒說是基於行爲的罪惡觀，感化說便是基於行爲的病態觀。換言之，感化說相信犯過者不是一個罪人，而是一位病人，既然是病人，其所需要的就不是報復或威嚇，而是能夠對症下藥，接受診治、矯正和感化之後，能儘快回復其正常的社會行爲能力與習慣。故而歐陽教認爲，感化性懲罰可說是最有道德價值與教育意義的一種懲罰理論（歐陽教，1976：266）。

在方式上，感化說包括了消極的「懲罰」及積極的「處遇」在內，且重點不在前者，而是在後者的感化性、教育性的積極補救措施。當然，感化說對犯過者的感化未必全有效，但我們無法奢求對所有受罰者均有效的懲罰措施，僅能就其所產生的結果來看，透過感化性懲罰較能恢復受罰者

的自律性良心。

(四)懲罰的恕道說

　　除了上述三項外，歐陽教於其後出版的《教育哲學導論》（1973/1998）中又補充了第四項懲罰原理—恕道性的懲罰。該懲罰的原理係基於「分配性正義」（distributive justice），也就是「平等地對待平等的，差別地對待差別的。」首先，在「平等地對待平等的」的方面，指違犯了同樣的規定者，就一定要同等地處罰，而若要寬恕，也一定要一同地寬恕，不能有差別待遇。至於在「差別地對待差別的」的方面，則是懲罰時應考慮犯過者不同的原因或動機，若是因不能抗拒的因素（身心或家庭社會環境）而導致犯過者，則應從輕發落，並應針對其原因儘速予以補救。

　　從筆者角度來看，「恕道性懲罰」仍屬進行懲罰時的「方法」或運用的「原則」，亦即所有的懲罰（無論報復性、懲戒性或感化性）都應該以「恕道」為其原則，故並不能完全視為人們之所以施行懲罰的「根據」或「原理」。不過「恕道」原則中所強調的考慮犯過者原因及動機，確實可視為對於「分配性正義」的積極性實現，也是懲罰是否具有教育性的關鍵因素。

第三節　教育上的懲罰

　　如前所述，人類社會之所以普遍存在著懲罰這個機制，主要是為了社會控制；透過法律所施行的刑罰即是人類社會中最具效力的懲罰工具，而且其所規定的是這個社會中「最低限度」的行為規範，違反了這個行為規範，就必須接受懲罰。事實上，除了法律作為最低限度的行為規範外，不同的社會領域亦存在著各自的規範，以約束其成員的行為，甚至作為期待成員達成的標準；這些規範其強制力容或不及法律，但對於成員的行為仍能產生一定的約束力量，因而形塑了各該領域的專業倫理或守則。

　　在所有的社會領域中，教育領域最為特殊，因為教育領域主要的成員除了教師專業人員外，尚包含心智未臻成熟的學生，學生被期盼能夠透過

學校教育的洗禮，完成社會化任務，以便將來能進入社會中所有的領域來貢獻。換言之，約束學生行爲的，不是教育領域專業人員所遵循的專業倫理或標準，而是學校爲了教育學生所制定的各項規定如校規或班規等。在接受學校教育的過程中，學生行爲必須接受一定的規範，其除了仍然必須恪守法律之外，也應該盡力符合校規規定，以培養良好行爲的守法習慣，並作爲未來公民生活的預備。

　　在教育環境中，向來即有校規班規的存在，所以懲罰也成爲學校教育中一直存在的現象，即便不是所有人都同意學校應該進行懲罰，但不可否認的，大多數的教育工作者仍認同懲罰可以作爲一種教育的手段。

　　基本上，學校教育中的懲罰具有下列的特性：

　　一、從懲罰的模式來看，依前述Moore分析，學校中的懲罰並非爲了事後報復而罰（報復性懲罰），也非爲了事前預防而罰（心理性懲罰），而應該是一種兼具報復性及心理性的「法理性懲罰」。從定義上來看，「法理性懲罰」係指一種依照法定程序進行的懲罰，不能隨主罰者的情緒及權威任意爲之，其反面則是「非法理性懲罰」或「非司法性懲罰」（non-judicial punishment）。一般來說「非法理性懲罰」常發生於軍隊中，指軍隊中的指揮官有權對其下屬的輕微違法行爲直接處以懲罰，而無需由軍事法庭予以審判。而教育中亦有「非法理性懲罰」主張的存在，亦即認爲教師有權對學生某些較爲輕微的違規行爲逕行處罰。

　　嚴格說來，在學校中的犯過行爲有時並不如一般違背法律那麼嚴重，而教師之所以進行懲罰，也不一定是因爲學生有明顯的違規情事，有時可能是爲了防微杜漸。但這可能也會使學生以爲其之所以受到處罰，並非來自他們明知故犯、自己選擇與行動的後果，卻是因爲教師一時衝動所致。惟要解決這樣的問題，並非僅是一直機械地增加規則而已，因爲這樣反而會使學生過分依賴規則，不會去思考規則背後的理由（reasons），而使其在道德上無法成熟（moral immaturity）（Smith, 1985: 63）。

　　另一方面，教師也不能隨個人的愛憎喜惡，隨意地懲罰學生，其懲罰還是必須依照相關的規定及程序來進行。故此，學校的懲罰還是屬於一種「法理性懲罰」，這意味著教師在進行懲罰時必須愼重，其運用的時機及

程序在標準上仍應該力求一致。

二、從懲罰的原理來看，教育中的懲罰應該以感化性爲主，報復性或懲戒性爲輔。的確，懲罰的最原初目的固是爲了維護及回復正義；犯過者若未獲得相應的懲罰或報復，則因其過失行爲而蒙受損失者乃至其他未犯過者，會感到原有的正義公平受到了傷害，這種感覺若未獲得適度的補償或平撫，可能會使犯過行爲受到效法進而蔓延開來，因此懲罰的報復性及懲戒性仍有其必要。

但學校中所進行的懲罰，最重要的還是要讓受罰者能夠「知錯能改」，因此不應過度強調懲罰的「剛性」懲戒的一面，而必須側重「柔性的勸導」的一面。也就是說，在進行懲罰的時候，必須讓受罰者了解自己受罰的原因，包括其所違反的規定以及對於其他人所產生的負面影響；同時施罰者在進行懲罰前，亦能提供受罰者適當的補救及贖過的機會，甚至以此來代替懲罰，如此才較能發揮感化的效用。例如：學生將借自圖書館的圖書故意毀損時，校方處理的方式不一定只有罰款或記過的懲罰方式，亦可使用停止借閱權利甚至是要求學生至圖書館擔任志工等方式，讓學生有補救贖過的機會。此外，教師還應對於學生犯過的動機及行爲成因進行進一步了解，方能「對症下藥」，讓其行爲獲得眞正的改善。

三、從懲罰的過程來看，一般的懲罰往往是追求速效，透過「快刀斬亂麻」式「速審速結」，讓犯過者儘快接受法律的制裁，以收威嚇及儆戒的效果。但學校中的懲罰則應以「恕道」爲其最高原則，也就是要隨時注意學生的個別差異及動機理由，不能一味以威脅嚇阻的方式，以同一套處罰方式一體適用於所有的學生身上。例如：當學生發生偷竊行爲時，教師除應查明事實眞相外，也應考慮其是否爲初犯。而其犯過動機亦應詳查，若其出於家境清寒並且有明顯悔意，則或可改以其他方式（如勞動服務）予以處罰，不宜一概扭送學務處甚至警察局。

另一點值得提出的是，「恕道」除了講求「平者待之以平，不平者待之以不平」的分配性公平概念外，也包含了某種程度的「寬容」精神在內。由於在民主社會中，人權及法治的觀念高揚，部分教師在面對學生一些較爲嚴重的犯過行爲（例如：惡意辱罵甚至毆打教師），可能會訴諸法

律途徑來解決。固然，面對自己的權益遭受損害時，以法律方式維護自己的權益，是每個人的基本權利，我們也不應對那些以法律手段保護自己的教師任意說三道四。不過筆者要指出的是，教師的工作仍在「教育」學生，除非學生眞的作出天理不容、神人皆無法寬宥的惡行來，否則教師在興訟前，仍應仔細想想：「我如此作是否有助於學生行爲的改善？還是僅僅發洩了心中的怒氣而已？」教師固非聖人，勿以聖人之道責之。但教師在進行懲罰前，還是應該平心靜氣，好好的思索一下，千萬勿爲了追求速效或是在暴怒之下用暴力方式懲罰傷害了學生；這不僅是爲了保護學生，也是爲了保護教師自己。

　　簡言之，教育上的懲罰應具有合乎法理、感化及恕道三個特性。當然，由於在過去的教育中，我們常將懲罰與體罰連在一起，因此當我們反對體罰的時候，也很自然地連懲罰都一塊加以反對。例如：受到教育人文（本）主義（educational humanism）影響的人士（像臺灣的人本教育基金會），就認爲學校的教育應該提供一種溫暖和安全的環境，但懲罰的本質就是一種「暴力」，「以暴制暴」其實只是一種迷思，暴力並無助於教育活動的推展，反而會造成學生的憎惡和畏懼；因此懲罰並非學校教育所必要。另外，批判教育學（critical pedagogy）也質疑了懲罰所依據的規則或標準，認爲其是由主流社會（資本主義社會）中的權威和既得利益者所制定的，目的是爲了控制維繫現有的意識型態，若不假思索地即照單全收，反而會塑造甚至「再製」出具有同樣意識型態的下一代（李眞文，2008）。

　　惟若我們再細察各自的主張，可以發現，人本教育者所反對的其實是以報復及威嚇爲主的「暴力式懲罰」（特別是體罰），其仍贊同以教化與改進爲主的「正面管教」（positive discipline）。「懲罰」與「管教」當然有所不同，但從字義上來說，「管教」（discipline）旨在「建立紀律」，而非「懲戒」犯過者，宗旨其實與前述所分析的「感化性懲罰」或「恕道性懲罰」頗有共通之處。也就是說，即便站在人本主義的立場，還是同意學校可採取某些作法來維持並建立學習的秩序，就這點來看，「管教」的「建立秩序」目的與懲罰所追求的「社會控制」其實並無太大差距。另一

方面，批判教育學的看法亦未觸及懲罰本身存廢的問題，而是主張必須對於懲罰的假定及依循的規則之基礎有所批判省思，以免複製了錯誤的意識型態，培養出只知盲從，無法獨立思考的下一代。

懲罰雖是藉由施行痛苦與報復來達成社會控制，然其與教育在邏輯上未必全然互斥。表面上，懲罰似與教育三大規準中的「合自願性」有所相悖，但是若考量到Peters所言的「合自願性」其實指的是符合學生身心發展順序，那麼懲罰與教育其實就不是那麼相互矛盾的兩個概念。例如：有的學者即認為，假若懲罰是「合理的」，它在教育中便具有一定的正當性。「懲罰是鎮守著社會群體所接納的行為舉止之合理範圍，懲罰的正當性在教育上有其社會化的意義，但也有必要想想這個合理範圍是否可以再擴大其疆界，以納入更多元的聲音。」（李真文，2008：60）筆者的看法是，「懲罰」絕非僅有「體罰」而已；它一方面作為一種社會化的機制，另一方面又是心理學中行為的學習原理（例如：行為學習論者在教育上主張增強與懲罰兼施）。教育活動中固應禁絕不合理的、易流於暴力的「體罰」，然而對於適當的、合理的懲罰，我們卻不能「把孩子和洗澡水一同倒掉」（throw the baby out with the bathwater），而是應該再進行更為深入的探討及思辨。

第四節　懲罰的誤用與正用

如前所述，教育中的懲罰屬於考量受罰者實際狀況的恕道性懲罰，因此在運用上要比一般懲罰具備更多的彈性，當然有時也面臨著更多的限制。以下歸納歐陽教的說法及筆者的分析，其中懲罰的誤用方面（歐陽教，1976：270-300）：

一、教師誤解「以牙還牙」的報復邏輯——教師在進行懲罰時不應基於私心來進行報復；教師也必須了解，懲罰也不可能完全作做「質量相稱」、「一報還一報」的所謂公平的報復。因此，假如一味強調「以牙還牙，以眼還眼」的報復邏輯，反會陷入「冤冤相報」的惡性循環。

二、教師迷信「殺雞儆猴」的擬似邏輯——重罰不一定有絕對的嚇

阻懲戒的作用。但部分教師總認爲「嚴刑峻罰」才可以收到遏止再犯的必然效果，於是就在此一擬似邏輯下不斷加重懲罰的力度，最後甚至可能動用到訓育上的「死刑」——開除。惟我們要指出的是，學校畢竟不是一般社會，並不能迷信「治亂世用重典」的效果；而且被懲的學生也不應當成「斬首示衆」的對象，如此反而失去了教育的原意。

三、教師忽視「頑石朽木」的感化功能——教師本人沒有信心與耐心來處理不良學生的感化與治療，將這些學生視爲不堪造就的頑石朽木，故而當其有過失行爲時，就只知照章行事或束手不管；但對於其過失行爲的成因，則不願深入了解，學生因而無法獲得適當的疏導與矯治。

四、教師誤將懲罰當成「洩憤紓壓」的管道：除了上述三項之外，筆者認爲，懲罰的誤用尚包括教師將懲罰當成發洩個人情緒及壓力的工具。在現代社會中，教師經常面對過多的壓力、積壓了不少的負面情緒，致使其在面對學生過失行爲時，有時會以情緒化、非理性的方式來進行處理，甚至於有不當及過度懲罰的情形發生。

懲罰的誤用不僅會傷害學生的身心，亦可能「扭曲」了教師本身的心靈，使得教師誤認爲懲罰是最有效的管教方式，久而久之，甚至將其當成唯一的管教方式，這就有違教育中懲罰的本義，也會導致社會大衆對於學校進行懲罰的不信任。

惟我們也要澄清，懲罰作爲一種教育的工具，其本質雖在帶給受罰者痛苦或不愉快的感受，但並不意味著懲罰的本身就是「邪惡的」，所有運用懲罰的人都是「惡意的」。事實上，懲罰若能正用，仍然能收到一定的教育效果。依歐陽教的看法，懲罰的運用若要具有教育意義，就必須合法與合理；也就是必須合於Peters所講的教育三大規準——合價值性、合認知性與合自願性（歐陽教，1976：285）。

一、合價值性方面——懲罰不可悖離道德價值規範，更不能無限上綱到對於學生整體人格的辱沒。懲罰時應針對所犯惡行，而非針對學生個人。另一方面，懲罰的價值重點不應在償罪性與報復性，也不應出於不仁慈及傷害的動機，而應轉移到懲戒性、防患性、嚇阻性，甚至是感化性的人性及道德動機。簡言之，懲罰時仍應保持人性中的良善動機，否則易流

於惡法惡罰，甚至對於受罰者的身心造成嚴重的傷害。

二、合認知性方面——「沒有事實根據的懲罰，是產生不了教誨作用的，甚至於會產生反效果」（歐陽教，1976：295）。懲罰不能出於個人好惡或流於情緒化，也不可張冠李戴、指桑罵槐、連坐無辜，而是應該罰得有憑有據，甚至應該要到有「充分的證據」的地步，才能施行懲罰。更進一步的說，教師對於犯過學生的處理，也不能只是照章行事、草草了事，而應對於學生過失行為的動機、經過、結果及影響因素等，乃至於對其身心健康狀態、家庭生活背景、平日交遊同伴、宗教信仰及學業適應情況均有所了解，如此懲罰才能對症下藥，真正收到矯正與感化的效果。

三、合自願性——懲罰是加諸痛苦和不舒服的感覺在受罰者身上，所以理論上應該不會有人「自願」或「樂意」受罰。但是從教育的立場來看，懲罰若能減低其殘酷及脅迫的性質，加上其懲戒理由與方式若能合乎受罰者的道德意識的發展次序，並且讓學生在受罰前能夠了解自己之所以受罰的原因，因而甘願和勇於受罰，如此的懲罰才有教育的意義。「如果能以較溫和的償罪方式，使學生學到『罪有應得』與『咎由自取』等懲罰的正確意義，進而塑造其良心自律的能力，那才是非常有意義寓教於罰的措施。」（歐陽教，1976：290）簡言之，懲罰是一種「他律」的措施，如何透過懲罰，達成學生「自律」的教育目的，這才是教師應該思考的重點。

而除了前述的三大規準外，筆者認為懲罰的正用還可加上第四項規準及第五項規準，其中第四項規準為「合程序性」。懲罰作為一種強制的手段，必須具備一定的「程序」，也就是法律中所謂的「正當法律程序」（due process of law）。所謂的「正當法律程序」，簡單地說，就是「除非經過正當法律程序，不得剝奪任何人之生命、自由或財產。」而正當法律程序則包括了：一、在公民被控告和索賠之前，必須給予公民通知；二、在剝奪公民人身自由和所有財產之前，必須給予公民機會反駁控告和索賠。當然，學校中的懲罰並不需要如法律中的刑罰那樣地嚴重或嚴謹，但是也必須依循一定適當的程序，而且這個精神還應與正當的法律程序相符，也就是應該作到事先告知並且給予反駁機會。另一方面為了達到教育

的目的，懲罰程序訂定的過程最好儘量公開化、合理化，甚至讓學生參與討論及擬訂，如此才可以讓受罰者罰得口服心服，罰得公平。

　　第五項規準則是「合效率性」。所謂的「合效率性」並非指「嚴刑峻罰、明正典刑」，要讓學生懼於懲罰者的淫威後因而不敢爲惡；「合效率性」指的應該是「如何更審愼地運用懲罰，使懲罰具有更多的教育意義」。英國效益論（utilitarianism）哲學家J. Bentham指出：「當預期的效果可以透過施以最小的痛苦來產生，我們便可以說一個懲罰是經濟的。如果它產生的惡多於善，我們便會說它是過於昂貴的。」（Ferguson原著，2014：81）當然，Bentham所講的「懲罰」是法律上的刑罰，與學校中的懲罰未盡相同，惟相較起來，學校中的懲罰在「報復的」強度上應該是低於一般刑罰的，因此較可以從更客觀的角度來評估其有效性。一般人都會同意，懲罰因其強制性質，因而可以作爲一種較爲有效的管教方式；然而我們也必須知道，懲罰的效果並非絕對及必然的，假若一味地追求速效，無視學生的反應，只是加重或提高懲罰的痛苦和強度，最後可能會適得其反。若說教育是一種「藝術」，則懲罰更需要教師的智慧，在懲罰時如何衡諸適度的比例原則，拿捏得當，不要過度懲罰，但又不失管教的原意，箇中實有賴教師圓熟的教育智慧。

　　簡言之，懲罰是社會控制的一項工具，但它最多只能成爲手段，卻不能成爲目的；若誤將懲罰本身當成目的，則懲罰會成爲懲罰者報復、威嚇甚至是洩憤的工具。教育中的懲罰更不應該是「爲了懲罰而懲罰」，在進行懲罰前，教師要思考的問題除了懲罰過程有無合乎教育的規準外，還要考量懲罰能否有效地達到教育的目的。我們固然不能完全否定懲罰中所蘊含的教育力量，但在運用懲罰時卻還是不能不謹愼爲之。

結語

　　教育中的懲罰可以說是一把「雙面刃」，使用得當的話，可以成爲一股有效維繫紀律的力量，甚至具有感化人心的教育力量；但若使用不當的話，不僅會造成學生的身心傷害，也可能成爲導致教師終生揮之不去的「夢魘」，本文一開始所引用的新聞即是一例。

　　作爲一位教育工作者，必須了解到，懲罰的本質是一種社會「控制」的力量，然而其應用在教育中時，卻應該更重視其所帶來的「感化」及「改過向善」的力量。也就是說，在教師進行懲罰時，其所思考的問題，可能不只有「能否以儆效尤？」「可否有效遏止再犯的發生？」甚至是「可否達成恫嚇威脅的效果？」「是否能有效報復？」等較屬於「控制性」問題；而應該是，到底此舉「可否協助學生改過遷善？」「可否獲得向上及感化的結果？」等「教育性」問題。

　　從本章前面的說明，可以了解，懲罰固然仍可作爲教育中一種正當的維繫秩序的手段，然而我們卻也不可輕忽了懲罰中所隱含的負面的作用，那就是會帶來Foucault所稱「馴服的身體」。因爲懲罰的施行，主要是一種強制的力量，是一種權力的行使，其原理是訴諸於人對於強制力量的「懼怕」，這可能使得受到懲罰的人到最後並非對於自己所應遵行的規範產生「敬畏」，甚至也無法理解爲何必須遵行規範的原因與背景。有時爲了逃避懲罰，受罰者選擇的可能不是「接受」並「服膺」規範，卻是選擇「逃離」讓自己受罰的情境。這種「逃離」可能是「身體」上的「遠離」，要不就是讓自己不要被抓到，或是乾脆逃離學校，躲得遠遠的。也有可能是「心理」上的「躲避」，也就是在心靈上變得無動於衷、僵化冷漠，讓自己從心理上更加抗拒，甚至對施罰者產生恨意。換言之，原意在產生「馴服的身體」的懲罰，卻反使得學生的心靈「僵化」，產生心口不一的嚴重後果。

　　總而言之，教育工作者需要建立一種健全的懲罰觀。什麼是健全的懲罰觀？簡單地說，就是視人爲人的「吾—汝」（I-Thou）的懲罰觀（歐陽教，1976：302）。學生是人，不是工具，更非畜牲，教師不是要以懲罰學生的手段，來遂行自己的方便或私利，而是應該在冷靜的情況下思考：「我如此懲罰是否有教育意義？」惟有教師能將心比心、互尊互諒，才能罰之以平，讓學生心悅誠服，獲得改過遷善的教育效果。

參考書目

一、中文部分

Ferguson, R. A.原著，高忠義譯（2014）。**失控的懲罰——剖析美國刑罰體制現況**。臺北市：商周。

Foucault, M.原著，劉北成、楊遠嬰譯（1992）。**規訓與懲罰——監獄的誕生**。臺北市：桂冠。

李眞文（2008）。重新檢視教育上懲罰運用的正當性。**教育實踐與研究**，21卷第1期。頁33-64。

高宣揚（2004）。**傅科的生存美學：西方思想的起點與終結**。臺北市：五南。

劉貴傑譯（1994）。P. H. Hirst、R. S. Peters原著。**教育的邏輯**。臺北市：五南。

歐陽教（1976）。懲罰在教育上的正用與誤用。載於賈馥茗、黃昆輝主編，**教育論叢（第二輯）**，頁236-303。臺北市：文景。

歐陽教（1973/1998）。**教育哲學導論**。臺北市：文景。

二、英文部分

Bedau, H. A. and E. Kelly (2010). Punishment. In Zalta, E. N. (ed.), *The Stanford Encyclopedia of Philosophy*. Online Available. Retrieved from http://plato.stanford.edu/archives/spr2010/entries/punishment/. Date: 2015/8/6.

Foucault, M. (1977). *Discipline and punish: The Birth of the Prison* (A. Sheridan trans.). N. Y.: Pantheon Books.

Moore,T. W.(1967). Punishment and Education. *Journal of Philosophy of Education*, 1: 1, 29-34.

Peters, R. S. & Hirst, P. (1970). *The Logic of Education*. London: Routledge.

Peters, R. S. (1966). *Ethics and Education*. London: Allen & Unwin.

Smith, R. (1985). *Freedom and Discipline*. London: Allen & Unwin.

Wilson, P. S. (1971). *Interest and Discipline in Education*. London: Routledge.

李　崗

第十章

美學與美育

第一節　美育的概念分析

美育（aesthetic education）一詞，一般而言有兩種中文語意：一是審美教育，二是美感教育。前者「審」字，強調「辨別」、「判斷」而「理解」之意；後者「感」字，強調「觸動」、「反應」而「身有所受」之意。兩者皆各有所本，本文採取後者翻譯，並非否定人的理性所進行的認知思考，而是更強調人的身體所發生的知覺感受。以下進一步從四個角度，剖析「美感教育」這個概念的意義。

一、美感教育不是藝術教育

所謂「藝術教育」（art education），依據我國《藝術教育法》的規定，學校分為「專業藝術教育」與「一般藝術教育」兩類：前者以「傳授藝術理論、技能，指導藝術研究、創作」為目標；後者以「培養學生藝術知能，提升藝術鑑賞能力，陶冶生活情趣並啓發藝術潛能」為目標。由此可見，國內對於藝術教育的界定，相當重視認知與技能目標的達成。相形之下，國外的發展則歷經各種思潮的轉向。

舉例而言，十九世紀浪漫觀念論的哈里斯（W. T. Harris, 1835-1909）主張，藝術教育的目標是培養學生發自內心地「尊重社會制度——強加於個人行動的限制」，美術、音樂、文學既是道德教學的根源，也是當代社會道德演化的指標。拉斯金（J. Ruskin, 1819-1900）更表示，藝術教育的功能是協助個體感知，物質宇宙中「上帝工作之美」，所以不必拘泥於藝術學院或工業設計的規則。二十世紀出現兩次世界大戰，藝術教育成為保衛民主與西方文明的工具。重建論的里德（H. Read, 1893-1968）認為藝術教育必須恢復，整個有機體的內在感受行為，致力於社會和諧與世界和平，若壓抑每個人身上自發性的創造能力，喪失活力的生命，必將導致毀滅。表現論的羅恩菲爾德（V. Lowenfeld, 1903-1960）則強調藝術教育的目標，既不是藝術本身，也不是美的產品或美感經驗，而是兒童能更有創意、更敏感地成長，因為自由表現是兒童身體、心智、社會、情感發展的必要條

件。換言之，里氏、羅氏兩人都將「環境」視為腐蝕兒童成長的潛在根源，所以要求教師保護兒童，避免其自我表現受到社會影響，產生抑制的效果。羅氏甚至主張，藝術之所以重要，在於能夠長期增進有創意的問題解決技巧，更甚於教育的其他領域。這種創造力的發展，可以轉移至人類活動的所有領域。（Efland, 1990: 133, 147, 228-235）

西元1957年蘇聯發射第一顆人造衛星，美國開始進行科學模式的課程改革，主張只有學科知識才適合納入課程內容。學科取向的巴肯（M. Barkan, 1913-1970）表示社會環境乃是兒童學習如何與他人互動的場所，藝術教育不應該只是由藝術家主導，必須加入藝術評論家和藝術史專家的參與，方能共同探究這個學科的知識結構。70年代出現「藝術融入教育」（Arts-in-Education）運動，強調利用各種藝術形式，進行其他學科的教學活動，甚至尋求校外的社區資源，例如藝術委員會和博物館等，邀請當地藝術家進入學校，透過科際整合的方式，將藝術視為教育改革的策略。1963年曾經主持「藝術與人文」計畫的布魯姆（K. Bloom, 1919-1988），便認為藝術不是一門學科，而是一種「參與」藝術歷程或「見證」表演藝術作品的經驗。80年代，為了提升面對國際市場的經濟競爭力，美國再次興起「追求卓越」的教育運動。蓋蒂藝術教育中心開始提倡「學科取向的藝術教育」（Discipline-Based Art Education, DBAE），主張藝術教育的內容應包括藝術創作、藝術評論、藝術史、美學研究等四大學科。史密斯（R. Smith, 1953-2014）主張，藝術教育的宗旨是發展一種欣賞卓越藝術的氣質，青年的心靈應認識人類文化最偉大的成就。（Efland, 1990: 236-254）

綜上所述，艾斯納（E. W. Eisner, 1933-2014）將各家說法歸納為兩種立場：一是脈絡論，強調藝術的工具價值，乃是為了滿足學生或社會的特殊需求；二是本質論，強調藝術的本質價值，在於能夠提供各種獨特的經驗與理解。（Eisner, 1972: 2）也就是說，無論藝術教育的思潮如何演變，「藝術」都是「藝術教育」不可或缺的「內容」或「方法」。相較之下，「美感」既不是內容也不是方法，而是「美感教育」的「目標」或「結果」。布勞迪（H. Broudy, 1905-1998）明確指出，美感教育乃是普通教育想要達成的結果，其涵蓋範圍比藝術教育更廣泛，不會侷限於藝術教育。

（Broudy, 1972, 1964）因此，美感教育不是藝術教育，透過藝術所進行的教育（education through art）不是美感教育的必要條件，不使用藝術媒介照樣能夠進行美感教育。

二、美感教育不是美學教育

所謂「美學教育」（aesthetics education），乃是一種以美學作爲學習內容的教育活動。根據《Routledge哲學百科全書》的解釋，美學作爲一門學科，包含兩個部分：一是藝術哲學，二是非藝術現象（物品）的特性與美感經驗的哲學。非藝術的項目又可分爲兩類：一類是經過審美鑑賞的人工製品，一類是未經人爲設計的自然現象。（Budd, 1998）

從字源學的角度來說，鮑姆加登（A. G. Baumgarten, 1714-1762）是首次使用aesthetics描述與藝術和自然有關之情感狀態的人。這個詞彙源自於希臘文aisthanomai，等同於拉丁文sentio，意思是指「經由各種感官所獲得的知覺」，這是一種外在的、表面的、身體的感覺，而非意識作用的內在感覺。所以，美學處理的是涉及感官知覺、感知能力與感知對象的問題。（Townsend, 1998）他認爲「美」（beauty）的觀念是混淆的，語言無法再製其複雜性，而且本身具有一種自己的秩序，在情感上是可察覺或可評估的。因此，美學的範圍是所有官能的複合體，美學是情感形式的知識。鮑姆加登相信，卓越的感官知覺，乃是由某種形式的真理所構成，美被命名爲「感官認識的完滿」（the perfection of sensuous knowledge），美的內容是整體之於部分的邏輯關係，符合「變化中統一」（unity in variety）的形式原則。也就是說，最偉大的完滿，只有在既存的宇宙中得以發現。感官知覺所能觸及的自然世界，是藝術的標準與模式。模仿自然就是藝術法則。（Bosanquet, 2002: 182-187）由此可見，鮑氏將美學定義爲「感覺學」，乃是相對於邏輯學的一門學科，兩者皆屬於認識論範疇，分別透過感官與理智，可以認識事物的美與真。然而，這種二元區分的論點，一方面建立起美學研究的獨特範疇，另一方面卻也製造出感性與理性之間的斷裂問題。

黑格爾（G. W. F. Hegel, 1770-1831）的美學思想，顯然拒絕接受鮑氏路線。他認爲人類必須學會，如何打破特定概念之間的對立，並以「非二

元」的方式進行思考，只有如此才會再次看見世界是理性的，進而達到對現實的適當理解。（林靜秀、周志謙譯，2010：32-43）舉例來說，黑氏主張必須將人（being）理解爲自我決定的理性（reason）或理念（Idea），理性不是某種抽象的東西，而是合理組織某種質料的形式（form）。換句話說，沒有純粹理性，只有服從合理原則，物理的、化學的、活生生的質料。當生命能夠想像、使用語言、思考、運用自由，也就是有自我意識的時候，就會變得更能自我決定、更理性。黑格爾將這種生命稱爲「精神」（spirit），自由精神的感性表現構成了「美」。藝術的目的並不是模仿自然、裝飾環境、促進道德或政治行動，而是創造美的物品，讓我們沉思與享受，精神自由所創造之美的意象。也就是說，讓我們想起「與自己有關」的眞理，覺察「我們到底是誰」，不只是爲藝術而藝術，更是爲美而藝術，爲了人類各種自我表現與自我理解的感性形式而藝術。（Houlgate, 2016）

因此，黑格爾說：美是「理念將其本身顯現爲感受」（the Idea as it shows itself to sense）。所謂理念，就是概念，概念所代表的實在，以及兩者的統一。舉例而言，「人」這個概念，包含感性與理性、身體與心靈等衝突對立的和解，因此概念本身乃是由各種差異的實在所組成。概念是普遍的，實在卻是特殊的與單一的，兩者之間的統一即是理念。理念是具體的、在時間中變化的思維歷程，可以將其視爲一個有系統的統一體，世界即理念發展的結果，生命與意識都是理念顯現的形式。（朱光潛譯，1981：146-161；Bosanquet, 2002: 336）綜上所述，美的內容、美的根源都是理念，只有理念本身顯現爲感性形象，美才能出現。美是內在理性內容與外在感性形式的有機統一。美與眞的實質都是理念，兩者只是顯現形式不同，感受形式顯現其美，思維形式顯現其眞。

此外，黑格爾主張美學的正確名稱就是藝術哲學，研究對象是藝術美而非自然美，研究方法必須結合實徵研究與哲學研究兩種方式。第一種實徵研究，需對古今中外的藝術品有足夠的認識，挑選並匯集各種觀點，形成普遍的規準與原則，進而概括爲各門藝術的理論。第二種哲學研究，完全運用理論反思的方式，只談一般原則，而不涉及個別藝術作品的特質，

企圖根據抽象的概念思維，深入理解美的理念、美的本身。前者的缺點在於可能落入特殊的歷史細節，後者的缺點在於可能流於空洞而沒有內容。只有結合兩者，同時兼顧特殊性與普遍性，才能眞正理解美的完整概念。（Hegel, 1993: 3-27）由此可見，黑氏運用辯證思維的方法，詳細考察各種藝術活動，發展獨特的哲學體系，統合各種矛盾對立的思想，提出具有歷史觀點的美學主張，強調理性與美之間的關係，可以說是拓展了美學的研究範圍。

　　然而，無論採取鮑姆加登或黑格爾的定義，美學都是隸屬哲學的一個分支部門，目的在於思考與研究「美」與「藝術」的問題。也就是說，美學是一個知識學科，美學教育是一種哲學教育。美學既是哲學教育的課程內容，也是藝術教育的專業知識，近日更逐漸成爲教育學的理論基礎。職是之故，教師專業應該蘊含基本的美學素養，透過師資培育進行美學教育，開拓教育哲學的新視野，建立教育美學觀點的專業思維，面對實際問題提出解決之道。相較之下，美感不是美學，美感是美學研究的具體內容，美學是美感經驗的抽象論述。美感教育不是哲學教育，不是知識學科，而是一種企圖將美感融入各種學習領域的教育理念。因此，美感教育不是美學教育，前者是讓人的學習歷程充滿美感經驗，後者是讓人學會思考美的定義、性質、要素、類型、表現形式、判斷標準等。

三、美感教育乃是感官教育

　　所謂「感官教育」（sense education），乃是一種以培養感官敏銳度作爲學習目的的教育活動。sense一字源自拉丁文sensus，原指感官，表示人與獸以直觀方式把握物質世界現象之官能，繼而推廣至內心的感受與思想，進而表示思想的內容，於是「使事物成爲可理解」而有「意義」的意思。感官可以分爲外在內在兩種：前者由外界所接受的印象形成感覺（sensation），後者則對感覺所提供的材料「加工」形成整體理解的知覺（perception）。就所認識的對象言，每種感官只對特殊的合適刺激發生反應，感官認識所把握到的只是表象（appearance），卻無法把握到事物的存有與本質。（項退結編譯，1976：370-375）

現代心理學則主張，人類覺知外界刺激的歷程，可以區分為兩個層次：在感覺層次，個體僅能感受到刺激的簡單物理特徵及強度；在知覺層次，個體對感覺的內容作了統整及解釋而成為有意義的訊息；在感覺歷程中，外界刺激僅到達感覺器官或週邊神經系統，在知覺歷程中，則涉及中央神經系統。（王震武、林文瑛、林洪煜、張郁雯、陳學志，2008：148）

就感覺角度言，人類透過五種感覺器官，形成視覺（眼）、聽覺（耳）、嗅覺（鼻）、味覺（舌）、觸覺（皮膚）等經驗。例如當我看見一個紅色圓形的物體，用手敲幾下聽見清脆的聲音，聞到淡淡的香氣，咬一口卻發現甜中帶有一點微酸，摸起來表面塗有一層蠟。針對這些感覺加以統整，我知覺到這是一顆蘋果。此外，運動覺（kinesthesis）乃是肌肉、關節、筋腱的感受細胞所送出來訊息的一個集合名詞，它告訴有機體它的動作，它的空間位置，骨骼的運動等訊息。Henry Gleitman指出，上述這些感覺系統有四點共同的原則：第一，各個系統的構造都是先將外界的刺激收集起來，並且加以放大；第二，將外界的刺激轉換成電訊；第三，所有刺激輸入都沒有只停留在接收器（即感受細胞）的階段，所有的訊息都經過登錄即轉譯成各個我們實際上感受到的感覺向度，有些是強度向度，有些是性質向度；第四，每個系統各個部分之間都有交互作用發生，在時間的前後上也有交互作用發生。（洪蘭譯，1997：146，156）

就知覺角度言，知覺歷程具備兩大功能：一是辨識（recognition），指我們能辨認出刺激所代表的意義及內容，包括其名稱、類別與特性；二是定位（localization），即確認刺激來源的空間方位，包括方位與距離。（王震武、林文瑛、林洪煜、張郁雯、陳學志，2008：164）也就是說，知覺的基本問題是人如何察覺、了解他周遭的世界：一方面我們基於經驗與期待，會對某個刺激形成假設；另一方面知覺系統會分析刺激特徵，同時驗證上述假設。若是沒有前者這種「上到下」的歷程，我們永遠不知道那是什麼東西；若是沒有後者這種「下到上」的歷程，我們則是無法確定是否產生幻覺。因此，知覺是一個問題解決的歷程，我們通常不自覺地在做解謎的工作，知覺系統有某種程度的邏輯，使矛盾的知覺儘量少發生，使所有的部分儘量集成一個合理的整體，一旦發現有不一致的地方，會盡

力改正，避免讓兩個矛盾命題同時成立。職是之故，知覺必然是一個選擇的過程，學習新的知覺型態，則是嬰兒期和童年的主要現象。（洪蘭譯，1997：173-209）

　　綜上所述，感官教育這個概念的提出，表示強調感覺與知覺的重要性，一切教育活動應以感官為起點，提供多元而豐富的感覺經驗；並且針對上下交互作用的知覺歷程——如何進行選擇，如何形成假設，如何驗證假設，如何組織感覺，如何學習新的知覺型態—能將其視為設計學習活動的關鍵因素；同時也為這些感官能力的培養，訂定明確的教育目標，據以形成評估學習成效的規準。所謂sensibility，依據《國際大辭典》的解釋，有三種意思：(1)mental receptivity，心智的接受性；(2)capacity of emotion or feeling, delicacy of feeling，情緒或感受的能力，感受的敏銳度；(3)state or quality of being sensible, or able to feel or perceive，能感覺或能知覺的狀態或性質。（大中國圖書公司，1978：1314）由此可見，感官教育的目標，乃是為了培養人的感官能力（sensibility），可以蘊含各種美感狀態或美感性質的感覺與知覺，同時具體表現為感官敏銳度（sensitivity）的提升，所以美感教育必然是感官教育。

四、美感教育乃是價值教育

　　所謂「價值教育」（values education），乃是一種以個人價值觀的探索與省思作為學習歷程的教育活動。value一字源自拉丁文valere，原指值得的、優良的、堅固的、有力的，一般而言，意謂著一件事物的性質，使其成為可欲的（desirable）、有用的（useful），或成為一種興趣／利益的對象（an object of interest）。在現代哲學的脈絡中，由於強調事實（實然）與價值（應然）的區分，使得這個詞彙的使用愈來愈廣泛。此外，價值也被理解為主體的主觀欣賞，或主體將某物投射於客體之中，所以價值等同於「被判斷為有價值」。基於這種觀點，不同的個人、團體或國家，對於同一對象，可能會做出不同的價值判斷。因此，價值論（axiology）是指對於價值與評價（valuation）的研究，包括價值的意義、特性與分類，評鑑（evaluation）的性質，以及價值判斷的特徵。（布寧、余紀元，2001：98，

1050）例如：價值是不是一種客觀的事實？一件東西，是因爲它本身有價值，所以我們才覺得它可貴呢？還是因爲我們覺得它可貴，所以它才有價值？假使沒有知識或理想，是否仍有價值？價值的標準是怎樣產生的？是否絕對不變？眞善美是三種性質不同的價值，還是一種普遍價值的三種型態？（傳統先，1990：299-301）

(一)羅轍（R. H. Lotze, 1817-1881）

羅轍認爲，我們不能從實在的事實中，做出有關價值的結論（we cannot draw conclusions about value from facts about reality），但可以從價值的事實中，做出有關實在的結論（we can draw conclusions about reality from facts about values）。究其原因，邏輯與形上學最終是立基於倫理學之上。一切實在有其普遍而內在的連結，透過一種整體秩序的安排，一切對象和術語得以整合。羅氏表示：「事物存在」這個命題的意義是難以理解的，除非將事物置於彼此之間的關係之中。當然，倫理學不會出現在形上學的命題形式之中；反而，倫理學會進入形上學的判斷之中，何種事實可能符應一種理想的預定秩序。也就是說，沒有任何知識，不需要倫理學的預設立場。這種論述，乃是建立於「價值」的概念之上。難怪羅轍會說：「價值是形式世界的關鍵」。同時，他也堅持價值的衡量（measure），只是「情感需求的滿足」（satisfaction of the sentimental needs），最自然的滿足就是「愉悅」（pleasure）。職是之故，羅氏的主要目標在於，考察人類的想像、夢幻與感受，具體表現於藝術與詩歌之中，並且將其視爲人類生命的構成要素。（Milkov, 2016）

再者，從認識論角度來說，羅徹認爲康德的問題「我能知道什麼？」，無法在抽象中回答，只能在具體的社會歷史情境中，透過人的體現予以回答。所以「知識」乃是從「知覺」中加以萃取並與其分離。知識的主要特性爲眞，只有知識呈現事物的本來面貌，而且事實上知識所呈現的，是思想所期待的結果。知覺注意的是理念之間的偶然關係，知識主張的是理念之間的必然連結，兩者乃是相互隸屬（belong together）。換句話說，我們擁有某種直覺（intuition），能夠幫助我們判斷，（在我們的知覺中）理念的連結是眞或假。此處需特別注意的是，知覺的內容不同於判斷

的內容，判斷的內容不是理念的互相關係，而是事物或事件的互相關係。羅氏宣稱：概念具有意義，但是沒有價值。只有透過命題，概念才能具有價值，因為概念發生於命題中，命題是概念發生的脈絡。此外，思想是解讀實在訊息的工具，這種解讀發生在價值實現的過程中。人類思想的目標，並非為了提供一個立即掌握實在的鏡頭，思想的結構也和事實的結構沒有任何關聯；然而，兩者的效果是一致的，即便實在中沒有普遍理念，我們還是只能藉由普遍理念理解實在。（Milkov, 2016）

因此，人類整體的精神，必須透過思想與感受的融貫，加以把握才能獲得真理。思想只對實體的理念有所知覺，不能直透實體本身，因為思想只是事物本質的表象。感受使我們覺察到善惡、美醜、有價值與無價值，矛盾與和諧，最終價值判斷端賴感受，感受是人類企圖尋求理解與行動之整個結合的動力，人類對真善美的愛，源於感受，亦完成於感受。（楊深坑，1988：52）由此可見，美感教育的「美」字：一方面可以指涉與價值有關的事實；二方面反映出一切實在的內在秩序，以及事物之間的理想關係；三方面也具有滿足人類情感需求的性質。更重要的是，美的理念是知覺的內容，美的事物是判斷的內容，美的思想與美的感受，乃是相互隸屬而共同具有價值。

(二)謝勒（Max Scheler, 1874-1928）

謝勒主張，一切經驗已經是潛在價值，一個對象的知覺，例如一棵橡樹，不僅是綠的或大的，同時是令人愉快的、優美的和宏偉的。經驗的對象乃是價值的承載者（Objects of experience are bearers of values）。例如：歷史的手工藝品承載文化價值，宗教的肖像承載神聖價值。某個對象承載某種價值，並非意指對象本來就有價值，其所承載的價值，透過某種「價值取得」（value-ception）的方式，是直觀地被賦予的。價值的掌握乃是我們和這個世界之間最原初的關係。一個對象對我們而言有價值，早在其被知覺與被認識之前。正是這個世界引誘我們去知覺、去認識，當負向價值的事物退回背景之中，正向價值的事物便會來到我們關注的前景。我們情緒上依附的這個世界，很明顯已經是被賦予的。在這樣的關係中，價值朝向存在，一種理想的應然，是被賦予的。這種應然，不是邏輯的、範

疇的，而是感受的、經驗的。因此，評價是一種意義賦予、意義創造的行為，同時也是一種意向性的行為。然而，這不是理智的行為（an intellectual act），而是「心」的行為（an act of the "heart"）。（Davis & Steinbock, 2014）

換句話說，謝勒對於「價值」與「價值承載者」的區分，乃是為了論證：價值具有客觀、永恆及不變的特性，必須進入承載者之中，才能被客觀化出來；成為現實世界的成素，成為被感知的意向性對象；而且彼此之間存在一種確定的秩序，乃是獨立於承載者之外的存有形式。所謂感知（Fühlen），是一種意向性的活動，個體將自己指向對象，透過活生生的行動本身，直接當下把握其對象的本質，永遠是「對某個東西」的感知，尤其可以是一種「對被感受之物」的感知，也就是「對價值承載者」的感知。相形之下，感受（Gefühle）則是一種化約的現象，是感知的「內容」，必須藉由聯想、知覺或想像，而與對象連接在一起，缺乏與對象的直接關係，會隨情境脈絡而改變，不必然指向一個對象，可能只是指向一個符號媒介。（江日新，1990：115-116，136-145）

此外，謝氏也將感受分為四個層次：一是感官的感受（sensible feelings），例如發癢、香氣、味道、飢餓、口渴、喝醉，顯現為歡樂與痛苦，涉及同意與不同意的價值；二是生命的感受（vital feelings），例如舒服、健康、活力、強硬、疲倦、生病、老化、軟弱，顯現為希望與恐懼，涉及高貴與平庸的價值；三是心靈的感受（psychic feeling states），例如陶醉、幸福、同情、樂趣、悲傷、懊悔、生氣、嫉妒，顯現為同理心、偏好、愛、恨、意志，涉及美醜、對錯、真假的價值；四是精神的感受（spiritual feelings），例如喜樂、敬畏、驚奇、淨化、絕望、羞恥、焦慮、良心的折磨，涉及神聖與不神聖的價值，所有自我狀態似乎都被消滅，他們通常出人意料地突襲我們、戰勝我們，佔據我們整個存有，我們無法生產這些感受，只能打開自己的心靈，希望他們找到我們。（Scheler, 1973: 332-344）由此可見，美感教育的「感」字：一方面必然與感官有密不可分的關係；二方面卻也不能狹隘地只化約為感官的感受，而是應該逐步提昇至生命、心靈與精神層次的感受；三方面更需注意從感受朝向「美」之

價值的感知。

(三)斯普朗格（Eduard Spranger, 1882-1963）

斯普朗格表示，教育家不同於創造家：後者透過有意義的精神活動，自己主觀地創造客觀的價值形式，於是別人得以理解、享受、發展這些形式，這個循環是從主體到客體；前者喜愛這些已經形成的客觀精神價值，努力加以轉化，使其進入主觀心靈的生命體驗，這個循環是從客體到主體。也就是說，教育家想要召喚價值進入生命，帶來充足的體驗，在心靈中，發展態度與能力，喚醒那些主觀心靈。他說過：「教育是一種意志，承載著對於他人心靈的施予之愛，使其價值融攝性和價值形成能力，從內在完全開展出來。」所謂施予之愛，乃是完全以對方為著想的愛，希望對方的心靈之中充滿了價值。此處必須特別注意，這種教育之愛，並不是想要影響學生認同老師的價值判斷，也不是企圖開展單一／特殊的價值向度，而是為了喚醒學生的價值意識，讓他們吸收與創造各種價值，開展其全部／正向的價值向度。因此，就教育的本質言：教育是導向心靈的整體與生命的態度，總是基於一種宗教精神而充滿活力；只能透過價值影響心靈的發展，不能透過事實範疇的法則予以影響；真正的教育聚焦於形式的陶養、能力的陶養，而非材料的傳遞；教育是一種以主觀的人格陶養為目的之文化活動。（Spranger, 1966: 338-341；楊深坑，2002：75-78；董兆孚譯，1967：383-387）

斯氏亦指出：「陶養是一種個體本質的形成，透過文化影響所獲得，這種同質的、結構的、適於發展的形成歷程，使個體能夠朝向客觀的、有價值的文化成就，並且能夠體驗與理解客觀的文化價值。」（Danner, 1994: 5-6）舉例而言，斯氏認為，人類精神活動具有六種價值方向，因其強弱配合各自不同，由是產生各種類型：理論、經濟、美感、社會、政治、宗教。這些既是主觀心靈的人格類型，也是客觀文化的價值類型，兩者的基本結構是一致的；心靈與文化之間的交互作用，不僅能使人所發展的心靈形成主觀的人格，而且能使人所創造的文化形成客觀的價值。總之，教育（Erziehung）偏重於主觀心靈的喚醒與引導，陶養（Bildung）則偏重於客觀文化的影響與薰陶（王文俊，1974）。由此可見，美感作為人

類精神活動的結果，不只是主觀的價值體驗，同時是客觀的價值形式，因此美感教育是價值教育，應無庸置疑。

第二節　美育的美學基礎

有我：「你是誰？」

無我：「我不知道，那你是誰？」

有我：「我是酒神戴奧尼索斯，人怎麼可以不知道自己是誰？」

無我：「你怎麼知道自己是酒神？酒神是人嗎？人又爲何必需知道自己是誰？你看我，有時是魚、有時是蝴蝶，不也挺美的？」

有我：「人的美麗來自於面對生命的態度，經的起考驗的生命才是最美的，也只有能夠創造價值的人才會知道自己是誰。」

無我：「的確，生命是美麗的，不過人並不是因爲能夠創造價值才變的更美麗。許多人反而因爲自己的想法，而無法欣賞這個世界的美好。」

有我：「是啊！這個世界真美！但是如果我無法創造一個獨特的生命價值，那我就什麼也不是、一點也不美了。」

無我：「爲什麼你不能放下對自己的要求，單純地欣賞生命中一切的變化呢？」

有我：「因爲我不是一個逃避問題的人，只會在文字與觀念的遊戲上打轉，一旦遇到阻礙，卻不敢面對現實去改變一切。」

無我：「你真的認爲自己可以完全不受環境的限制嗎？」

有我：「至少我盡力搏鬥到最後一刻，永不放棄。」

無我：「換個角度看世界，不就一切都海闊天空了，何必自尋煩惱呢？」

有我：「這不是自尋煩惱，而是做人該堅持的基本原則，否則像那些隨波逐流的人，又有什麼格調可言？」

無我：「所以爲了堅持生命的格調，甚至陷入無止盡的痛苦漩渦也

在所不惜？」

有我：「痛苦本來就是激發美感生命的試金石，何必畏懼？」

無我：「難道你在飽受折磨的同時，不會懷疑是否自己錯了？」

有我：「對與錯之間，並非人人都可看的清楚，我當然也必須不斷地重新反省。只是我認為判斷的標準不在於快樂或痛苦，而在於是否真誠地面對一切。我想要成為一個什麼樣的人，那正是一種品味與美感的表現。」

無我：「所以對你而言，酒神這個名字代表著什麼意義？」

有我：「酒神，出現在人們豐收歡樂的季節，帶來一種狂喜沉醉的精神狀態，人的體內將產生一股綿延不絕的力量，彷彿是酒神的降臨，這種即將開始創造的能量展現，是對自我生命的最大肯定。」

無我：「那麼這股力量是怎麼發生的呢？」

有我：「哈哈哈！問的好，你覺得呢？」

無我：「你該不會告訴我是人自己想要就會產生的吧？」

有我：「沒錯，這的確是關鍵所在，如果你可以跳脫基督教道德觀念的束縛，你就會願意承認自己的內在確實有那種酒神式的生命動力。」

無我：「我相信狂喜沉醉的確能夠產生動力，但是不可能因此而綿延不絕，因為再強烈的激情也有消退的時候，而且激情常製造虛假的自我意識，使人盲目地追逐心知物欲，失去生命的重心與方向。」

有我：「你怎麼可以將虛假的自我意識歸因於激情的作用？激情也是人類真實的生命感受啊！你不應該從理性的角度否定其價值。」

無我：「我並不是一個強調理性、忽略情感與直覺等生命經驗的人。我只是發現激情中的美感經驗總是相當地有限。人往往就是太在乎自己的情緒感受，反而增添許多不必要的困擾。若是能拋棄自己的立場，許多的衝突也就自然迎刃而解了。

這不是更美嗎？」

有我：「你這麼做其實是一種壓抑，已經否定了生命的價值。我們
　　　可以適當地運用理性、作出判斷、解決問題，但是不需要放
　　　棄自己的情感需求。人之所以為人，正是因為有七情六慾，
　　　所以才不是理性的機器。如果衝突能夠展現一個人的生命
　　　力，那不必急著化解，因為衝突本身也可以是一種生命之
　　　美。但是一旦喪失了自我的主體性，無論結果是多麼地和
　　　諧，人也是不美的。」

無我：「你這麼說其實過份地信任了人對自己所作的價值判斷。我
　　　所謂拋棄自己的立場，並不是去迎合他人、漠視自己，而是
　　　從天的角度來看待人與人之間的爭執與紛擾，進而能夠發現
　　　自己原來陷入某種迷思而不自知。若能如此，人在激情歸於
　　　平靜的時候，也才會發現生命的真相，實在不必一直將焦點
　　　放在自己身上。天地之間，一切生命的變化，本來就都是美
　　　感的展現，人終究必須體悟這自然造化之美。」

　　美感教育乃是一種創造、欣賞與評論美感現象的教育，所謂的美感
現象則是指人類針對經驗作出審美價值判斷時主體所覺知的情感現象。可
以說，美感現象的覺知，必定始於審美主體的價值判斷及其所發生的情感
狀態。舉例而言，當我們說「這部電影拍的真美」的時候，電影所呈現的
是經驗現象，「美」是我們對於看電影這個經驗所作的價值判斷，而且發
生這個判斷的同時，「美」也象徵著我們內心具備某種性質的情緒感受。
所以我們才可能去說，這是一場淒美的愛情，那是一段甜美的回憶，「淒
美」與「甜美」分別表現出主體兩種截然不同的情感，一是悲痛一是歡
愉，但同樣都可稱為「美」。因此，美感的發生也就必然涉及人類經驗中
的情感向度與價值向度，沒有情感向度不能稱為美「感」，沒有價值向度
不能稱為「美」感。於是，美感判斷的情感向度，使其不同於認知判斷，
美感判斷的價值向度，使其不同於道德判斷。

　　然而，這樣的說法並不意味著美感的發生與認知或道德毫無關連。相

反地，美感的發生必須建立在主體認知能力的基礎上，當一個人無法認知自己的經驗現象時是不可能產生美感的，但是換個角度來說，一個人只進行認知活動而沒有任何情緒感受時同樣也不會產生美感。此外，當我們能夠認知某種經驗現象並且產生情緒感受時，我們其實已經根據某種價值標準作出判斷，所以我們會有好惡之情、善惡之別、美醜之分。尤其在日常生活的語言使用上，我們主張某種行為的結果為「善」時，所作的其實是一種道德判斷，而非美感判斷。不過，論者也可能因為抱持美善合一的價值理想，而在進行價值判斷的過程中，同時產生既「善」且「美」的生命感受，這時便轉而成為一種美感判斷。因為，這時的「美」與「善」，在作為價值判斷的標準上已經等同為一，所以就意志的角度言是道德判斷的「善」，就情感的角度言是美感判斷的「美」。

也就是說，當主張美善合一時，美感的創造、欣賞與評論是可能與道德信念有關的，其中又可再細分為兩種類型的主張：(1)凡是道德的皆是美的；(2)凡是美的皆是道德的。兩者語法結構相同，表面上看起來語意相似，其實根本上的哲學蘊含卻南轅北轍。前者將美的標準置於道德的視域之中，所有不道德的必然也是不美的。這種從道德來衡量美感的立場，使得美感經驗被化約為道德經驗，美感教育成為手段，道德教育才是目的。後者將道德的標準置於美的視域之中，所有不美的必然也是不道德的。這種從美感來衡量道德的立場，使得美感判斷取代了道德判斷，道德教育成為手段，美感教育才是目的。因此，前者將道德原則視為界定美感現象的規準，後者將美感現象化作建立道德原則的依據，兩種主張都不能適當地釐定「美」與「善」之間的關係。

所以，上述兩種美善合一模式的否定，也正表示美善的內涵其實無法完全地合而為一。在兩者內涵的交集中，可以產生既美且善的判斷結果；在內涵的交集外，則可能是美而不善或善而不美。舉例而言，一個人對自己的認知，可能是「我是個美麗又善良的人」，或「我很美，小心我很邪惡」，或「我很醜，不過我很善良」。這三種自我觀，顯示了「美麗」與「善良」乃是對於生命的經驗現象作出不同向度的判斷。當然，隨著每個人生命感受與價值標準的不同，對於這兩個概念的界定也可能充滿爭議。

由此可見，無論美善是否合一，美善的判斷都必然涉及人的價值標準。人總是在與世界互動的歷程中，先逐漸認知並覺察到自我的實然存在，再隨著意識的開展而創造出自我的應然存在。就在實然與應然之間，自我意識的主體性逐漸展現，價值判斷的標準也逐漸形成。

　　上述兩個向度，具體反映出美感經驗中之人的主體性問題。一方面，審美主體有時會依據個人的情感經驗與價值標準來理解審美對象，這時的審美主體可以發生真實深刻的生命感受；二方面，審美主體有時會超越個人的情感經驗與價值標準來理解審美對象，這時的審美對象可以獲得恰如其分的展現空間。本文將前者的情形稱為「有我」（Selfness），將後者的情形稱為「無我」（Selflessness）。換言之，當人面對某種情境時，「有我」乃是一種主體性的展現，「無我」乃是一種主體性的消解。「有我」時，人的觀點或視野是由主體決定的；「無我」時，人的觀點或視野是向客體開放的。

　　本文以為，美感經驗既非單純「有我」態度的結果，亦非單純「無我」態度的結果，而是必須融合「有我」與「無我」之後才可能會發生的結果。以下進一步由此分析美育的美學基礎。

一、有我

　　在《瞧！這個人》這部自傳的〈序言〉中，尼采寫道：

> 在這個完美的日子，不僅葡萄漸呈褐色而且一切趨於成熟，陽光剛剛照耀著我的生命：我向後看，向前看，從未刹那間看過如此豐富而美好的事物……其中已經保存下來的將永垂不朽……我怎麼能不感激我全部的生命？所以我必需對自己述說我的一生。（Nietzsche, 1888/1989：221）

　　很明顯的，尼采藉著葡萄的成熟象徵自己生命的完美，並以陽光比擬自己生命意義的永垂不朽，這樣的形容正是尼采充分展現主體性的具體例證。所以他敢於運用「我為何這麼有智慧」、「我為何寫出這麼好的

書」，甚至於「我爲何是場災難」如此自豪的文字作爲書中的章名。尼采
的理由是：因爲從古到今只有我能眞正重新評估一切價值。即使是久病在
身，對尼采而言，甚至也能成爲一種生命的能量刺激，以重新發現生命、
發現自我。他認爲自己品嚐了一切別人無法輕易品嚐到美好而稀少的事
物，於是將自己的意志轉向健康、轉向生命、轉向一種哲學。（Nietzsche,
1888/1989：224）所謂的哲學，尼采曾作過這樣的說明：

> 哲學，就我所理解與經歷的而言，意謂著在冰冷與高聳的山上自由
> 地生活—尋找陌生而充滿疑問的一切，尋找到目前爲止道德禁令底
> 下所藏匿的一切。……精神可以容忍眞理到什麼程度，膽敢容忍到
> 什麼程度？這愈來愈變成我實際測量價值的尺度。錯誤（對觀念的
> 信仰）不是盲目，是懦弱。（Nietzsche, 1888/1989：218）

藉由「尋找」的意象，尼采將哲學界定爲一個人勇於思考、懷疑、
追問的態度。所有道德化、觀念化的眞理，他都進一步探討其是否值得追
求；即使是某位偉大哲學家的見解，他也無所畏懼地剖析潛藏在名字背後
的心理歷程。這一份發自內心的執著與勇氣，必需經過嚴酷的思考鍛鍊，
才能萃取出眞正偉大的智慧結晶。尼采將自己的生命處境化爲山的形象：
一則以氣候的冰冷來象徵環境的惡劣，二則以地點的高度來表現自我的脫
俗，三則以尋找的自由來凸顯精神的勇氣。也可以說，尼采的生命展現，
宛如一個不屈不撓、意志堅決的登山者，肉體上的病痛與折磨不足爲懼，
更重要的是藉此激發出健康歡樂的精神活動。這種追求超越極限而永不止
息的生命力，不只是他一生隨時隨地進行哲學思考與創作的動力根源，更
是尼采判斷一個生命是否具有美感意義的重要規準。

尼采明確地表示：「我的人性就是一種持續的自我超越（self-over-
coming）」（Nietzsche, 1888/1989：233）。所謂的「超越」，也就是能夠
掙脫基督宗教對人性的束縛與訓誡，重新評估一切價值，進而開創充滿美
感意義的價值生命。尼采眼中的自我，不應該維持著一成不變的樣貌，應
該積極地經歷精神三變—駱駝的忍耐、獅子的勇敢與嬰兒的純眞—以求進

行日新又新的「創造」。只有能夠藝術地創造美感生命經驗的人，不會落入模仿文化傳統的窠臼之中，也才可以說是持續地自我超越的人。所以，一個人是如何變成自己現在這個樣子的，便值得深入地加以追究。蘇格拉底所謂的「認識自己」──認識自己是無知的，在尼采眼中，其實變成是「遺忘自己」、「誤解自己」、「渺小化自己」、「狹窄化自己」、「庸俗化自己」。（Nietzsche, 1888/1989：254）對尼采而言，一個人的自我觀不可以模糊不清，也不可以妄自菲薄。人要努力使自己成為強壯的人、偉大的人與高貴的人，縱使在過程中發生許多偏離目標的意外與錯誤，也都要從中孕育出新的意義與價值。所以，真正重要的實踐智慧，不是如何「認識」自己，而是如何「創造」自己。尼采說：「人的偉大在於他是橋梁而非目的；人的可愛在於他是上升與下降。」（Nietzsche, 1883/1992：15）人不是目的，所以沒有一個預設的本質等待人去認識；人是橋梁，所以有多個活生生的存在需要人去創造。尼采主張「積極的虛無主義」（positive nihilism）正是基於這層思考的結果。當人能夠創造自己展現獨特之美時，便已從消極的虛無主義中，上升至超越一般人的精神高度；當人願意參與世界回歸永恆之美時，則是從關懷自我的精神高度，下降返回關懷大地的精神深度。人與自己、人與世界的關係，就猶如上升與下降之間的來回往復，高度表現著自我的超越性，深度顯現著大地的永恆性，兩者既分裂又融合的關係，正使得生命在回歸大地的歷程中，得以無止盡地創造，以展現獨特與永恆之美。可以說，每一個活活潑潑生命的創造，都是構成大地回春、欣欣向榮的美感成分。在這種創造生命與回歸大地的美感經驗中，尼采對主體性的堅持，很明顯地扮演著重要關鍵的角色。

　　例如當他回顧《悲劇的誕生》時，便認為這部作品乃是出於本身深刻的內在經驗，而自己正是歷史上首次理解「美好的酒神精神現象」的那個人。尼采對於這種美感現象的解讀如下：

> 一種最高肯定的公式，誕生於過度的充實與豐盈，一種毫無保留的肯定，甚至是對於苦難、罪惡、一切可疑與陌生的存在的肯定。
> 這種對生命之終極的、最快樂的、最活蹦亂跳而毫無節制的肯

定，表現出不僅是最高的、更是最深的洞察力⋯⋯（Nietzsche, 1888/1989：272）。

　　由此可見，酒神精神（Dionysian）代表著一種積極的生命態度，無論人生中必須遭遇多少的苦難，依然能夠對生命本身的意義給予最高程度的肯定。或許有人追問，生命若是充滿難以忍受的痛苦，又有何意義？對尼采而言，「只有作為一種美感現象，世界的存在才能加以證成」（The existence of the world is justified only as an aesthetic phenomenon.）。（Nietzsche, 1872/1967：22）因為痛苦本身不足以作為論證世界為何存在的充足理由。只有當世界呈現出美感現象時，世界的存在才是合理而且有意義的。所以上述問題的關鍵就在於：為何痛苦的生命能夠在世界上成為一種美感的現象？世界上的確存在著痛苦的生命是無庸置疑的。從大地的角度來說，世界可以成為一位藝術家，無論建設或破壞，都是為了去體驗那屬於自己的快樂與榮耀，所以世界會永恆地變化、不斷地產生新的面貌。從自我的角度來說，生命可以成為一件藝術品，無論快樂或痛苦，都是構成其獨特性不可或缺的必要成分，所以生命能夠容納痛苦的經驗而展現為美感的現象。因此，痛苦的生命是尼采用來創造自我的素材，美感的生命是尼采完成自我肯定的作品。從痛苦轉化為美感的過程中，生命所經歷的恰似酒神祭典中的一場魔變（metamorphosis）。人在狂喜沉醉（ecstasy）的精神狀態中與自然完全合一，各種衝動獲得解放因而產生創造的可能，就像希臘神話中遭受支解之苦的酒神獲得重生，不斷地在祭典中降臨人間帶來快樂。（Nietzsche, 1872/1967：33-38, 64）更重要的是，尼采所說的酒神，並非指涉一個具體存在的客體，而是藉由生動的形象來象徵人類生命動力的根源，也可以說酒神精神就是將歡樂帶給大地的生命力展現。由此可見，尼采對自己生命主體性的展現，並非目中無人過於自大，而是徹底了悟生命真相之後，積極扭轉乾坤的結果。所以，他自信地說「我的時代還沒有來」，果真在一百多年後今日的學術思潮中得到印證。

二、無我

　　相較於尼采自我意識的外放，莊子面對自我的態度則較爲內斂。在內篇〈逍遙遊〉的開場中，莊子便藉著「鯤」「鵬」和「蜩」「學鳩」兩組動物的形象，來表現人的自我觀有大有小。鯤鵬比喻志向遠大的人，自我期許甚高，全心全意追求理想；蜩與學鳩比喻安分守己的人，自我要求不多，隨時隨地接受現實。前者「怒而飛」，努力準備所需資源等待相關條件的配合以求成功；後者「決起而飛」，起心動念想作什麼就立刻執行絲毫不必勉強。當後者嘲笑前者何必大費周章時，可能是井底之蛙以管窺天；當前者輕蔑後者何必妄自菲薄時，可能是夜郎自大不自量力。所以莊子在這兩種立場之外，又安排了「斥鴳」這個角色，來追問鯤鵬以及蜩與學鳩等，究竟你們要去那裡呢？意思是說，你們之間的小大之辯，是否眞正認清生命的方向？「飛」一定要有一個特定的目的地嗎？不能只是純粹享受飛的過程嗎？去的近又如何？去的遠又如何？生命到底是完成某項成就的工具，或者生命歷程本身就是目的？表面上莊子的寓言故事沒有說完，留待讀者自行作判斷，實際上在這段文字的結尾，他還是透露出一些線索作爲提示：「至人無己，神人無功，聖人無名」（莊子，無日期）。由此可見，莊子認爲無論大或小的自我觀，都可能是爲了追求自我的利益、功績、名聲，而迷失在永無止盡的慾望滿足之中。人若願意針對自我意識進行追根究底的考察，將會發現能夠適時消解主體性的人，才不會陷於自我中心主義的思考模式難以自拔。

　　所以在〈齊物論〉的第一章，莊子便藉由南郭子綦與顏成子游師生之間的對話，來說明人必須透過自我的消解，破除意識型態的狹隘與僵化，及其衍生的價值判斷。對話的場景是子綦正在打坐，從外觀上看身體正在吐納調息，但是精神卻似乎恍惚不定、失去住所。子游發現老師這次打坐的神情和平常不一樣，所以提出疑問「何居乎？形固可使如槁木，而心固可使如死灰乎？」（莊子，無日期）。子綦則稱許學生問的好，因爲在這次的打坐中，自己已經能夠完全消解身體、心理與精神層次上的自我意識，達成「吾喪我」的境界。「吾」指的是作爲主體的人，「我」指的

是人將認知與感受的對象轉回自己時所呈現的客體。「吾喪我」則指人作為主體在認知與感受一切時，能夠消解原先作為客體的自我意識，也就是說，人能夠喪失自我意識，並不再根據自我意識所形成的標準，進行認知與價值的判斷。為了讓學生能了解這種修養的境界，老師便進一步描繪風的自然現象所造成的聲音，並要學生以此為例分辨「人籟」、「地籟」和「天籟」的不同之處。所謂「人籟」，指的是人製作竹簫所吹出來的樂聲。所謂「地籟」，指的是風吹過自然界有洞的地方所發出的聲音。所謂「天籟」，則指天地間的竅孔依據各自狀態的變化自行發聲。人籟是人根據自己的意念所發出的聲音，地籟是大自然實際發出的聲音，天籟是人在消解對聲音來源之追問後所聽到的一切聲音。人若是只欣賞符合自己價值標準的聲音，聽到的只是「人籟」。若能進一步消解人為的價值標準，單純欣賞各種聲音，便可聽到「地籟」。若是願意消解一切的自我意識，則可聽見「天籟」無所不在。更明確地說，當人能夠破除物我之別與自然完全合一之時，人籟與地籟其實都是天籟的表現，此即所謂「天地與我並生，萬物與我為一」的精神境界。也只有在這樣的胸襟氣度下，莊子得以「物化」為蝶，逍遙於自然之中，進行各種充滿生命之美的遊戲。由此可見，莊子不似尼采極度強調主體性的重要性，反而勸人要能夠徹底進行主體性的消解。

　　究其原因，其實關鍵就在於，人的思考與判斷常常受到意識型態的左右，無法絕對地公正客觀。例如面對儒墨兩家之間的爭辯，莊子以為雙方皆帶有強烈主觀的自我意識，只求肯定自己而否定對方。這種「欲是其所非而非其所是」的心態，莊子稱為「成心」，意指武斷而排他的「成見之心」。換句話說，「成心」也就是涉及自我意識運作的心靈活動，從而影響一個人思考、感受與判斷的歷程與結果。在〈人間世〉中，莊子便藉由孔子與顏回之間的對話，提出「心齋」作為去除成心的方便法門：

　　顏回曰：「回之家貧，唯不飲酒、不茹葷者數月矣。如此，則可以為齋乎？」曰：「是祭祀之齋，非心齋也。」回曰：「敢問心齋。」仲尼曰：「若一志，無聽之以耳而聽之以心，無聽之以心而

聽之以氣！耳止於聽，心止於符。氣也者，虛而待物者也。唯道集虛。虛者，心齋也。」（莊子，無日期）

顏回的問題乃是爲了凸顯心齋不同於祭祀之齋，祭祀之齋規定淨身以表示虔敬，心齋則要求淨心以消除成心。心齋的要領在於人必須維持專注的意向性，向一切的經驗之流開放。雖然保持專注，卻不將意識集中在特定的外在客體或自身的內在主體。因爲無論內外，只要心有所執就有所偏，都是自我意識作用下的結果。所以莊子用「若」一志來形容心齋，意思是說，好比人正準備立定志向，但是並非已決定某一特定的方向。如果專注於耳朵，作用只是接受聲音；如果專注於思緒，作用只是切合對象。莊子認爲，人必需全神貫注地體驗「大自然中一切生命的流動與變化」，也就是聽之以「氣」。「氣」之所以能夠發生，其條件就在於有一個「虛」的空間可以與物相應。由此可見，莊子透過「心齋」的方法所修養的心靈狀態，就是要消解自我意識之成心，以達到化「實」爲「虛」的淨心目的。循著這樣的理路，在〈德充符〉可以發現更具體的論述：「有人之形，無人之情。有人之形，故群於人，無人之情，故是非不得於身。」（莊子，無日期）人之形，指的是人的身體；人之情，指的是人經由自我意識所產生的價值判斷。莊子說：「是非吾所謂情也。吾所謂無情者，言人之不以好惡內傷其身，常因自然而不益生也。」（莊子，無日期）此處的「無情」，也就是透過「心齋」的修養功夫，排除個人獨斷的好惡，順其自然地「因應」生命的一切變化，避免刻意地進行自以爲對生命有益的作爲。〈大宗師〉內描述「眞人」：「不以心損道，不以人助天」，〈應帝王〉提及「至人之用心若鏡，不將不迎，應而不藏」，也都是相同的道理。總之，莊子對主體性的消解，目的在於「消解」充滿「成心」的「自我」意識，企圖透過「心齋」的方式傾聽「天籟」，以達「天地與我並生，萬物與我爲一」的美感境界。

三、有我與無我的融合

在先前的敘述中，尼采對主體性的展現只是「有我」的一個例證，

莊子對主體性的消解也只是「無我」的一個例證，事實上兩個人的生命情調，都是「有我與無我的融合」的結果。就尼采而言，當他在強調「超越」自我、「創造」自我的同時，必需先破除既有意識型態的限制，其實這與莊子所主張的「心齋」有異曲同工之妙。就莊子而言，當他在強調天地與「我」並生、萬物與「我」爲一的同時，必需先確立人可以在自然中創造屬於自己的意義，其實這與尼采所主張的「酒神精神」有殊途同歸之效。由此可見，尼采的美學中也有「無我」的成分，莊子的美學中也有「有我」的成分，兩者之間的差異，則是不同類型的「有我與無我的融合」的結果，所以產生不同類型的美感經驗。換言之，本文的立場並非要將尼采的美學化約爲「有我」，也不是要將莊子的美學化約爲「無我」，而是企圖借尼采美學的特色來說明「有我」的一種類型，借莊子美學的特色來說明「無我」的一種類型。「有我」與「無我」這一組概念，只是爲了便於分析美感經驗的工具。若是回歸美感發生的歷程，其實美感經驗本身就已經是「有我與無我的融合」的結果。以下，再以心理學美學與存有論美學爲例，具體說明爲何美感經驗不能單純是「有我」或「無我」的結果。

　　第一，先針對心理學美學的論述加以說明。克羅齊（Benedetto Croce, 1866-1952）主張美感乃是經由人類的直覺活動（intuition）而得以認識。（劉文潭，1967：42-70）藝術家運用豐富的直覺進行美的創造，這是「有我」；藝評家必須「再造藝術家的直覺」才能眞正地欣賞藝術，這是「無我」。兩者的心靈可以在美感經驗中同一，這是「有我與無我的融合」。所謂的直覺，乃是一種內在心靈的精神活動，而非外在現實的物質記號。一切心外之物，對克氏而言，既不是直覺、也不是藝術的表現、更不是藝術品。眞正的美感，並非現實事物的所有性質，而是內心想像所構成的意象。因此，無論是藝術創作或藝術欣賞，其實都是「融合」各種「有我」與「無我」的狀態所表現的直覺。然而，李普斯（Theodor Lipps, 1851-1914）卻有不同的見解。他主張美感的發生乃是出於審美主體轉移自身的情感，在移情（empathy）的過程中，造成客觀化的對象與主觀化的情感彼此融合的結果。換言之，審美的對象並非「形象本身」（the figure as such），而是染上主體情感的形象，審美的主體也並非「自我本身」（the ego as such），而是融入形象特徵的自我。（劉文潭，1967：187-214）舉例而言，當我登上玉山主峰欣賞日出時，我所看見的日出並非平時的日出，而是染上我千辛萬苦登頂後喜悅之情的日出。這時的我，也不是平時的我，而是像高山峻嶺般頂天立地、像旭日東昇般充滿希望的我。所以美感經驗的來源，既非單純的「物」，也非單純的「我」，而是忘物、忘我之後「物我合一」的結果。「物中有情」之「忘物」是「有我」，「情中有物」之「忘情」是「無我」。「物我合一」也就是「有我與無我的融合」的奇妙狀態。另外，布洛（Edward Bullough, 1880-1934）則主張美感的發生其實是欣賞者與藝術品之間保持適當的心理距離（psychical distance）。（劉文潭，1967：238-267）若「距離太遠」（over-distance）則事不關己、人無法產生切身之情，對藝術品缺乏有意義的理解；若「距離太近」（under-distance）則觸景生情、人無法超脫現實利害，將藝術與人生際遇相混淆，情緒激動無法克制。無論太遠或太近，其實都是「有我」態度的結果，必須再加上「無我」態度的成分，才可能改變距離、產生美感經驗。例如：在觀賞「梁山泊與祝英台」這齣戲時，有人覺得何必為了男女之情哭哭啼啼沒志氣，有人覺得一看就想起自己被迫分手的往日戀情真感傷，其實前者是距離太遠無動於衷，後者是距離太近充滿悲情，都沒有美感。由此可見，一方面必須能夠貼近劇中人物的處境與心情，二方面又不錯置個人情感於故事情節之中，才能產生真正的美感。這種恰如其分的感同身受，正是「有我與無我的融合」所產生的美感經驗。

　　第二，再針對存有論美學的論述加以說明。高達美（Hans- Georg Gadamer, 1900-2002）主張藝術經驗包含人在遊戲中的自我理解（self-understanding）以及遊戲本身的自我演出（self-representation）。遊戲的主體不是人、而是遊戲自身，遊戲本身有自己的目的和規則，人必須喪失主體性才能真正享受遊戲，讓遊戲玩人、人再玩回去。在這來回往返（to-and-fro）的演出過程中，人與遊戲不斷地合一、更新，欣賞者與藝術品之間亦復如此，此乃真正的藝術經驗。（Gadamer, 1986/1994；陳榮華，1998：42-66）由此可見，一方面人在遊戲中必需遵守其規則，也就是說審美主體必需按

照規則來理解審美對象，這是「無我」的成分。另一方面遊戲也必需藉由人的參與而得以進行，也就是說審美主體可以在規則內按照自己的好惡選擇任何方式來理解審美對象，這是「有我」的成分。例如，當我們在欣賞一幅畫時，我們必需依照「看畫」的方式，而不是「看照片」或「看電影」的方式，來理解一幅畫。反過來說，只要我們能掌握一幅畫的構成要素，無論我們從色彩、線條、構圖或美學流派等任何角度作出評價，都是被允許的。因此，在高達美的主張中，「遊戲玩人」是「無我」的一種類型，「人再玩回去」是「有我」的一種類型，「來回往返」則是「有我與無我的融合」的一種類型。每一次人與藝術品的相遇，都重新開啓了一個新的意義世界。只有當「有我」與「無我」的視域（hozirons）能夠「融合」之時，美感經驗也才會發生。

致謝辭

本文是由行政院科技部補助之研究計畫（NSC102-2410-H-259-051-MY2）的部分研究成果修改而成，在此一併敬致謝忱。

參考書目

一、中文部分

大中國圖書公司（1978）。**英英英漢國際大辭典**。臺北：大中國圖書公司。

王文俊（1974）。陶冶理想與教育動力。**教育研究所集刊**，16，51-65。

王震武、林文瑛、林烘煜、張郁雯、陳學志（2008）。**心理學**（第二版）。臺北：學富。

布寧、余紀元（編著）（2001）。**西方哲學英漢對照辭典**。北京：人民。

朱光潛（譯）（1981）。G. W. F. Hegel著。**美學**。北京：商務。

江日新（1990）。**馬克斯・謝勒**。臺北：東大。

林靜秀、周志謙（譯）（2010）。Robert Stern著。**黑格爾與精神現象學**（Hegel and the phenomenology of spirit）。臺北：五南。

洪蘭（譯）（1997）。Henry Gleitman著。**心理學**（Psychology）。臺北：遠流。

陳榮華（1998）。**葛達瑪詮釋學與中國哲學的詮釋**。臺北：明文。

傅統先（1990）。**哲學與人生**。臺北：水牛。

項退結（編譯）（1976）。W. Brugger著。**西洋哲學辭典**。臺北：國立編譯館。

楊深坑（1988）。**理論、詮釋與實踐：教育學方法論論文集**（甲輯）。臺北：師大書苑。

楊深坑（2002）。**科學理論與教育學發展**。臺北：心理。

董兆孚（譯）（1967）。E. Spranger著。**人生之型式**（Types of men: The psychology and ethics of personality）。臺北：商務。

劉文潭（1967）。**現代美學**。臺北：商務。

二、英文部分

Budd, M. (1998). Aesthetics. In *Routledge Encyclopedia of Philosophy*. London: Routledge.

Bosanquet, B. (2002). *A history of aesthetics*. London: Routledge.

Broudy, H. S., Smith, B. O., & Barnett, J. R. (1964). *Democracy and excellence in American Secondary Education: a study in curriculum theory*. Chicago: Rand McNally.

Broudy, H. (1972). *Enlightened cherishing*. Urbana: University of Illinois Press.

Danner, H. (1994). Bildung: A basic term of German education. In *Educational Sciences*. Retrieved June 9, 2016, from http://www.google.com.tw/url?sa=t&rct=j&q=&esrc=s&source=web&cd=4&ved=0ahUKEwiMptfegpvNAhUj5aYKHTtXBxAQFggpMAM&url=http%3A%2F%2Fwww.helmut-danner.info%2Fpdfs%2FGerman_term_Bildung.pdf&usg=AFQjCNGHpR4bK8HMbwlMHRxWkUqfgDeMDA

Davis, Z., & Steinbock, A. (2014). Max Scheler. In *The Stanford Encyclopedia of Philosophy* (Summer 2014 Edition), Edward N. Zalta(ed.), URL = <http://plato.stanford.edu/archives/sum2014/entries/scheler/>.

Dickie, G. T. (2016). Aesthetics.In *Encyclopedia Americana*. Retrieved April 3, 2016, from Grolier Online http://dcs.lib.ndhu.edu.tw:2576/article?id=0005120-00

Efland, A. (1990). *A history of art education: Intellectual and social currents in teaching the visual arts*. New York: Teachers College Press.

Eisner, E. W. (1972). *Educating Artistic Vision*. New York: The MacMillan Company.

Gadamer, Hans-Georg (1994). *Truth and method* (2nd ed.)(Joel Weinsheimer & Donald G. Marshall, Trans.). New York: The continuum Publishing Company. (Original work published 1986)

Hegel, G.W. F.(1993). *Introductory lectures on aesthetics*(B. Bosanquet, Trans.).

New York: Penguin Books.

Houlgate, S. (2016). Hegel's Aesthetics. In *The Stanford Encyclopedia of Philosophy* (Spring 2016 Edition), Edward N. Zalta (ed.), URL = <http://plato.stanford.edu/archives/spr2016/entries/hegel-aesthetics/>.

Milkov, N. (2016). Rudolf Hermann Lotze (1817–1881). In *The Internet Encyclopedia of Philosophy*, Retrieved June 28, 2016, from http://www.iep.utm.edu/lotze/#SH3a

Nietzsche, Friedrich (1967). *The birth of tragedy, and the case of Wagner* (Water Kaufmann, Trans.). New York: Vintage Press. (Original work published 1872)

Nietzsche, Friedrich (1989). *On the genealogy of morals and Ecce Homo* (Water Kaufmann, Trans.). New York : Vintage Press. (Original work published 1888)

Nietzsche, Friedrich (1992). *Thus spoke Zarathustra : a book for all and none* (Water Kaufmann, Trans.). New York : Modern Library Press. (Original work published 1883)

Scheler, M. (1973). *Formalism in ethics and non-formal ethics of values: A new attempt toward the foundation of an ethical personalism*(M. Frings & R. Funk, Trans.). Evanston, Illinois: Northwestern University Press.

Spranger, E. (1966). *Types of man: The psychology and ethics of personality*. (P. J. W. Pigors, Trans.). New York: Johnson Reprint Company.

Thomas, A. (1998). Values. In *Routledge Encyclopedia of Philosophy*. London: Routledge.

Townsend, D. (1998). Baumgarten, Alexander Gottlieb (1714–62). In *Routledge Encyclopedia of Philosophy*. London: Routledge.

延伸閱讀

　　讀者如果想要深究中國教育美學，筆者建議可以參閱賈馥茗（2009）的《教育美學》（五南出版），其融會古今中外學術之宏通學養，旁徵博引，分別就教育所涉及的語言、文字、經學、文學、道德、歷史以及發明與創造各層面的美感價值，加以闡釋。敘明教學者須先把握教材之美，才能點燃教的熱情，並從中獲得樂趣及意義。若是關心現代美育思想的實踐，可參閱李崗（2011）發表在《課程與教學季刊》的〈豐子愷的美育思想〉。此文企圖描繪其「隱而未現」的美育藍圖，作為重建其思想體系的開始。結果發現豐子愷的美育思想，不僅根植於獨特的美學基礎，思考亦涵蓋課程與教學的面向，可以說是一位理論與實踐兼具的教育家。就美育的目的言，豐子愷和蔡元培同樣主張美育並非德育的工具，反而德育是美育的必要條件；就課程與教學的方法言，強調藝術與人生的關係，採取課程統整的立場，他希望透過藝術精神的展現，可以實踐美育的理想。這是一種發自內心的人性關懷，而非一場玩弄文字的課程改革。

　　另外請參閱李崗（2011）發表在《當代教育研究季刊》的〈豐子愷童心觀的概念分析及其於教育上之應用〉。此文透過概念分析的方法，釐清豐子愷先生的童心觀究竟所指為何，同時也從當代教育的角度，詮釋其思想之理論涵義與應用之道。主要的論證過程如下：首先，考察海峽兩岸的相關文獻，指出目前研究成果之間的論爭與矛盾。第一，童心有時被視為一種童年經驗，有時又被視為一種人生理想。第二，有人將童心解釋為順應自然，有人卻將童心解釋為抗拒社會。第三，有人認為好奇心就是童心，有人認為創造力才是童心。第四，有人主張童心是個性的展現，有人主張童心是佛心的狀態。其次，回歸豐氏著作原典的引述與分析，作者企圖證成豐子愷歌頌的童心，其實是人人皆可擁有的一種生命情調。兒童常常不待教化已渾然天成，成人則需放下偏見以反璞歸真。不過問題的關鍵並不在於年齡，造成差異的主要原因是眼光與心態。總括來說，其童心觀

蘊含四項規準：一是「率眞」，指人願意公開顯露自然的本性；二是「同情」，指人願意對世間一切現象都感同身受；三是「健全」，指人願意一視同仁地觀看世間事物的眞相；四是「大人」，指人願意不爲物誘且通達萬變地待人處事。進而，說明豐氏思想與西方當代教育思潮的關係，一方面指出其童心觀並非受到盧梭或杜威的影響，二方面發現尼采與蒙特梭利的主張與豐氏之童心觀有其相似之處。最後，針對豐氏童心觀於教育上之應用，提出若干具體建議：就師資培育言，應教導實習教師正視童心的教育涵義，並且藉由童話閱讀、絕緣、涵養趣味、全新的心等方式來培養自己的童心；就家庭教育言，父母應避免兒童的成人化，包括態度、服裝、玩具、家庭生活四大面向，才能妥善保留孩子的童心，以免在成長過程中消磨殆盡。

就西方美學與美育思想言，首先建議讀者參閱楊深坑（1996）的《柏拉圖的美育思想》（水牛出版），此書乃是國內第一本深入討論美育問題的教育哲學專著，尤其適合碩博士研究生，學習其研究方法的操作以及論文架構的設計。楊教授根據希臘文原典，運用詮釋學方法，解析柏拉圖美育思想之時代背景、歷史淵源、形上依據、心理基礎，以及其藝術批判和藝術治療的理念。其次，可以仔細精讀崔光宙（2000）主編的《教育美學》（五南出版），相當適合缺乏哲學背景的師資生，作爲一探美育思想的入門。內容包括古典美學的柏拉圖、亞里斯多德、康德、席勒、叔本華等五大家，以及現代美學的四大派：有法蘭克福學派的文化批判美學代表學者阿多諾、文化哲學中符號論美學的代表人物蘇珊朗格、美國自然主義經驗論美學的創建者杜威、以及當代德國審美教育學的四位最具代表性的學者莫連豪爾、柯柏斯、奧圖、瑞希特。其中馮朝霖的〈化混沌之情、原天地之美─從情意教育到教育美學〉，揭顯情意活動之本質、表現、作用三個範疇的系統性與關聯性，並參考他者倫理學、系統理論、生態哲學，企圖圓成教育美學的存有論基礎，此文較適合有志進行理論研究者優先閱讀。尤其崔光宙的〈美學中人的概念及其教育內涵〉，針對美育的動態歷程，提出一個分析架構，強調教育美學的研究，應該重視各家美學理論背後所預設的世界觀、人性觀，觀察人的自然、現實或原始狀態，經由美育

的陶養歷程，如何能夠達到精神自由、均衡統整的理想狀態。凡有志從事美育工作者，千萬不可錯過這篇文章。

　　此外，讀者如果希望對整個西方美學史有較為完整的認識，筆者強烈推薦賀瑞麟（2015）的《今天學美學了沒》（商周出版）。此書作者致力於內容簡潔明白、一看就懂的寫作風格；特別規劃「美學的實踐與應用」單元，幫助讀者看出日常生活中的美學元素，破除讀者對於美學的誤解與迷思；並且收錄諸位美學名家的雋永名句，按照「時期」與「議題」兩個方向，運用表格完整呈現美學理論的流派與演變；讀者可依自身能力選擇學習內容，隨時隨地利用零碎時間輕鬆閱讀。若還意猶未盡，可以參閱林逢祺（2008）翻譯的《美學概論》（學富出版），其採取問題導向，直探核心議題，旁徵博引諸多生動實例，而不拘泥於歷史發展的順序。首要目標在釐清美學的基本問題和美感語言的定義，其次分析目前作者所能收集到的種種證據，進而剖析三種關係：藝術家和藝術作品的關係、藝術作品與觀眾的關係、及藝術家和觀眾彼此相互成就的關係。同時，由此引出三種重要的美學理論：參與美學、美感經驗論、美感機制論。譯者甚至對於各章的參考文獻、延伸閱讀，還有附錄、名詞解釋、索引，也都如實一併完整譯出。

　　最後，為了讓讀者能夠更深入體會，如何運用美學理論，進行教育問題的思考，筆者願意再推薦兩本，國內學者最新的研究成果：一是林逢祺（2015）的《教育哲學：一個美學提案》（五南出版），本書選擇了知覺、遊戲、想像、表現、詩性、孤獨等六大主題，進行教育根本問題的美學省思，同時作者刻意採用類似散文的書寫形式，相當能夠引發讀者細細品味，隱藏在字裡行間令人流連忘返的美感天地。二是李崗（2017）主編的《教育美學──靈性觀點的藝術與教學》（五南出版），本書乃是結合教育、哲學、藝術三大領域的專家學者，先從理論層次，論述全人教育、人格教育、藝術教育、審美教育、道德教育，再從實踐層次，分析教學藝術、教學表現、語文教學、音樂教學、資訊教學，相當能夠充分展現出，目前學界對於「教育美學」的期待與願景，值得中小學現場教師，以及有志從事教育工作的朋友，一起參與這場心靈的饗宴與對話。

洪如玉

第十一章

萬物之靈？眾生之一？
人權、生態、教育哲學

摘要

人權議題及人權教育（human rights education）、生態議題與生態教育學（ecological pedagogy; eco-pedagogy）的重要性與迫切性在當代受到愈來愈多的重視，二者均對教育理論與實務面向產生相當程度的衝擊，因此，當代教育哲學之研究，也有必要將人權與生態課題納入教育哲學的思考。

以下本文先說明人權概念的基本內涵及人權教育的意義，其次說明生態教育學的基本意義，並探討人權教育以及生態教育學之間可能存在的理論矛盾，以及如何解決該矛盾；最後一節說明：如何將人權教育與生態教育融入教育哲學之思考。

> 一個深沉、來自肺腑的嗥叫在各個懸崖之間回響，然後滾落山下，引入夜晚遙遠的黑暗之中。那叫喊聲爆發出一種狂野、反抗性的悲愁，爆發出對於世上一切逆境的蔑視。
>
> 一切活著的生物（也許包括許多死者）都留心傾聽那聲音。對鹿而言，它提醒牠們死亡近在咫尺；對松樹而言，它預測了午夜的格鬥和雪上的血跡；對郊狼而言，那是一種有殘肉可食的應許；對牧牛者而言，那是銀行帳戶透支的威脅；對獵人而言，那是獠牙對於子彈的挑戰。然而，在這些明顯而迫近的希望和恐懼之後，藏著一個更深奧的祕密，只有山活得夠久，可以客觀的聆聽狼的嗥叫。
>
> 〈像山一樣思考〉《沙郡年記》

第一節　人權教育

人權就字面意指「人的權利」、人生而為人就有的權利，是個複合的概念，並不是指單一特定的權利，概括而言，人權可定義如下：

人權是人生而為人即有的權利，因此也可稱為「自然權利」（natural

rights）。人權不是買來的、掙來的、繼承而來，而是人天生不可剝
奪之權利，沒有人能以任何理由剝奪其他任何一個人的人權，換句
話說：只要是人，就享有人權。（洪如玉，2006，p. 3）

　　只要身而為人就應當享有人權，因此，人權為普遍的權利，不因為性
別、種族、國籍、宗教、語言、階級、性別、外貌、膚色、財富等各項因
素而有所差異。人權不僅是道德規準，也是法理準則，因此保障人權意謂
著從道德層面與法律層面證成保護全世界人們不受政治、法律或社會侵害
之權利（Nickel, 2014）。

　　人權內涵就歷史發展而言可分為三個階段（Downs, 1993），就三階段
發展來看，對於人權可能提出列舉式的理解：第一階段大約指西元十七世
紀到十九世紀，其中最重要的歷史事件為法國大革命與美國獨立運動，一
代人權之內涵通常指涉「自由權利」（liberties），其內涵大都關注於個人
公民與政治方面的權利，著重在減少國家對個人自由之干預，也稱為消極
權利（或消極自由）（negative rights; negative liberties），一代人權之內涵主
要關注在個體的公民權、政治自由權、平等權利。消極自由權的內涵也包
含良心自由、宗教自由、思想自由、言論自由、投票與參與政治的權利、
獲取訊息（知）的權利等。

　　第二階段指涉十九世紀末、二十世紀初，主要內涵著重在主張個體
於經濟、社會與文化方面的權利，第二代人權之特點是：國家角色轉向主
動，國家應當採取主動積極的角色去保障並促進個體權利，亦可稱為積極
權利（或積極自由）（positive rights; positive liberties）；其內涵包括：滿足
各種人類生活基本所需的權利，以及提供各種物質生產、管理、發展方面
的權利；發展並保存個人文化認同的權利；享受社會保障與經濟安全的權
利，例如：工作權、休息權、醫療保健權、受教育權、居住權、維持適度
生活水準權、組織工會權、組織與參與政黨權、團結權、普選權、階級
權、民族權等。

　　第三代人權之出現約自第二次世界大戰之後，重點在於要求超越國家
主體的國際化人權，權利主體則超越個人的群體，因此Vasak稱第三代人

權爲「團結權」（solidarity rights）。此外，第三代人權特別關注到環境問題，例如：民族自決權、發展權、和平與安全權、食物權、享有健康環境權、自由處置天然財富及資源權、人道主義援助權、享有世代正義與永續性權等（Vasak, 1977; 洪如玉，2006）。聯合國教科文組織的法學專家Vasak則用法國大革命的核心概念自由（liberté）、平等（égalité）、博愛（fraternité）分別對應爲三代人權的核心價值（Swinarski, 1984）。

「人權」概念內涵具有法理意義與道德基礎（Connelly, 2013），權利作爲道德語詞指涉的是去思考甚麼是是非對錯、甚麼是正義公平的意義；但在實務上，保障權利極需要法律才有實質的效力（Bronkhorst, 2001），因此爲保障上述權利，當代國際社會訂定許多人權宣言與法典，來做爲訂定保障人權之法律的基礎，例如：1948年聯合國所公布之《世界人權宣言》（Universal Declaration of Human Rights; UDHR）即爲最具代表性之宣示性基礎文件，爲了讓人權保障更具法律效力，聯合國又相繼頒布《公民權利和政治權利國際公約》（International Covenant on Civil and Political Rights）、《經濟、社會和文化權利國際公約》（International Covenant on Economic, Social and Cultural Rights）等各項公約，聯合國會員國簽署相關公約後入國內法，則可透過法律有效保障人權。

對於人權概念的說明，可分成兩類：一是概括式、一是列舉式的人權概念，概括性的定義基本人權背後應有一套完整的人權哲學，並可鋪陳到各種不同面向的人權；而列舉式人權也不是單獨個別存在，它們與人權哲學應有整體呼應（朱敬一、李念祖，2003）。值得注意的是：就三代人權而言，三代人權並不是意謂著第二代人權取代第一代人權、第三代取代第二代人權，比較恰當的說法是：第二代人權擴充第一代人權之內涵，而第三代人權擴充第二代人權之內容，第一代人權概念始終是基本人權的核心，其內涵並不是在十八世紀就發展完成，而是在歷史洪流中不斷的探討與建構。如果我們用西方政治哲學的語彙，第一代人權的核心價值重視個人之主體性之自由主義之個人主義（liberal individualism），並重視保障個人自由權利不受到國家政府的侵犯，第一代人權最核心的價值可說是自由。

　　相較之下，第二代人權則強調提升個人的自由權利與福祉以及社群的重要，因此重視國家政府增進個人的權利的面向，但如同余英時（2003）所述，社群主義（communitarianism）並未與自由主義完全衝突，社群主義其實也肯定自由的個體，但反對自由主義之個人主義的原子式個體——個人與個人之間為彼此獨立之存在，社群主義強調個體生活在各種大大小小的脈絡或群體之中，彼此之存在互有關係，二代人權凸顯出的核心價值為公平與正義。第三代人權關注到集體的權利（或團結權）與環境問題，此點與本文下述所要探討生態教育學有關，本文將在後面部分討論。

　　綜合而言，人權教育（human rights education）簡而言之就是教導關於人權的歷史、法律、概念、價值、理論、相關議題之教育，其目的是培養個人具有人權相關知識並能保障人權之態度與能力，人權教育的核心價值在讓人性尊嚴得以彰顯，以一種以人為本的價值觀。我們可定義人權教育如下：

> 培養學生之人權素養，包括人權意義、知識、價值、歷史、事件等，使學生能夠有關懷人權之態度與保障人權之行動技能，意即每個學生能夠且願意主張自己的權利，同時也能夠且願意尊重他人的權利；其次，建立人權文化社會，每個人能主張自己的權利也尊重他人的權利，並進而關心整體政治、經濟、文化的發展，促進社會整體正義。（洪如玉，2006，p. 49）。

　　整體而言，人權教育之目標在於將人權內涵教導給學生，並培養學生對於尊重並保障人權的積極態度與行動力，我們可以說：「受過教育的人」（educated person）是具有人權素養之個體。筆者認為，就教育理念與實踐而言，教育哲學與人權教育二者相輔相成，因為教育主體為人、人權教育之基礎也是人，教育本身就是一種人權，每個人都應享有受教育之權利（right to education），人權教育是教導關於人權概念的教育（education about human rights）以及以人權為目的的教育（education for human rights），相當多人權議題本身就是教育哲學的重要素材，例如：受教權的定義、國

民義務教育被視爲國民義務也是基本權利，但是受高等教育是不是一種基本權利呢？再者，體罰雖然已經被禁止，但是卻仍然存在於教育現場，其原因何在？體罰現象反映出甚麼樣的教育觀、甚麼樣的哲學人類學假設、甚麼樣的教學假設、甚麼樣的價值觀？又例如：人權價值包含了平等與自由等基本價值，在教育實務上，如何提供具有各種不同條件（例如：家庭社經背景、個人資賦才能等）的學生「公平」的教育資源？再者，國家培育人才應當以培養少數菁英爲目標、還是滿足大眾需求爲優先？教育資源的分配如何才符合人權價值的公平與正義，凡此種種，都是教育哲學必需探討的重要議題。綜合前述，教育哲學有助於深化與釐清人權教育、人權課程、人權素養與價值的內涵、探討相關爭議，反之亦然。總而言之，教育哲學可針對人權背後的哲學體系進行討論，思考並釐清教育實務中之各項人權爭議，反過來說，人權對於某些教育哲學爭議提供論據。

以前述體罰爲例，如果我們接受聯合國兒童權利委員會（UN Committee on the Rights of the Child）定義，體罰就是有意圖施加於個人身上引起、無論程度高低多少的痛苦或傷害的懲罰，但無論是多或少、或輕或重，人權主張者反對一切在學校中對兒童加以體罰；然而，並非所有教育哲學家都反對體罰，中國古代的教育觀點就有「玉不琢、不成器」之論述，至今仍然有人認爲體罰爲學校裡的「必要之惡」（楊忠斌，羅之君、葉振偉，2011）。綜合前述，我們可知人權教育與教育哲學具有相輔相成的教育作用，教育哲學有助於思考人權的價值與相關議題，人權教育提供教育哲學思辨的線索與深化思考的契機。

第二節 生態教育學

生態教育學（ecopedagogy）意謂著採取生態哲學思考爲出發點的教育取向，並不止於教授與學習自然科學領域的生態科學知識的教育，還包括了涵括生態哲學的人文社會學的教育。如Hautecoeur（2002）所說，生態教育並不限於自然科學領域中與自然環境有關的知識，而是跨領域的人文社會學的終身學習。

　　此種教育取向可說是現代思潮對自然環境惡化與危機的回應，而此回應必須有跨領域、多元向度的考量。許多思想家認為，解決環境危機不只是技術性問題，環境危機的根源來自人類思想文化的深層問題，傳統倫理學所探討的只有人與人之間的權利義務關係與相關倫理道德問題，但是新世代倫理思考必須將自然環境納入道德哲學的範圍。諸多傳統倫理學概念如：自由、正義、公平等，被放在人與環境的所共同存在之脈絡中重新檢視。環境哲學家或環境倫理學者所探討的問題舉例如下：

　　為滿足人類需求，我們可以無限度開發自然資源嗎？所有人類需求都是合理的嗎？不同人類群體之間的需求若有衝突、要如何排序？如果大多數人與少部分人之間需求與意見不同、而資源又有限時，我們應先滿足大多數人的需求、或是少數人的需求？我們可以消耗瀕臨滅絕的自然資源來滿足人類需求嗎？

　　大自然有價值嗎？大自然的價值和人類需求，哪樣比較重要？自然的價值是存在於大自然整體，或者個別自然造物？我們可比較一隻貓和一隻狗的價值嗎？或者我們可比較一隻瀕臨絕種動物、和一種瀕臨絕種的植物的價值多少嗎？農場中所畜養之動物、與國家公園中的動物價值有高低嗎？我們應如何決定人類與自然的價值與輕重？

　　自然的價值是甚麼樣的價值？內在價值或外在價值？道德價值或美感價值？實用價值？工具性價值？文化價值？象徵價值？經濟價值？大自然或自然的個別造物有沒有「權利」？

　　關於自然，我們還能提出無數問題，然而，誰有資格提出解答？誰有權利（或權力）決定？如何能有「公平」或符合「正義」的決定機制與過程？

　　本文無意也無能在有限的篇幅解答上述如此多疑義，然而，從上述我們可知，環境問題的哲學思考有許多錯綜複雜的問題，就環境與人之關係而言，一般環境倫理學者劃分為兩大陣營：「人類中心論」（anthropocentrism）、「非人類中心論」（nonanthropocentrism），「人類中心論」意謂著：將人類視為宇宙中心的論點，自然的一切所具有的價值是因為對人類有用處或有貢獻；相較之下，「非人類中心論」主張：大自然本

身具有內在價值，不因為對人類之評價或有無貢獻而改變，像「生命中心論」（biocentrism）主張：只要是有生命的機體都有內在價值；而「生態中心論」（ecocentrism）主張：大自然之一切包括有生命與無生命的存在都有內在價值，此二種論點都屬於非人類中心論（Hage & Rauckiene, 2004; Norton, 1984）。就非人類中心論（包括生態中心論與生命中心論）的立場而言，自然與其他動植物有所謂的「權利」，「權利」並非人類的專利，「環境權」（environmental rights）與「動物權」（animal rights）的主張與非人類中心論的本體論立場是有共鳴的。

當我們以上述兩種觀點檢視目前的教育論述或相關文本時，我們發現，目前教科書大都採取人類中心論的立場（洪如玉，2010a、2010b），此乃無可厚非，因為所謂「人類中心論」就是以人類為思考與判斷之核心，我們是思想、評價、判斷與行動之主體，身而為人，我們如何跳脫出人類的身分？人類如何能用人類大腦來進行非人類的思考？尤其大部分的學科知識強調「客觀」知識，即是不以個人主觀評價為出發點，但所謂「客觀」強調的是從人類整體為出發點的態度，因此也是一種人類中心的立場。乍看之下，非人類中心論似乎是相當矛盾的論點。然而。如前述，當代面臨重大的環境惡化之生態危機，當代思想家提出跳脫人類中心的立場來思考環境問題以及環境與人類的關係，在目前許多環境教材文本可看到生態中心論之主張。

問題是，上述觀點大都停留在修辭的認知階段，無法落實以生態中心論為環境倫理的技能與行動，但相關文本的大部分內容仍然停留在人類中心論立場，例如：環境教育課程綱要（教育部，2008）的五大課程目標是：(1)環境覺知與環境敏感度；(2)環境概念知識內涵；(3)環境倫理價值觀；(4)環境行動技能；(5)環境行動經驗。除第三個課程目標論述了環境倫理中生態中心論點，其他無一不是從人類角度來理解環境，即使介紹生態中心倫理的內容也相當人類中心取向，課綱對於環境倫理價值觀為課程目標的敘述如下：「藉由環境倫理價值觀的教學與重視培養學生正面積極的環境態度，使學生能欣賞和感激自然及其運作系統、欣賞並接納不同文化，關懷弱勢族群，進而關懷未來世代的生存與發展。」（教育部，

2008），「文化」是用以形容人類精神創造成就，「弱勢族群」是用以形容人類群體，二者都不是大自然或動植物。由上述可發現，即便描述環境倫理價值觀，課綱仍然無法脫離人類中心本位的立場。那麼，我們究竟應如何理解並看待生態中心倫理呢？或者說，在面臨環境危機時，雖然我們發現人類中心論可能是造成生態浩劫的重大原因，但我們卻無法擺脫人類中心的魔咒，因為問題就出在我們自己身上，但是我們並不能透過否定或消滅自我來解決生態問題。

究其實，生態中心倫理的問題在於：我們人類無法脫離身為人類的限制，因此，筆者（洪如玉，2010a、2010b；Hung, 2010）認為我們有必要增加第三種範疇——「人類非中心論」（anthropo-non-centrism）來理解環境與人的關係。也就是承認人類無法脫離身而為人的偏限，我們的知識、理解、知覺、感受、判斷都無法避免的必須從人類出發，但是人類在進行評價與行動時，必須將人類以外的有生命與無生命存在為參照，將人類放置在宇宙萬物之間而非萬物之上為思考基準與道德要求。人類非中心論並不是要求以生態為中心之觀點，因為人不能化自身為「生態系」，或化自身為大自然的代言人，因此主張降低人自以為尊的主宰地位，把人視為萬物之中的一個成員，當人類在計畫、思考、評價、判斷與自然或環境相關議題時，應盡量將生態社群其他成員的價值與重要性納入考量。人類非中心論是承認人類本身的偏限性以及將自身處與生態社群中的去中心思考，試圖跳脫以人類為中心或以生態中心論的單一核心觀點的思想架構，在某種程度上，人類非中心論跨越在人類中心論以及生態中心論之間。

第三節 人權與環境權

基於上述，當我們重新回到環境與權利的相關問題時，有一個和人權教育與生態教育有關的問題，即是如何在概念上不自相矛盾，教導兒童人權和環境權（或不以人類為權利主體之權利觀，還包括動物權），因為人權是基於人本主義的概念，而環境權概念本身也具有爭議性，環境權就字面為「環境的權利」（rights of environment），然而，環境不是一個主體，如

何能擁有或享有權利呢？我們已知權利概念內涵是道德與法理概念，環境如何成為道德主體（moral agent）與法律主體（legal subject, legal agent）？環境不僅不是一個完整單一主體，也是一個內涵很複雜的概念，環境可指涉自然環境、亦可指涉人為環境，而自然環境可指涉海洋、高山、湖泊、河流、沙漠等，人為環境大者可指涉都市、小可指涉居家房屋或社區。因此把環境視為權利主體是一個相當模糊的說法，「環境權」若理解為「環境」擁有的「權利」則可能引起許多爭議。比較適當的理解應該是「人類的環境權」（human rights to environment），也就是人類享有環境的權利，想有權利的主體是人，並非環境。許多學者將「人類的環境權」或「環境人權」（human rights to environment）定義為：「人類擁有安全環境的權利」（human right to a safe environment）（Nickel, 1993）、「人類擁有健康環境的權利」（human right to a healthy environment）（Eaton, 1997）、「人類擁有乾淨環境的權利」（human right to a clean environment）（Bourleon, 2012; Gibson, 1990）、「人類擁有乾淨健康環境的權利」（human right to a clean and healthy environment）（Karia, 2006; Okpara, 2012）、「人類擁有乾淨、平衡、受保護的環境的權利」（human right to a clean, balanced and protected environment）（Symonides, 1992）、「人類擁有健康生態平衡的環境」（Downs, 1993）等。綜合而言，「環境權」一詞可能引起觀念混淆，為使概念清楚表達出權利主體為人類，故以下稱「環境人權」。

在前述許多對於環境人權的定義中可看出：對於「環境」有許多個相關但不等同的定義，例如：乾淨的環境、健康的環境或生態平衡的環境，但無論哪一種，這些環境人權的定義與前述第三代人權有密切關係，Vasak認為，第三代人權主張「人類享有健康生態環境的權利」特別需要群體的努力與團結，環境惡化、汙染、破壞等問題不是依賴單一個人或少數團體可改善，但是在環境問題與人權的相關爭議中，需要特別注意的是，雖然每個環境問題都會涉及個體或群體，但是這些問題的性質與內容仍有許多差異，不可以輕易將環境問題同質化，必須個別看待與處理（Downs, 1993）。

根據Downs（1993）所述，環境人權已經獲得國際社會的肯定，許多

國際性、區域性的人權公約都納入環境人權，有些國家也已經把環境人權納入憲法，例如：葡萄牙憲法宣稱「人人均應享有健康和生態平衡的人類環境，並有義務保護之」、西班牙憲法也指出人人應當享有一個適合個人發展的環境並有責任保護之（引自Downs, 1993）。

然而，仔細思考，環境人權主要以維繫人類生存以及提升人類福祉為要務，當人類的生存環境被汙染或破壞，人類本身的生存與福祉也受到侵害，因此環境人權基本上是站在人類中心論之立場。但是以人類為尊的存有學預設了人類最為尊貴的價值，再者，在前述環境人權的相關論述中，究竟甚麼樣的環境是可被評價為乾淨、或健康、或生態平衡、或適合個人發展？當環境爭議中僅考慮人類的需求與欲求時，環境本身的問題——動植物的危機、生態系的危機等問題——很容易被輕忽。因此，筆者認為「人類非中心論」提供了有助於融合人權教育與生態教育學的存有論哲學立場，因為人類非中心論的思想架構介於人類中心論與生態中心論光譜的兩個極端之間，而不採取具有特定中心——亦即以「去中心」——的思想策略，且強調人類僅僅是世界萬物的其中一種，人類的生存社群並非僅有人類一種成員，還包括地球生態系統所包含的各種非人類的成員，當地球做為一個社群，其中的非人類物種生存面臨威脅、或自然環境遭受汙染或破壞，尤其許多物種滅絕或環境惡化為無法回復的損害，這意謂著人類所賴以生存的環境不再健全，因此當我們想要維護人類的環境人權，必須也要維護非人類物種的生存與物質環境的均衡。

第四節 建構植基於生態人權之教育哲學

基於上述，本文認為，教育哲學的新思考應將生態與人權課題同時融入，進行一種「生態轉向」，在生態觀照下致力於促進人性尊嚴以及對所有生命形式與環境的尊重、建構以生態正義、生態關懷、生態審美、生態倫理為目的的人權文化。在此觀點下，採取生態轉向的人類非中心論的教育哲學，仍然涵攝人權教育與環境教育的基本價值與概念，包括自由、平等、博愛，然其觀照對象與參與成員不僅止於人類社群，而擴及整個生態

社群。綜合而言，此融攝生態與人權之教育哲學的理想是：建構維護所有物種（包括人）可共生的健康與平衡之永續生態系統。

　　傳統教育哲學最重要的目的是培養人為「有教養之人」[1]（educated person）（Martin, 1981; Nash, Kazemias, & Perkinson, 1965; Peters, 1970），然而「教養」的內涵應該是甚麼？這始終是教育哲學家們好奇的問題之一。1980年代，Jane Roland Martin批判傳統教育哲學家對此概念的解釋缺乏女性主義的向度，現在，我們可以說，「教育」內涵應納入生態素養，受過教育、有教養者不只是「『經濟人』」（Homo economicus）、『技術人』（Homo technicus）、『工匠人』（Homo faber）、『遊戲人』（Homo ludus）、『勞動人』（Homo labours）、更不只是個『理性人』（Homo sapiens）」（洪如玉，2010a，p. 233），更重要的，有教養者應該是位「生態人」（Homo ecologicus）──「生態主體」（ecological subjectivity），筆者所言之「生態人」意謂著個體能理解自身的存在與生態系世界萬物連結在一起，自身是與萬物社群共存之一分子。

　　再者，基本教育的目的之一是培養學生的識讀能力之素養（literacy）（Ong, 2012），在此，筆者認為「素養」不只一種讀寫能力，還包括博雅文化與通識教育的涵養，此外，更重要的是具有生態智慧的素養──生態素養（ecological literacy），David Orr（1992）認為生態素養包含一種不斷追問探查的好奇、以及對於世界萬物保持驚奇的心態，他指出：

> 一位具有生態素養之人具有下述之相關知識：萬物相依性、關懷或看守的態度。……生態素養意謂著廣博的認知到人與社會之間彼此之相互聯繫、以及又如何與自然系統聯繫、以及三者之間如何能夠永續運作下去。它預設了對於生命、以及了解世界作為物理系統的運作之間相互連結的覺知。（Orr, 1992, p. 92）

---

[1]　Educated person直譯則為「受過教育者」，但在中文受過教育卻不一定是有教養者，因此在中文本文翻譯為「有教養之人」。

　　個人的知識、感受與實踐並非只關係著單一個體、或單一物種，而是包涵在各種形式的生命物種、物質環境之間動態有機的相互作用——包括交流或衝突、相容或妥協。這正是人類非中心論的要點：人類不以自居為萬物之靈，而是眾生之一員，每個刹那與片刻的理解、覺知、感受、行動，皆蘊含著自身為萬物眾生之一的領悟。就教學實踐而言，可參考學者（Hung, 2010; 洪如玉，2012）所主張的「學習自然」（learning nature）發展生態素養教學方針。

　　「學習自然」可分為三個面向：「學習自然相關知識」（learning about nature）、「在自然之中的學習」（learning in nature）、「向自然學習的學習」（learning from nature）。以下說明：

　　第一種學習自然相關知識，可說是學校教育中自然教育的主流，其知識內涵包括自然現象與自然萬物的相關知識。例如：生物學、物理學、化學等自然科學的學科知識。然而，僅僅學習自然科學方面的知識大都重視客觀知識，容易忽略自然關懷或尊敬等情感，這是現場教師必須注意之處。

　　第二面向是在自然環境中的學習能夠給學生真實的自然體驗，讓學生切身體驗大自然，例如：風的流動、空氣的冷冽、蟲鳴鳥叫等各種感官經驗材料，學生對自然萬物體驗愈深刻，愈能夠了解自然之價值與重要性，如同Wilson（1984, p. 106）說：「我探索的棲地愈多，愈能感受到【自然中所蘊含的】某些共同特性的崇高與魅力。」

　　自然教育的第三個面向是——向自然學習——「以自然為師」。師法自然非直接模仿或質問大自然，因為，自然非人，自然無法刻意或「有意識」對人說理或表情達意。取法自然之重點在於：人類面對大自然時，應透過欣賞、專注與聆聽的態度，可從大自然獲得具有不同的啓示與意義，這種啓示可能是對生命、大自然的領悟之智慧，對於生命的啓發與生命態度的轉化。換言之，當人們以自然為師，就是以自身為學習者，始終採取學習者對外界好奇、開放、求知、謙沖的態度。

　　綜合上述，學習自然涵括知情意各種面向，將傳統教育帶往生態轉向，這符合David Orr（1992）所說，推動生態素養教育就要重新檢視與思

考教育典範、價值、教育的範圍與定義、知識的定義。其中深刻的啓示是：當吾人試圖建構以生態人爲理想、融合生態人權價值的教育文化，應重新檢驗已被接受的、既定的一切教育典範、知識、價值與信念、政策與實務，背後預設的人與環境、人與人之間的關係。就教育實務而言，吾人可就生態人權觀點探討基本價值與核心概念，發展生態人權教育課程架構。例如，我國目前推動的十二年國教，該項政策的內容相當多，其課程與教學的內容或課程綱要的內涵、可以運用生態人權教育學架構予以審視和討論，這是從巨觀面去反思生態人權教育的落實；就微觀面向而言，教師亦可透過生態人權教育的概念架構來自我檢視課程與教學的實踐。

　　本文最後的結論是：當代教育哲學的發展應有生態轉向，亦即以人類非中心論的生態觀照與人權關懷，審視教育理想、目標、過程與實踐，使教育視野的發展邁向生態、自然、環境、眾生、個體與群體之間懷、有機、交融與互動的視域，人不再被獨尊爲萬物之靈，而是眾生之一，這不是貶低人類的價值，而是凸顯出人的獨特性，正是因爲人是眾生萬物的一分子，卻是唯一能夠積極主張並守護生態系的一員。

致謝辭

　　本文感謝科技部計畫支持，計畫編號MOST103-2410-H-415-010-MY2。

參考書目

一、中文部分

朱敬一、李念祖（2003）。基本人權。臺北：時報。

余英時（2003）。序。基本人權。臺北：時報，頁9-17。

洪如玉（2006）。人權教育的理論與實踐。臺北：五南。

洪如玉（2010a）。邁向生態智慧的教育哲思：從人類非中心論思考自然與

人的關係與教育。臺北：國立編譯館。

洪如玉（2010b）。九年一貫課程七大議題正當性之批判性檢視。**教育研究**
與發展期刊，**6**(2)：33-58。

洪如玉（2012）。探索教育目的的另一種可能：生態愛。**教育學研究與師資**
培育——楊深坑國家講座教授六秩晉六祝壽論文集。臺北：高等教育，
頁183-196。

教育部（2008）。環境教育課程綱要。**97年國民中小學九年一貫課程綱要**。
http://www.k12ea.gov.tw/ap/sid17_law.aspx

楊忠斌，羅之君、葉振偉（2011）。懲罰的概念分析對教師管教之啓示。中
等教育，**62**(4)，14-28。

二、英文部分

Bronkhorst, D. C. (2001). The universal declaration of human rights: Origins, significance, and future. In Martha Meijer (Ed.) *Dealing with human rights: Asian and western views on the values of human rights* (pp. 7-36), Utrecht, Netherlands: HOM.

Burleson, E. (2012). Cooperative federalism and hydraulic fracturing: A human right to a clean environment. *Cornell Journal of Law & Public Policy, 22*, 289-348.

Donnelly, J. (2013). *Universal human rights in theory and practice*. Cornell University Press.

Downs, J. A. (1993). Healthy and ecologically balanced environment: An argument for a third generation right. *Duke Journal of Comparative and International Law, 3*(35), 351-353

Eaton, J. P. (1997). Nigerian tragedy, environmental regulation of transnational corporations, and the human right to a healthy environment, *Boston University International Law Journal, 15*, 261-307.

Gibson, N. (1990). Right to a clean environment, The *Saskatchewan Law Review., 54*, 5-7.

Hage, R., & Rauckiene, A. (2004). Ecocentric worldview paradigm: reconstruction of consciousness. *Journal of Baltic Science Education, 2*(6), 60-68.

Hautecoeur, J-P. (2002). Introduction: Ecological approaches in basic education. In Jean-Paul Hautecoeur (Ed.) *Ecological education in everyday life* (pp. 3-19), Toronto: University of Toronto Press.

Hung, R. (2010) *Learning Nature: How the understanding of nature enriches education and life?* Champaign, IL: Common Ground Publishing LLC.

Karia, A. S. (2006). A Right to a Clean and Healthy Environment: A Proposed Amendment to Oregon's Constitution. *University of Baltimore Journal of Environmental Law, 14*, 37-80.

Martin, J. R. (1981). The Ideal of the Educated Person. *Educational Theory, 31*(2), 97-109.

Nash, P., Kazamias, A. M., & Perkinson, H. J. (1965). *The educated man: studies in the history of educational thought*. London: Blackwell.

Nash, R. F. (1989). *The Rights of Nature: A History of Environmental Ethics*. Madison: University of Wisconsin Press.

Nickel, J. W. (1993). Human Right to a Safe Environment: Philosophical Perspectives on Its Scope and Justification. *The Yale Journal of International Law, 18*(1), 281-295.

Nickel, J. W. (2014) Human rights. In Edward N. Zalta (ed.). *The Stanford Encyclopedia of Philosophy.* Retrieved online: <http://plato.stanford.edu/archives/win2014/entries/rights-human/>.

Norton, B. (1984). Environmental ethics and weak anthropocentrism. *Environmental ethics, 6*(2), 131-148.

Okpara, C. I. (2012). Right to a Clean and Healthy Environment: The Panacea to the Niger Delta Struggle. *Journal of Politics and Law, 5*(1), 3-8.

Ong, W. J. (2012). *Orality and literacy: The technologizing of the word*. London: Routledge.

Orr, D. W. (1992) *Ecological literacy: Education and the transition to a postmod-*

ern world, Albany: State University of New York.

Peters, R. S. (1970). Education and the educated man. *Journal of Philosophy of Education, 4*(1), 5-20.

Swinarski, C. (1984). *Studies and essays in International humanitarian law and red cross principles in honour of Jean Pictet*. The Netherlands: Martinus Nijhoff.

Symonides, J. (1992). Human right to a clean, balanced and protected environment. *International Journal of Legal Infomation, 20*, 24-40.

Vasak, K. (1977). Human rights: A thirty-year struggle: The sustained efforts to give force of law to the Universal Declaration of Human Rights, *UNESCO Courier 30:11*. Paris: United Nations Educational, Scientific, and Cultural Organization.

延伸閱讀

　　關於人權與生態議題的教哲相關著作，請參考洪如玉（2006）之著作《人權教育的理論與實踐》（五南出版）、洪如玉（2010）《邁向生態智慧的教育哲思：從人類非中心論思考自然與人的關係與教育》（國立編譯館出版）；環境倫理方面之中文著作可參考楊冠政《環境倫理學概論》上下兩冊（大開出版）；Janusz Symonides原著、謝明珊翻譯《人類與環境的權利》（韋伯出版）；S. Buckingham and M. Turner原著、蔡依舫翻譯《理解環境議題》（韋伯出版）；人權教育方面則可參考馮朝霖審定《二十一世紀人權教育》上下兩冊（高等教育出版）、Richard Pierre Claude原著、王淑英、蔡明翻譯《全民人權教育》（巨流圖書出版）等書。除此之外，本文作者亦有多篇中英文相關期刊論文可為參考，讀者可在圖書館電子資料庫搜尋取得。

楊洲松

第十二章

教育科技化的哲學思考

第一節　前言

自有教育活動以來，科技與教育總是相互交纏發展。一方面，新科技的發明可能改變了教學的型態；另一方面，教學上的需求也可能促進了科技的改良與創新。以前者言，最典型的就是1440年古騰堡（Gutenberg）活版印刷術的發明，降低了書本取得的成本，使得書本得以便宜、迅速地大量流通，顛覆了傳統教育活動以教師讀講、學生抄寫的教學方式，而逐漸轉以討論會（seminar）的形式進行教學（楊洲松，2013：16-17）。1996年網際網路（Internet）問世以來，教育型態的改變比起古騰堡印刷術時代更是劇烈，無論知識的傳遞與保存都愈加迅速、巨量與普及，也進一步衝擊了師生關係走向更加平等，教學方式也變得更加多元與多樣。

就教學上的需求促進科技的改良與創新而言，powerpoint可謂是因應教師教學需求出現的最佳教學輔具。大學教師間流傳一句話：「上課沒用powerpoint，教師上課起來就沒有power，上課沒有powerpoint，學生上起課來就找不到point」，雖是帶著點酸民的口吻，但也的確真實地反映了目前資訊科技在教學上的影響現況。事實上，powerpoint算是長命且普及而深刻地影響教學型態的資訊科技，其他如電子書包、電子白板、電子書……，也都曾經短暫地引領了教學技術變革的風潮，然後被更新的資訊科技所取代。目前進入這波資訊科技應用於教學上的最新潮流則是磨課師（MOOCs, Mass Open Online Courses）、翻轉教室（Flipped Classroom）與行動學習（Mobil Learning）等。

教育者面對教育領域全面被科技所滲透的現象，可能有兩種相對的態度取向。首先是樂觀地擁抱科技進入教育的領域，認為將教育科技化後，可以讓教育活動更有效率與效能，全民教育（education for all）的理想更容易達成；然而，也有另一派的人抱持悲觀的態度認為，新科技強力地滲透與介入教育的領域，會嚴重衝擊到知識的保存與傳遞的方式，進一步動搖了自啟蒙運動以來的現代教育的理念與制度，甚至蝕融了作為教育主體之

人的地位。

其實，即如前面所述，教育與科技是交纏關聯發展，要完全不運用科技而僅以口傳心授來進行教育活動在今日幾乎不可能；當然，完全仰賴科技力量而抹去人際的邂逅與感動也不適合被定義為教育活動。準此，如何較為平和公允地省察科技與教育活動間之辯證關係，進一步考量科技盛行年代中的教育活動之應為與當為，實為教育理論與實務必須審慎深入思考之深刻且重要的教育哲學議題。基於上述，本文擬先就科技與教育彼此間之交纏發展進行分析，其次就目前（2016年）最新教育科技發展趨勢進行闡釋，最後從哲學觀點思考教育與科技宜有之適切關係。

第二節　科技發展與教育

若從科技發展史看來，科技的發明運用與人類歷史同其古老，人類發展之分期亦常以其運用之科技為指標，如舊石器、新石器、青銅器、鐵器等。而若影響教育活動至關重大之科技發展則可從活版印刷術時代、電子時代與數位科技時代等三波發展來看：

一、第一波：活版印刷的發明

古騰堡活版印刷術可能是影響教育發展上最重要的發明之一——印刷術的產生，使得書本得以便宜、迅速地大量流通，並顛覆了傳統教育活動以教師讀講、學生抄寫的教學方式，而逐漸轉以討論會的形式進行教學。印刷術的發明為教育帶來下述的變化：

(一)知識可以獲得較好的保存

首先，是知識的保存比起前印刷時代更容易，也更巨量，更能傳之久遠。前印刷時代的文獻與書籍多是透過手抄方式保存，然而手抄過程中可能會有錯置、疏漏等問題而可能扭曲了文獻的真相；加上手抄曠日費時且本數有限，或許是善本珍本，但卻極易毀損與散佚。活版印刷術發明後，書本文獻可大量複製，原本可印刷為多個複本，複本可照實地保留了原本的文獻內容，避免錯置、疏漏等人為錯誤；而多重複本也降低了毀損與散

佚的風險，知識可以獲得較好地保存。

㈡知識傳遞方式更加的多元

活版印刷術發明後，書籍印刷成本降低，原本僅由教師才有能力擁有之書本，學生也可擁有且與教師之版本同。如此一來，傳統教師照本宣科講授予學生抄寫之教學型態也產生變化。教師除了講述外，也必須進一步說明與講解文獻內容的意義、補充文獻資料不足之處、提出問題給學生共同討論。問答法、討論法成為了重要的教學方法，知識傳遞的方式更加多元、多樣。

㈢知識散布更加迅速與普及

前所述及，活版印刷術的發明壓低了書籍的成本，較為廉價的書本促進了知識的普及。更多人可以擁有書本以獲取知識學問，且可自行閱讀與理解書本內的知識，這在某種程度上加速了西方文藝復興運動與促發了宗教改革的產生，也為十八世紀之後國民教育的普及鋪路。

㈣童年概念與時期的出現

Neil Postman在《童年的消逝》（*The Disappearance of Childhood*, 1982）一書中指出，印刷術發明雖然帶來了知識的普及，但知識的獲得，前提除了書籍成本降低而使得獲得容易外，也需要基本能力的養成，這就需要在人類成長歷程中有一段時期來學習讀寫算等基本能力，這段時間就是所謂的「童年」（childhood）時期，童年的概念於焉產生。

二、第二波：電子（廣播、電視）時代的來臨

電子時代的來臨首先是十九世紀出現的電報，之後廣播興起、電視發明且迅即地成為二十世紀以來最重要的媒體之一。電子媒體應用到教育上，比起活版印刷的年代，知識的傳播更加無遠弗屆，也誕生了新型的教學型態如：遠距教學、視聽教育、空中大學（開放大學、Open University）等。

㈠教育方法再度改變，更加無遠弗屆

就教育內部而言，電子時代來臨促使教育方法再度產生變化，尤其是比起書本，廣播、電視更是可以無遠弗屆地將知識傳播到各地；教學媒材

與方式也產生改變，除了靜態的文字圖片資料外，更增加了許多動態的視聽資料，使得教學可以更加多元、生動、具象與寫實，學習者也可以更身歷其境地體驗與感受知識。

(二)學校教育的功能面臨媒體的競爭

就教育外部而言，透過電子媒體，知識傳播更加廣袤且深入家庭與個人，學校、教師不再是知識唯一來源，其必須與電子媒體競逐知識權威的地位。學習者透過媒體所能獲致的資訊量並不比學校教育少，差別可能在於學校教育提供了較爲嚴謹系統的知識體系，而媒體提供的是未必嚴謹且系統的資訊。

(三)教育結合電子媒體展開更大規模的知識傳遞

雖說媒體某種程度搶奪了教育在知識傳遞上的功能，且甚至有凌駕其上的趨勢，但教育也利用了電子媒體強力滲透與廣布的威力，包裝成「寓教於樂」的節目，將知識更大規模地傳遞出去。教育類的廣播、電視與影片等發展，也促成了遠距教學、空中大學等教學方式與學校制度的發展。

(四)童年概念與時期逐漸消失

前已述及，在印刷術發明之後，童年成爲重要的概念與時期。作爲一個概念，童年區隔了成人與兒童具有不同特質、角色期待與任務；但電子媒體出現後，某種程度取代了透過書本的知識傳遞功能，兒童不用再按部就班地被訓練去獲得成人所要他們習得的知識，而是透過電視媒體很快地就可獲取，甚至是那些成人不希望兒童太早得到的知識。如此一來，童年時期被壓縮、概念與時期逐漸消逝，兒童提早成人化。

三、第三波：數位時代的來臨

接續電子時代而來的，是數位化的時代。二十世紀後半葉以來，新的數位科技進展迅速，尤其是自1990年代「網際網路」的發明、使用與普及後，更使得資訊的流通比起以往更加全面、迅速、鉅量、甚至到達氾濫及爆炸的地步。由網際網路所帶來的數位網路時代，全面地改變了人類的生活型態，無論是在個人生活型態、人際關係互動、經濟生產模式、政治運作方式、權力關係運作及全球連結連動上，都迥異於以往的時代。「尤其

是資訊的貯存、傳輸與獲得均與前網路時期有相當大的不同，而是以一種結合了文字、影像及聲音的多媒體數位方式呈現出來，進而改變了傳統由印刷、口語的文化形式，進一步對教育活動產生相當的衝擊」（楊洲松，2000：154）：

(一)學習定義重新改寫

藉由網際網路科技不受時空所限，線上的學習方式也可以導向更為適合個別化需求的學習。此種自動化、個別化、客觀化的學習型態，深受行為主義者與科技偏好者的歡迎，認為這可以將學習者從時空環境與教學者的限制中解放出來，以符合不同學生的個別需求，且使教學成為學生參與的方式，按照個人步調去探索資訊與知識，進而讓個人化學習、注重差異表現的學習變得更為便利，知識的傳遞也因而能以一種更完整生動的方式提供個別化學習的基礎。學生的學習在學校教育中主要是要獲得獲取知識的策略與程序，之後學生再去自行搜尋、選擇知識，並依照個人學習方式，自行吸收知識。數位時代中的學生面對螢幕的時間將取代面對課本與黑板的時間，學生對自己學習負責的程度也將大於當前。

(二)知識定義重新改寫

數位科技持續迅速的發展，其對於資訊與資料具有龐大複雜的貯藏能力與準確快速的處理能力，使這些資訊得以大規模移入並安置於數位系統之中獲得更好地保存並具有更多可能的可操作性。另一方面，任何無法被數位化數字而加以儲存與流通的知識，都有被淘汰的可能。如此一來，「傳統上經由心靈與智慧的內在訓練以獲得、分類、取得與開發知識的觀點，已被知識是以外在符碼方式傳遞，教師與學生則成為提供者與使用者的商業關係，知識成為並被製造為商品販售的觀點所取代。」（Lyotard, 1984: 3-6）

(三)教育定義重新改寫

數位時代中，教育活動將不僅限於學校，學習者的學習突破了時間與空間的限制；教學者與學習者間的關係與界限也不同於以往，教學者已不再僅限於教師，學習者也不再以年齡區分階段。傳統的教學方式較偏重教師單向的傳輸知識，數位時代中的學習則轉換為以學習夥伴與學習文化者

的創造,亦即學生從以往的聽受者轉而成為知識的實行者。另一方面,教師也不再是以知識的權威身分走入教室,其任務不在教學生透過教科書或課文讓學生獲得永恆不變的客觀真理,而是讓學生自行體驗其信念與價值的暫時性。

第三節 教育科技發展新趨勢及其批判

二十一世紀以來,隨著數位科技幾乎已經全面性的進占到人類生活的各個面向,教育方式也因著數位科技的便利與普及產生新型態的方式:

一、磨課師(MOOCs)與思巴課師(SPOCs)

磨課師指的是「大量開放式線上課程(Massive Open Online Courses)」,最早自2012年出現,如今已席捲全球形成風潮。MOOC一詞最早是由兩位加拿大學者Bryan Alexander與Dave Cormier提出,其後George Siemens與Steven Downes透過在加拿大Manitoba大學合授的Connectivism and Connective knowledge課程,以課堂25人及線上2,300人的方式來進行課程並獲致良好成效。另外,受到Khan Academy的激勵,史丹佛大學教授Sebastian Thrun 2011年以AI課程進行實驗,高達16萬人選課,獲得了空前的成功。之後Thrun集資成立了Udacity與以史丹佛為主的Coursera、哈佛與麻省理工學院合作的edX,此三個機構透過組織營運與校際聯盟型態的方式將MOOCS大規模地推廣開來,一般即認為2012年係MOOCs元年(劉怡甫,2014)。臺灣很快地即掌握了這樣的趨勢與潮流,教育部於2013年在逢甲大學成立了磨課師分項計劃辦公室,推出MOOCs五年計劃,並於2014年開始徵件。兩年來已經有超過40所學校,上百門課程開始運作。

磨課師的操作模式係以每一門課程教學影片規劃6-9小時為原則,每週課程包含一到數個教學單元,每個教學單元的影片以提供1個完整的學習概念為原則,每段影片長度考慮學習者專注持久力,而以5-15分鐘為宜,且影片非隨堂錄影畫面,而是以經由編排過的棚內攝影的教學影片為佳。影片上平臺後透過無遠弗屆的網際網路串聯(線上的),就可以大量

的、完全開放的將課程內容傳播出去。學習者只要簡單申請帳號註冊，就可以網際網路上線修習課程。由於是網路線上開放課程，所以學習者就可不限時限地、即時即地、非同步地進行學習。此種授課型態類似以往的遠距教學（空中大學、開放大學），但磨課師每段影片聚焦10分鐘左右長度、並以短週數以符合學生學習的生心理狀態，避免遠距課程過於冗長而提不起學生興趣與動機的問題。遠距課程通常以定時定點面授作為學生輔導與學習的輔助，並以集中式紙筆測驗作為評量，並未真正做到完全線上課程。磨課師則完全以線上評量、作業上傳、同儕線上互評等作為主要評量方式，從註冊、選課、上課、評量、認證，通通可以在線上完成，可說真正是虛擬學校概念的實現。

　　磨課師課程通常是免費的，只要註冊取得帳號密碼，運用網路就可以選修所有課程，完全省去傳統學校教育會收取的學費成本。磨課師課程的收費通常是在修完課程之後，學習者希望獲得學分認證時才會收取學分認證費；若學習者沒有認證的需求，自然無需繳交認證費用就可享受線上課程。這樣的免費課程導致了兩個狀況：首先，學習者可以自由選擇自己有興趣的課程修習，純粹為求知而修課，學習動機可大為提高，也應更具學習成效。其次，平臺公司會積極推動學校採認磨課師課程，學校採認線上課程愈多，平臺公司就可有更多收入與利潤。而推動學校採認磨課師課程也會對學校教育產生極大衝擊，因為線上課程可以認證取代實體課程，線上課程比例提高相對就排擠了實體課程的比例與教師授課時數。尤其是全球開放式的磨課師課程，名校名師名課程在線上任君選購，對於學習者的誘因相當大。但是這對於目前抱持比較封閉的、保護主義的臺灣學校教育制度而言將會是巨大的威脅。因此，目前臺灣高等校院對於磨課師還是保持比較謹慎的、小規模的、局部的認證而已。

　　雖說磨課師浪潮強不可抑，但其低完課率卻常為人所詬病。因為全部是線上的學習型態，學習者非固定時間、固定地點的進行學習，就常會中斷學習、漏課、缺課，加上評量並不具強制性，而導致完課率很低。另外，學習者於學習歷程中是否僅是「掛網」而無實際投入與參與到課程之中也令人質疑，而線上評量、同儕互評的機制是否真能測出學習成效也不

無疑問。爲了克服MOOCs的低完課率、低課程參與度與對學習成效的質疑，UC Berkley Amando Fox教授於2013年提出了小規模限制性線上課程：思巴課師（SPOCs, Small Private Online Courses）。Small意指小量的，Private意指修課者爲有限制性的校內或課程選修的學生，而非對課程外或校外開放的課程。SPOCs的上課形式多採取混成課程，亦即部分線上課程，部分課堂面授，加上選課學生係經過篩選，就能有較高的完課率，也能提高學生的課堂參與度，同時也透過課堂測驗的方式可以克服磨課師爲人所質疑的線上測驗與同儕評量等較爲不客觀的方式。磨課師發展至思巴課師其實已經接近翻轉教室的形式了（劉怡甫，2014）。

圖1　磨課師授課畫面
資料來源：作者自拍。

磨課師也可能產生一些問題值得深思：

(一)教育觀念的轉變：教育是個好事業

許多教育者對於磨課師的發展與應用抱持樂觀的看法，認爲磨課師大規模推展後，在科技「實作性」（performativity）邏輯的帶領之下，教育將會更有效能。透過數位科技的力量，尤其是與教育活動的結合，課程內

容的編制、教師的教學、學習者的學習等，都將更為精確、便利、經濟、全面、個別化與易於掌握與控制。準此，教育在科技實作性邏輯運作下將會更有效能，而依循實作性操作邏輯的思考，教育可以成為一門獲利頗豐的好產業。因為從市場的角度看來，數位化與網路化的學習內容與型態，成為一種可以不斷重複買賣且大量生產的的商品，國家、社會與個人可以省掉大筆的人事經費支出，僅需花費持續購買與升級產品內容的經費即可。在這樣的學習型態中，無論國家、政府、社會、家庭、個人與學習教材軟硬體供應商等都是贏家。

(二)教學方式的改變：教育僅剩下認知層面

　　磨課師由於全部採線上操作模式，因此課程內容著重於認知層面，提供給學習者的是知識、資訊的內容，無法就技能與情意層面提供學習者較多的學習機會，就算平臺有設立討論區、學習社群，也透過同儕評量來互評，但由於學習者無限制來源且規模龐大，線上互動者多為陌生人或少數人，亦缺乏面對面的交流與互動，師生間也不再有面對面的互動，更不可能有心靈互通的感動，也不會有楷模學習的機會，師生關係純粹就是知識商品兩端的銷售員與消費者。如此一來，學習活動會被窄化為認知層面而已，因此磨課師可以作為認知教學的一種形式，但離教育真正的精神仍有一段距離。

(三)知識指標全球化：名校名師名課程一統江湖？

　　基本上，磨課師是個資本主義教育商品化與市場化的產品，平臺公司推出磨課師課程最終目的還是希望透過全攬網路世界潛在的數以億計的學習者客戶以獲取高額利潤。因此，結盟與擴散是磨課師平臺公司極為重要的經營手段。他們會透過與各國一流大學的名師名課結盟合作以拓展教育的市場；一流大學的名師課程也樂於與其結盟，一方面可擴展與深化學校的影響力，形成國際化的高教品牌與形象，另一方面也可有創收獲利的空間。以臺灣而言，最大的磨課師平臺公司Coursera看準了中國大陸的華文圈市場，即與臺灣大學合作，推出多門名師課程，也獲得了相當的成功，捧紅了數位磨課師名師。然而，雖說磨課師會養成明星教師以成為學校的形象門面，附帶提高課程收益，但這也可能改變學校與教師間的僱傭關

係，明星教師抽取一定比例佣金似乎也天經地義。而最大的影響可能是，學科知識指標的全球化，名校、名師名課程將成為該門知識的指標。

二、翻轉教室（Flipped Classroom）

翻轉教室的理念並不新穎，早在十八世紀盧梭（Rousseau）於《愛彌爾》（Emile）當中所提出，逆轉教育主體從教師到學生其實即可視為當前翻轉教育之理念先驅。惟自愛彌爾問世迄今200餘年，以學生為主體之呼籲從無間斷，但於實務界卻仍未能扭轉教師為中心的教學型態。二十一世紀後，翻轉教室由於網際網路科技的發達，突破了受限於時間與空間的傳統課堂型態，而能進一步達成翻轉教學主客體的理想。2007年美國科羅拉多州Woodland Park高中的兩位化學老師Jonathan Bergmann與Aaron Sams透過拍攝影片並放置於網路上供學生精熟學習與補救教學之用，獲致相當成效，他們就將其稱為翻轉教室（flipped classroom）（Bergmann & Sams, 2007）。

所謂的翻轉教室、翻轉教育（flipped education）或稱翻轉學習（flipped learning），係指將學習的空間從原來占掉課堂大部分教學時間的教師講授內容轉移到學生課外的自學，將課堂時間從教師掌握解放給更多的課堂互動與討論。傳統課堂中的教師角色是個知識傳授者，其透過大都是講述的方式將知識傳遞給學生，這樣的傳統課堂即如Freire所批判的「儲存式教育」（banking education）（Freire, 1973），其假定了：1.教師教學，學生僅能被教。2.教師無所不知，學生一無所知。3.教師進行思考，學生只是被思考到的對象。4.教師發表談話，學生僅能溫馴地聽話。5.教師要求紀律，學生接受紀律。6.教師可決定並強化他的選擇，學生必須服從。7.教師採取行動，學生透過教師行動而產生自己也有行動的幻覺。8.教師選擇教學內容，學生適應內容。9.教師混淆知識權威與專業權威，且與學生自由對立。10.教師是學習過程的主體，學生僅是客體。翻轉教室則顛覆了這樣的教學型態，將學習的主動權與主體性還給了學生，教師的角色僅是個從旁協助的輔助者而已。而翻轉教室主要的操作模式有：

㈠ 學生先在家裡閱讀相關上課資料內容，這些資料目前多以數位化

方式置放於網路之中，學生就可以於課前先行透過各種數位載具閱讀，也可透過線上方式進行討論。

㈡教師則於課堂時間設計相關問題引導學生進行思考與討論（個別與分組均可），進一步讓學生能表達思考歷程與觀點。

㈢學生於課後再度閱讀或觀看教學媒材進行複習與精熟，並參與線上評量及討論，並可於下次上課時再度提問討論。

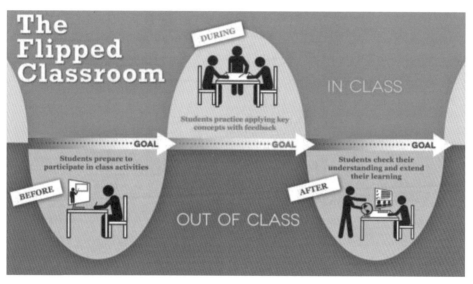

圖2　翻轉教室的模式

資料來源：http://www.jasonrhode.com/flipped-classroom-resources-from-ut-austin

透過上述學習的翻轉，真正能將以教師教學為主的學習型態翻轉為以學生學習為主體的學習型態。如此一來，也將翻轉學生認知的層次，傳統教學模式中教師主要教導學生知識來讓他們能夠達到記憶、理解與應用層次，至於分析、評鑑與創造層次則有賴學生在教師所給予的層次上自行達成。翻轉教室則翻轉了這樣的層次，記憶、理解與應用的層次是由學生在課前課外的預習先行達成，分析、評鑑與創造層次則是在課堂中由師生與同儕共同完成。

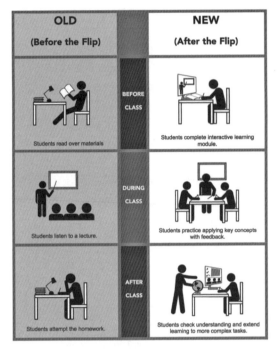

圖3 翻轉教室與傳統教室的差異

資料來源：http://www.jasonrhode.com/flipped-classroom-resources-from-ut-austin

翻轉教室則可能有以下的問題：

㈠一定要資訊科技才能翻嗎？

前已述及，「翻轉」的意涵是將學習主動權與教室的主人還給學生，這樣的觀點早從盧梭提出以迄兩百餘年，只是這波的翻轉學習主客體有了數位科技的協助而更容易操作與達成目的。雖說如此，並不代表一定要運用數位科技才能翻轉，重點是將教室還給學生，沒有「女王的教室」，只有「學生的教室」。若說教師心態未改，誤以為運用數位科技輔助教學即為翻轉，則仍未盡翻轉之精神。

㈡一定要「翻轉」才是好的教學方式嗎？

翻轉最重要的意涵是將學習權與教室的主人還給學生，教師係基於輔助的角色提供學習資源與空間。但這並不意味著所有的知識、科目、單元等都適合翻轉。教師經過專業課程設計以主導學生學習仍有其價值與功

能，換句話說，教師的角色並不是說就可忽略，甚至比起翻轉前，教師的角色更加吃重，包括教材選擇與設計、課堂規則的建立、引導學生討論與分享、評估翻轉後的學習成效等，都需要教師更加投入與付出。

(三)翻轉教室可能提升學習動機，但學習成效有待評估

翻轉教室將學習主動權交給學生，透過數位科技輔助學習，可以提升學生學習動機，但其基本假設還是在於學生能夠主動學習，倘若學生無法做到主動學習，事先並無閱讀影片材料，則到課室中無法討論、分享與發表，學習成效就會頗受質疑。另外，課堂時間用來討論、分享與發表，而將課程內容轉移由學生事先閱讀或瀏覽，則學生必須花費加倍時間在該科學習之上，學生是否領情？還是認為增加負擔？這也有賴教師課前必須與學生溝通，共同建立翻轉學習之課堂規則。

三、行動學習（Mobil Learning）

從狹義看，行動學習指的是運用行動載具所進行的學習，廣義而言，行動學習指的是運用行動載具進行的無所不在的學習。行動載具通常是手機、平板電腦、筆記型電腦等可以隨身攜帶並上網瀏覽的產品。行動學習硬體上要求穩定而迅速的網路環境，讓學習者可以順暢立即地連網並瀏覽教學資材。軟體上則倚賴龐大的網路資料庫資源，可以幫助學習者盡可能的取用所需的教學資材。透過行動學習，無限大的網際空間（cyber-space）就是課堂、網路資源就是教材、載具就是教師。與傳統教育不同處就在於，這個教師基本上不會累（除非沒電）、不會拒絕回應學生提問；這些教材內容則包羅萬象、學習者想得到的幾乎都可以提供；這間課堂無邊界的大，且持續擴大中。為推廣行動學習，教育部亦於102年開始與地方政府合作補助中小學推動行動學習，每年亦辦理公開成果發表，評選優良團隊。

行動學習具有以下的特點：

(一)學習具有簡便性

手機、平板、甚至筆記型電腦等載具，由於攜帶方便，加上網路遍布，學習者可以隨開隨看，並可連結瀏覽，隨手可得相關資料，只要有網

路與載具，就可無遠弗屆地獲取知識，並無需進入作為傳統知識中心之課室、圖書館等，也省卻了與教師、專家學者的面會對談，具有相當的便利性。

(二)學習具有即時性

行動載具的學習除受限於網路品質外，基本上隨取隨用，且除資料庫與網路資源提供之巨量資訊可資利用外，許多網站也常能提供網民即時討論與回應。對於亟欲獲知相關訊息的學習者而言，相當具有即時性。

(三)學習具有微量性

行動學習通常利用短暫的、片段的、零碎的時間進行，因此提供之學習內容不能過多、太重與複雜，而必須是少量、清晰與短時的。若是動態影片，時間最好不超過3分鐘，若是靜態資料，最好也是懶人包式的1-5個頁面即能清楚說明。量多質重的學習內容並不適合於行動學習。因此像是磨課師，若是以3分鐘影片呈現，就可形成「行動磨課師」，適合於行動學習之所需。

圖4　透過手機app觀賞行動磨課師
資料來源：作者自拍。

　　然而行動學習也可能有以下的問題：

(一)不動的行動學習

　　目前國內中小學推動行動學習的一個最大的問題可能是「不動的行動學習」，許多學校一方面因為載具不足無法全面實施，而必須分班、分組實施，載具就必須集中管理；另一方面則怕載具損壞或遺失等財產保管與歸屬問題，也就必須集中管理載具。如此一來，行動載具常常成為某間專科教室中如桌電般的不行動配備，行動學習也成為僅在某間固定專科教室中固定時間的走動而已，失去了行動學習無遠弗屆、無時無刻的行動意義，窄化了行動學習的行動為「行動載具」而已。

(二)數位文化資本的落差

　　目前行動學習載具無論是平板電腦或是智慧型手機，品質較佳者動輒上萬元，次之者也需數千元，要大規模推廣行動學習也就會產生城鄉與家庭的數位資本落差的問題。都會區教育資源較為充足、硬體設備建置較為容易，反觀偏鄉地區，教育資源不足，硬體設備落後，在追求速度與效率的行動學習中較為不利。都會區與家庭背景較佳之學生容易擁有智慧型手機可補學校硬體之不足，偏鄉與家庭背景差之學生就必須仰賴額外協助才能擁有智慧型載具。這也都成為推動行動學習的障礙。有些廠商樂於投入資源協助偏鄉學校實施行動學習，但有些載具是次級品或庫存品，並不適用；有些又綁定網站與app等，限制了行動學習的範圍。這些也都造成行動學習反而成為深化階級再製工具的因素。

(三)知識容易流於零碎片段

　　然而，此種「行為主義的烏托邦」式的學習型態最常為人所詬病的是，其學習通常會侷限於「認知」的部分，且集中於記憶性的基礎知識，對於較為高階之理解、分析、綜合、評鑑與創造等能力似乎沒有太大幫助。現代科技雖然可以多方面地應用於教育活動，但其實學習的基本歷程仍未被改變。學習者仍需要閱讀、觀察、思考、討論、練習、評量、回饋等行動或歷程。基本上，科技仍僅能算是提供這些心智活動上的協助工具之一，可以提供更為豐富與多樣的資源及選擇，但仍無法完全取代教育活動。

第四節 關於科技與教育的哲學思考

　　整體而言，由於科技形塑的進步、創新與效率的形象，使得教育對於科技的進用是相當熱衷、樂觀，甚至是毫不加任何批判的「融入」。的確，透過融入與應用科技於教育制度的運作、教育內容的編制、教師的教學、學生的學習、知識的保存及傳遞等面向，都將使得教育活動可以更為精確、便利、經濟、全面、個別、效率且易於控制。然而，這樣樂觀而不加批判的觀點幾乎都是將科技視為是一種價值中立的「工具主義」（instrumentalism），其關注的是教育「怎樣做？」（how to do?）而忘了去問教育「是甚麼？」（what is being?）的問題。

　　Plato在〈斐德羅斯〉（Phaedrus）篇中提到了一個關於埃及法老塔姆斯（Thamus）的故事正可以隱喻出這樣的問題意識：

> 有一次塔姆斯款待特烏斯（Theuth）神。特烏斯發明了很多東西，包括數字、算數、幾何、天文，最重要的是發明了文字。他向塔姆斯炫耀這些發明，主張將這些技藝傳授給埃及人。塔姆斯問特烏斯這些技藝有何作用？特烏斯就一一加以解釋，當提到文字時，特姆斯說道：「文字會增強埃及人的智慧，強化他們的記憶。毫無疑問，我找到了改善記憶和智慧的保證書。」但是塔姆斯不以為然，他認為：「……你是文字之父，你喜愛自己的孩子，所以你將文字的利弊和他的實際功能搞顛倒了。識文斷字的人可能不再利用記憶，可能成為健忘的人；他們會依賴文字，用外在的符號幫助自己回憶，而不再依靠內在的資源幫助自己回憶。你發現的只是幫助回憶，而不是促進記憶力的保證書。至於智慧，你的弟子可能虛有其名、名不符實；他們接受的是大量的資訊，而不是老師的真傳；結果，人們認為他們知識廣博，然而實際上他們多半很無知。由於他們自負張狂，自以為有智慧而不是真有智慧，他們就會成為社會的負擔。」（轉引自：何道寬譯，2010：1-2）

　　從科技與教育關聯的角度看，這個故事有兩個重點：（楊洲松，2013：168）

　　一、科技總有其正、負面效應，或是如Ihde所說的「擴增／縮減」效應。即如作為科技產品一種的書寫文字，其雖然可「器官投射」作為言說的延伸與固定，但同時人們也自我閹割了記憶這個內部官能；

　　二、教育活動是師生間的對話，而不僅僅是提供科技媒材（文字材料）而已，這些科技媒材可以協助學生廣博知識，但卻無法形成智慧，智慧需要師生間的互動對話，也需要時間與經驗的淬鍊，科技無法一蹴可幾地加以完備。

　　換句話說，科技的發明與進展或許可以協助教育手段與工具的改良，但是有關教育目的的思考仍需要「實踐智慧」（phonèsis）。不加批判的科技應用帶來的是工具理性的膨脹與目的理性的消融，手段之效率性與績效性的考量會凌駕了目的的合理性思考，而形成了如Heidegger（1966）所謂「計算型思維」（calculative thinking）。在這樣的計算型思維型態之中，教育遺忘了它的真實存有目的與面貌，而被科技框架地化約為「技能的學習」與「職業的訓練」，也成為僅為達成「績效責任」與追求「效率」的工具而已。然而，「如何使教育更有效率？」其實是手段的問題，而不是目的的問題。「教育的目的為何？」的追問應該優位於「教育的手段為何？」的發問。換句話說，在教育目的的本質性思考中，工具理性不應該優先於目的理性，目的理性不應讓位於工具理性。只有先釐清了教育目的為何之後，才能根據目的選擇最適當的教育手段與工具（楊洲松，2013：169）。

　　Heidegger的學生，美國科技哲學家兼教育學者Feenberg就警告：那些樂觀地認為科技化教育後將可取消教師的觀點是混淆了基本媒介與輔助強化工具之間的差別，師生的言語互動是課堂中的基本媒介，教育科技則是輔助與強化的工具（韓連慶、曹觀法譯，2005：157）。準此，最好的教育圖像應該是：教師運用實踐智慧負責管理教室中複雜與不可預期的溝通歷程，而資料則透過科技來展示、傳遞與保存。同時作為教育學者與媒體學者Postman就曾警惕世人必須保持警醒地對抗撲天蓋地而來的科技壟斷。

他也知道，要完全棄絕科技的滲透是不可能的，但人們可以堅持人文主義的精神，回歸人文、神聖、宗教、傳統，而這進一步地必須在教育上有所回應，也就是回歸到人文主義教育的精神。這樣的人文主義教育重視文化傳統與理性知識，強調道德倫理與教養陶冶（何道寬譯，2010：217-218）。

第五節 結語

科技在今日已經廣泛且深入地圍繞與滲透了人們的生活世界，甚至人們均以自然態度身處科技環境中而不自覺。當然，教育領域也無所逃於科技框架之間。尤其某種程度在產官學的共謀之下，教育科技化被美化與包裝成一套代表著文明、進步與效率的意識型態，進而強求整個教育界進入科技的「框架」之中，以遂行科技的效能性邏輯。但即如本文前述，科技應該是作為達到教育目的的手段與作用，不應反過來成為宰制人性的工具體系。準此，本文批判性地檢視了當前幾種重要的科技化教育型態如磨課師、翻轉教室與行動學習等，主張教育活動不可迷失於美化科技的工具理性之中，而必須回歸樸質的教育核心與目的的思考。

參考書目

一、中文部分

何道寬譯（2010），Postman, N.著。**科技奴隸**。臺北：博雅書屋。

楊洲松（2000）。**後現代知識論述與教育**。臺北：師苑。

楊洲松（2013）。**Epimetheus的過失與Prometheus的救贖——科技的哲學思考與教育**。臺北：學富。

劉怡甫（2014）。從anti-MOOC風潮談MOOCs轉型與SPOCs擅場。**評鑑雙月刊**，**48**期。

韓連慶、曹觀法譯（2005），Feenberg, A.著。**批判技術理論**。北京：北京大學出版社。

二、英文部分

Bergmann, J. & Sams, A. (2012). *Flip your classroom: Reach every student in every class day*. N. Y.: ISTE/ASCD.

Freire, P. (1973). *Education for critical consciousness*. New York: Continuum.

Heidegger, M. (1966). *Discourse on Thinking*. Translated by John M. Anderson and E. Hans Freund, New York : Harper & Row.

Lyotard, J.-F. (1984). *The Postmodern condition: a report on knowledge*. Minneapolis: University of Minnesota Press.

Postman, N. (1982). *The Disappearance of Childhood*. Vintage Books.

延伸閱讀

何道寬譯（2010），Postman, N.著。**科技奴隸**。臺北：博雅書屋。

周愚文（2003）。「匱乏時代的教育：從海德格角度探討現代科技時代的教育問題」述評。載於林逢祺、洪仁進主編：**教育哲學述評**。pp.377-408。臺北：師苑。

楊洲松（2013）。**Epimetheus的過失與Prometheus的救贖**——科技的哲學思考與教育。臺北：學富文化。

楊雅婷譯（2003），Buckingham, D.著。**童年之死：在電子媒體時代下長大的兒童**。臺北：巨流。

蕭昭君譯（2007），Postman, N.著。**童年的消逝**。臺北：遠流。

陳柏年

宗教與教育

觀自在菩薩，行深般若波羅蜜多時，照見五蘊皆空，度一切苦厄，
舍利子，色不異空，空不異色，色即是空，空即是色，受想行識，
亦復如是。

舍利子，是諸法空相，不生不滅，不垢不淨，不增不減，是故空
中，無色，無受想行識，無眼耳鼻舌身意，無色聲香味觸法，無眼
界，乃至無意識界，無無明，亦無無明盡，乃至無老死亦無老死
盡，無苦集滅道，無智亦無德，已無所得故。

菩提薩埵，依般若波羅蜜多故，心無罣礙，無罣礙故，無有恐怖，
遠離顛倒夢想，究竟涅槃三世諸佛，依般若波羅蜜多故，得阿耨多
羅三藐三菩提。

故知般若波羅蜜多，是大神咒，是大明咒，是無上咒，是無等等
咒，能除一切苦，真實不虛，故說般若波羅蜜多咒，即說咒曰，揭
諦揭諦，波羅揭諦，波羅僧揭諦，菩提薩婆訶。

《摩訶般若波羅蜜多心經》

靈裏貧窮的人有福了，因爲天國是屬於他們的。
哀慟的人有福了，因爲他們必得安慰。
溫柔的人有福了，因爲他們必承受地土。
飢渴慕義的人有福了，因爲他們必得飽足。
憐恤人的人有福了，因爲他們必蒙憐恤。
清心的人有福了，因爲他們必得見　神。
使人和睦的人有福了，因爲他們必稱爲　神的兒子。
爲義受逼迫的人有福了，因爲天國是屬於他們的。

《聖經：馬太福音5:3-10》

前言

從遠古以來，人類在面臨大自然生存的挑戰，產生生活的困頓與環境
的適應，不可能不對已知經驗進行思考以及未知世界評估，並且透

過象徵來表現對自然界的敬畏與恐懼。這種影響人類生活超自然的領域、就是宗教。當然，人類同時期待藉由宗教給予自身力量並且解決上述所面臨的問題。

從哲學人類學的角度來看，人類天生即賦有探索真理、追求永恆之宗教情操。而此宗教情操則需透過「宗教教育」予以培養與啟發。「宗教教育」不僅為宗教知識的教導，更是能進一步幫助每一個人能親自發現並親身體驗自己生命的獨特意義與豐富潛能。

在人類歷史中，法律、政治、道德、禮儀、習俗與藝術等等人類思想形成上，無不受到宗教之深遠的影響。然而，臺灣於教育制度中，「宗教教育」卻是異常的封閉。這對於後現代多元文化思潮下的臺灣來說無疑是一大挑戰。

本章主軸論點是「宗教與教育」。首先，先從宗教的基本概念出發，再討論五大宗教，然後從生命教育與全人教育的角度談宗教教育，之後討論有關宗教爭議事件，最後以「宗教教育」在學校制度實施的必要性為結語。

第一節　宗教的基本概念

一、宗教的起源

宗教的起源可以分成三個角度來看：

(一)從人類生存的心理歷程來看

從人類生命的過程來看，個人生命是有限的存在。身體從出生、成長、衰老到死亡，沒有人可以躲避生命的歷程。唯一的差別在於我們每一個人對待生命的態度與生活的方式不同而已。不論是任何不同生命的態度與生活的方式，甚至加上各種天災人禍所產生的苦難折磨，其實在有限的生命中，我們也意識到生命一代一代的延續以面對真實生命的觀念。

生命的歷程是從出生到死亡。馬丁·海德格（Martin Heidegger, 1889-1976）從日常性（everydayness）來分析「向死的存在」（being-towardsdeath）。海德格認爲，人在有限性與生命的延續性的衝突中知道，人一生下來就朝著死亡的方向前進。這是一個實存的客觀事實，沒有人會懷疑這一點。只是多數人會有意識或無意識的忽略這個存在向度，以致沒有察覺「死亡」就是我們「存在」的一部分。海德格認爲每一存在的終局皆有不可替代性（江麗美譯，1997）。艾伯特·史懷哲（Albert Schweitzer, 1875-1965）認爲，「倫理本身就是要無限延伸所有生命的責任。」敬重他人有如敬重自己一樣，這是道德的基本原則。維持並尊重生命是善，破壞或阻止生命是惡。因爲生命是神聖的（江麗美譯，1997）。

　　個人透過生命的歷程，加上可能遭遇各種天災人禍來探討宗教的起源時，便會發現，個人在心理歷程的情感層面上而言，並非無法理解苦難的存在，而更是滿足個人情感上消除苦難的需求以及進一步能昇華苦難的意義。因此，個人在面對生命存在與延續的過程中，對於存在的意義與苦難的承受，是非常需要一個合理的解釋與心靈支持的力量。當我們在探究人生的終極問題時，宗教就因此產生了。

(二)從人類社會的角度來看

　　宗教是人類流傳已久的文化傳統。宗教藉著超自然的力量，界定了社會是非善惡的倫理道德規範。這些倫理道德規範是神聖而且絕對的。涂爾幹（Émile Durkheim, 1858-1917）在《宗教生活的基本形式》（*The Elementary Forms of Religicus Life*）中指出，宗教鼓勵遵守規範者，而懲罰違反規範者。透過教義的價值規範，社會接受宗教的道德約束力。如此，可減少不同於主流社會的偏差行爲之社會成員；更甚者，宗教也扮演著救贖的角色，積極地將上述偏差行爲者再次整合於社會團體中。人類的集體生活因之而獲得的穩定，情緒也獲得了安全感。

　　宗教並且對信徒提供了社會認同。個人認同宗教本身的價值功能與生活目標；而且透過定期聚會或重要儀式而認同社會團體，產生明顯的宗教行爲；宗教使信徒在長久的生活形態中以及寄望無限的未來中，得到對於群體共同目標的認同感。此認同感會使自我重新界定存在的意義，也可以促進團體的凝固力，使得個人獲得團體的認同感。當我們在探究社會控制與集體認同感問題時，宗教就因此產生了。

㈢從超越的角度來看

當我們面對浩瀚的宇宙時，我們會提出討論：「宇宙本質到底是什麼？」「宇宙是如何開始的？如何結束的？」「宇宙有沒有盡頭？如果有，盡頭之外又是什麼？」同樣的，當我們面對我們自己生命的存在時，我們也會提出討論：「生命存在的本質到底是什麼？」「生命存在的形式到底是物質還是靈魂？」「當人死後，靈魂是否仍然存在？」「如果人死後，靈魂仍然存在，那是以什麼樣的存在形式存在？」以上所提出的種種問題，到底是宇宙與人類的奧祕問題，還是人類語言思考的限制？

不論如何，上述問題，我們可以從神話故事、歷史演化、自然科學、社會科學、人類學、哲學或是宗教來獲得說明。除了宗教之外，大部分的說明可能是為了知識上的獲取以滿足人類對於「真」的追求的好奇心；也可能是提供維持人類社會運作之「善」的和諧；也可能是提供文學、戲劇或藝術等靈感之「美」的昇華。而宗教的說明當然也可能是提供對於「真」的追求、「善」的和諧以及「美」的昇華，但也更可能是提供心靈消除苦難、追求平靜、喜樂與永恆福祉之對於「聖」的超越。當我們在探究對於「聖」的超越時，宗教就因此產生了。

二、宗教的字義

在中文中的「宗教」，「宗」在《說文解字》指出：「宗者，尊祖廟也，以宀從示。」「示」表示上天垂下徵象，向求告者顯示吉象或凶象。人類向外觀察宇宙天象，藉以推測時世與人間的變化。是以「示」是神祇的事。所有與「神祇」相關的字，都採用「示」作邊旁。「教」在《說文解字》指出：「教，上所施，下所效也。」「教」，表示上位者所給予的知識、政令、制度、道德等方面的人文教化，而下位者要學習效法的。不過，「宗教」一聯綴詞最先見於佛經。佛經《續傳燈錄》：「吾住山久，無補宗教，敢以院事累君。」這裡的「宗教」指崇敬佛陀與佛法，如四聖諦八正道，以及對其弟子的教誨，如佈施、持戒、忍辱、精進、禪定、智慧。

英文中的宗教「religion」，由拉丁語「religio」而來，含有神與人結

合之意。其語源動詞是「religare」，含有「結合」之意，引伸為人與神結合，有人對神聖的信仰和崇拜，進而人與神之間的結合修好。所以，「religion」表示對於超自然的事物之未知，引起情緒上的不安、恐懼與敬畏，而對與神（超自然）的專注重視、嚴肅思考及深度結合之意。就廣義而言，「religion」更指出感情的表現、教義的理解、信仰的堅持、禮儀的執行、完美的共融以及團體的共修。換句話說，廣義的「religion」是指情緒生起不安、恐懼與敬畏而行為上有尊崇、臣服、共融與歸依等；進而實行禮拜、祈禱、祭祀、靜坐、冥想等之儀禮，將信條、戒律等列為日常生活之規範，以期望向上發展安心立命及理想完美的人格。

三、宗教的定義

在敘述宗教的字義後，以下將舉出四類不同學者對於宗教的看法與宗教對於人類意義的關係：

(一)以完美實體與超自然力量為中心之定義

1. 馬克斯‧穆勒（Friedrich Max Muller, 1823-1900）

人類對於無限存在實體的信仰。

2. 愛德華‧泰勒（Edward Burnett Tylor, 1832-1917）

人類對於精神實體的信仰。

3. 佛雷澤（James George Frazer, 1854-1941）

人類通過儀式向主宰自然與人類的超自然力量和超人間權威力量加以討好並祈求和解的一種手段。

4. 施米特（Wilhelm Schmidt, 1868-1954）

人類對於屬於一個或多個超人間具有人格神的神的知覺。

(二)以個人體驗為中心之定義

1. 施賴爾（M. Schleier, 1768-1834）

宗教的本質在於人對於上帝的絕對依賴感。

2. 威廉‧詹姆斯（William James, 1842-1910）

個人對於神聖對象的感情和體驗。

3. 佛洛依德（S. Freud, 1856-1939）

教宗是用心理的現實來代替實在的現實，以求尋心理補償的平衡。

4. 麥克塔格特（John McTaggart, 1866-1925）

宗教是人追求與宇宙和諧的一種情感。

5. 魯道夫‧奧托（Rudolf Otto, 1869-1937）

個人對於神聖既畏又嚮往的感情交織。

6. 湯恩比（A. Toynbee, 1889-1975）

宗教是一種人生態度。

7. 約翰‧麥奎立（John Macquarie, 1919-2007）

存在本身對於人的觸及，以及人對此觸及的反應。

(三)以社會功能為中心之定義

1. 馬克思（Karl Marx, 1818-1883）

宗教是人的異化，是人主體的喪失。因此，宗教是人民的鴉片。

2. 涂爾幹（Emile Durkheim, 1858-1917）

宗教的基礎是社會的需要，神聖無非是社會本身。宗教中的一切，都是由社會需要決定。社會生活的內容可以分成神聖與世俗兩種。宗教所涉及的是與神聖生活的內容有關的。所以，宗教必須包含神聖事物、信仰教義、儀式行為與信徒團體等基本要素。

3. 彌爾頓‧英格（Milton Ying, 1916-）

信仰與實踐的體系，社群能藉之面對死亡時拒絕向死亡投降。

4. 江斯頓（Ronald L. Johnstone）

在宗教社會學研究中，宗教是一群人藉以解釋他們認為超自然和神聖的事物與現象，並且對此事物與現象反應的一套信仰行為體系。

5. 岸本英夫（Kishimoto Hideo, 1903-1964）

宗教是人們生活的最終目的，人生問題最後藉著宗教才能解決。

(四)哲學家的定義

1. 洛克（John Locke, 1632-1704）

宗教即是人類對上帝的順從。

2. 休謨（David Hume, 1711-1776）

宗教的正當職務在於規範人心，使人的行為人道化，灌輸節制、秩序

和服從的精神。

3. 康德（Immanuel Kant, 1724-1804）

宗教是對道德原則的締造者的敬畏。宗教是承認我們的倫理義務爲神聖的律則。

4. 費希特（J. G. Fichte, 1762-1814）

宗教是相信一種道德的世界秩序或相信善的事業的成功。宗教是神聖的原則、善的原則和美的原則，在一種和諧的情感中的緊密結合的共同所有物。

5. 謝林（F. Schelling, 1775-1854）

宗教是一種全身心投入的激情中所引發的，在有限的現象中對無限者的直觀或有限者與無限者的結合。

6. 黑格爾（G. W. F. Hegel, 1770-1831）

宗教應該是完全的自由，聖靈透過有限的精神而變成不折不扣的自我意識。

7. 史賓賽（H. Spences, 1820-1903）

宗教是對於超越人類知識的某種力量的信仰。

8.布萊德雷（F. Bradley, 1846-1924）

宗教是在人之存在的每一個面向中，體顯善之全貌。

9. 保羅‧田立克（Paul Tillich, 1886-1965）

宗教所關切的是超越世俗關懷的終極關懷。

由上述的定義說明，不同領域的學者對於「宗教」的看法上的歧義相差非常大。不過，上文所引對於提供宗教教育的討論確是提供了對比的角度來討論宗教的定義。舉例來說，同樣從社會功能的角度來看，馬克思認爲「宗教是人民的鴉片」；而彌爾頓‧英格認爲「宗教可以使得社群能藉之面對死亡時拒絕向死亡投降」。字裡行間，兩位社會學家都承認宗教的所帶來的社會功能。但是，在本質上，馬克思認爲「宗教是人的異化，是人主體的喪失」；而彌爾頓‧英格認爲「宗教是信仰與實踐的體系」。從相似的「功能」推論到不同的「本質」的結論，在宗教教育討論「宗教定義」的過程中，可以進一步提供批判思考的素材來再討論「宗教定義」。

第二節　五大宗教簡介

　　本節簡介世界五大宗教：猶太教、基督教、伊斯蘭教、印度教以及佛教。由於宗教的定義十分分歧，以下主要從構成宗教的十個角度之五個側面加以討論（傅偉勳，1993）：開創人格（personality）、基本聖典（basic scriptures）、終極關懷（ultimate concern）、終極眞實（ultimate reality）以及解脫進路（means of liberation），簡介宗教。

一、猶太教（Judaism）

　　猶太教是世界三大一神信仰（猶太教、基督教伊與伊斯蘭教）中，最早而且最古老的宗教，也是猶太民族（the Jews）的生活方式及信仰。在西元前1800年，西亞地區的遊牧民族希伯來人中，一名亞伯拉罕（Abraham）的人確立了一神崇拜而爲猶太教奠定了基礎。在西元前1300年，摩西（Moses）在西乃山領受上帝賜予的律法——十誡，並確認猶太人和上帝之間的成文的契約關係，通過實行神的誡命可以接近神而進一步成聖。

　　猶太教的主要律法與教義有三。第一部是來自《希伯來聖經》（Hebrew Bible），尤其重要的前五卷書，又稱爲《托拉》（Torah）。是這是一個信仰體系，也是道德體系。同時是這個猶太民族的精神支柱與行爲指南。第二部是《塔木德》（Talmud），它對《托拉》及猶太教經文中的「613條誡律」逐條詳盡解釋。第三部是《米德拉什》（Midrash），是評注式著作與需要因時因地制宜的闡釋。但也由於編纂年代和地域的不同，常常出現交叉評與相互包容注現象。

　　猶太教宣稱：獨一無二的上帝創造並主宰宇宙及一切受造之物、律法爲上帝向摩西所傳並無更改、上帝洞察世人一切思想行爲並予遵守律法者獎賞而對踐踏律法者懲罰、救主彌賽亞必將降臨。因爲上帝按照祂的形象造人，所以人都應該要行公義，好憐憫且有尊嚴對待他人同時受到他人尊敬地對待。猶太人虔誠祈禱、遵行律法以及努力學習來侍奉上帝。

二、基督教（Christianity）

基督教是信仰耶穌基督爲救世主的一神論教。由於部分教義《舊約聖經》（*Old Testament*）源流自猶太教，因而與猶太教及伊斯蘭教被認爲是亞伯拉罕宗教之一，稱之爲「三教同源」。基督教認爲耶穌（Jesus）基督在道成肉身之前參與了創造世界。耶穌大約生於西元前4年，在加利利拿撒勒長大，他從三十歲開始傳道，最後在西元33年左右，被審判而釘死在十字架上。其後復活和升天。耶穌被釘死在十字架並復活和升天的信仰，構成了基督教信仰的基石。

耶穌強調自己不是爲了廢除猶太教律法《十誡》和先知，而是完成及完善，所以基督教的戒律是在原有的猶太教律法框架中補充而來。

基督教聖典爲《聖經》（*Bible*），分成《舊約聖經》（*Old Testament*）與《新約聖經》（*New Testament*）。《舊約聖經》即是猶太教的《希伯來聖經》。《新約聖經》是耶穌由耶穌的門徒寫成，內容有福音書、使徒行傳、使徒書信、啓示錄等27卷書。不過，猶太教並不承認新約，也只相信耶穌是一個先知。

基督教宣稱：耶穌所宣傳的是天國福音。耶穌爲了救贖人類的原罪，透過犧牲自己被釘死在十字架上，而爲人類的救主（即基督），而後耶穌復活、升天以及基督再臨、末日審判，使已經死去的虔誠信徒，從死裡復活，獲得永生等等神學思想。上帝對人的愛是透過耶穌的言行，藉以洗滌人類的原罪和救贖靈魂。因此，耶穌強調誡命中最重要的兩條，首要就是要盡心、盡性、盡意、盡力的愛自己的主。其次就是要愛人如己的對待其他人。這兩條誡命是基督教律法和先知一切道理的總綱，也是最根本的宗教價值觀。

三、伊斯蘭教（Islam）

伊斯蘭教和猶太教以及基督教同屬亞伯拉罕宗教；其歷史均可追溯至亞伯拉罕時期。三教都確認聖經舊約部分的正確性。猶太教對新約不予承認，認爲彌賽亞還未降臨。而基督教相信耶穌爲神的兒子，在舊約裡提及

的彌賽亞是耶穌基督，新約是上帝與人們重新訂立的約。

伊斯蘭教認爲與亞伯拉罕、摩西、耶穌和穆罕默德（Muhammad, 570-632）都是先知。但穆罕默德爲「封印至聖」（the seal of prophet），所以，新舊聖經的不同處一律要以上帝最後賜予穆罕默德的《古蘭經》（Quran）爲準。伊斯蘭教認爲《古蘭經》涵蓋了神完整且完善的啓示和旨意。全書分爲114章：主要論及宗教話題以及社會規範及道德事項。穆斯林法學家在詮釋《古蘭經》的時候，會參考聖訓或穆罕默德的生平紀錄作爲補充。

伊斯蘭教宣稱：伊斯蘭教的教義主要包括信仰和實踐兩個部分。理論部分包括六大信仰，即：信眞主、信天使、信聖典、信先知、信末世、信前定。實踐部分包括每日實踐五大支柱（五功）即：誦念「清眞言」、禮拜、齋戒、天課、朝覲。此五功爲伊斯蘭教徒必須遵行的善功和五項宗教功課。五功是伊斯蘭教教徒每日生活和規誡的基本律則。每日成功而完滿的遵守五功就符合了眞主阿拉的旨意。所以，五功是伊斯蘭教教徒救贖希望的基礎，也是對眞主阿拉的認知和信心。

四、印度教（Hinduism）

印度教是現存最古老的宗教之一。它最早的聖典追溯到西元前1500年。印度教的聖典包括《吠陀經》（Vedas）、《奧義書》（Upanishads）、《羅摩衍那》（Ramayana）和《摩呵婆羅多》（Mahabharata）以及後來的《薄伽梵歌》（Bhagavad Gita）。這些著作中包含讚美詩、咒語、儀式、哲學、詩詞、神話、歷史和故事。

印度教也是最多樣和複雜的宗教，有數不清的神明。印度教指的是存在於印度本土上的宗教、文化、習俗和哲學的綜合稱謂。它的信仰、哲學、倫理觀點等等有著各自相異的信仰和實踐，這信仰和實踐複雜多樣，甚至相互矛盾。印度教教徒接受這種綜合性的矛盾。不過，多樣性的印度教也有一個共識——永恆而且普遍的，非人格也不可被認知的「神」——大梵（Brahman）。大梵以三種不同形式存在：梵天（Brahma）——造物神；毗瑟挐（Vishnu）——守護神；和濕婆（Shiva）——毀滅神。

印度教的共識教義；印度教認為大梵是一切，人之靈魂真我（Atman）完全與大梵同等。印度教教徒的終極目標是與梵天合一（Union with Brahman），這種自由叫做「解脫」（Moksha）。在得到解脫之前，所有存在物都必須此虛幻世界（Maya）中經歷輪迴（Samsara）。一個人如何轉世取決於業力（Karma）之因果報應。一個人過去、現在和將來的行為與思想，都包括在內。人死後，真我會再以另一身體輪迴到世上。因此，古印度社會分化成了從事祭祀婆羅門，世襲軍政的剎帝利，經營工農商業的吠舍，從事更為低賤的職業首陀羅等四種非常不平等的階級，稱為種姓制度。所有人皆因業力而在種姓制度輪迴，除非永恆的解脫。印度教基本上有三種徑路求解脫，第一是知識瑜伽（Jnana yoga）。人要意識到能與大梵同一，才能解脫；第二是業力瑜伽（karma yoga）。人要積極入世的行動達致功德圓滿，才能解脫；第三是虔誠瑜伽（bhakti yoga）。人要無限虔誠的獻身於神明，才能解脫。

五、佛教（Buddhism）

佛教大約在西元前六世紀，起源於古印度迦毘羅衛國（現在的尼泊爾）的太子悉達多·喬達摩（佛號釋迦牟尼佛）對於佛弟子所開示的教導。因為當時的社會分工、經濟條件與文化教育等的長期巨大差異漸漸分化成了四種非常不平等的種姓制度階級。

悉達多·喬達摩沉思為何人類沉淪於常苦之中並且不斷的輪迴生死。喬達摩所悟到的道理裡，重視人類心靈和道德的進步和覺悟，看透生命和宇宙的真相，最終超越生死和苦、斷盡一切煩惱，得到究竟解脫—成佛。「佛陀」簡稱「佛」字義是「覺者」，意即「斷除無明覺悟真理的人」。

佛教經典用來泛指包括了經藏、律藏、論藏的《大藏經》。「經藏」記載釋迦牟尼諸弟子所傳述的釋迦佛在世時的說教。「律藏」記載佛教僧侶教團的戒律。「論藏」記載對於佛教教義的解說。

佛教的基本教義；佛教信仰體系的基本要素，除了接受古印度輪迴與業力的思想，四聖諦、八正道是最為重要的教義。第一諦：苦諦，世間的萬物都是變化不定的，這就是「苦」又叫做「無常」。第二諦：集諦，

人生在世生老病死樂悲不斷生成變化消失；若執著於留樂去悲，則苦因欲集，而不斷輪迴。第三諦：滅諦，有情眾生要想從苦中徹底的解脫出來只有脫離輪迴，則止因欲滅。第四諦：道諦，可通過八正道真正解脫——涅槃。八正道為正見、正思、正語、正命、正業、正勤、正念和正定。

六、構成宗教的角度的討論

在本節，提出宗教的五個側面——開創人格、基本聖典、終極關懷、終極真實以及解脫進路（傅偉勳，1993），以討論宗教。而在本文最開始，也引《心經》共260字。

《心經》是大乘佛教流傳最廣，而且大家也最有印象的一部簡短的經文。《心經》的主旨是討論法的根源，法界真相本心之體性。換句話說，《心經》是從形上學的角度探討終極真實的現象與本體，然後進一步點出大乘佛教的解脫進路。

另舉一例——基督教的《登山寶訓》。

靈裏貧窮的人有福了，因為天國是屬於他們的。

哀慟的人有福了，因為他們必得安慰。

溫柔的人有福了，因為他們必承受地土。

飢渴慕義的人有福了，因為他們必得飽足。

憐恤人的人有福了，因為他們必蒙憐恤。

清心的人有福了，因為他們必得見　神。

使人和睦的人有福了，因為他們必稱為　神的兒子。

為義受逼迫的人有福了，因為天國是屬於他們的。

《聖經：馬太福音 5:3-10》

《登山寶訓》是耶穌最著名的傳道演講。其中的金句受世界各地的人們銘記和傳誦。《登山寶訓》的主旨是討論人的主動態度與可見行動的道德行為。換句話說，《登山寶訓》是從倫理學的道德角度探討宗教的終極關懷，然後進一步點出基督教的解脫進路。

　　上述佛教的《心經》的終極眞實與基督教的《登山寶訓》的終極關懷的終極性（ultimacy）基本上與下列的核心觀念關係密切——起源（origins）、深度（depth）、整體性（totality）、價值（value）與關係性（relationship）（Phenix, 1959）。而這些核心觀念正是我們在「宗教教育」關注的核心問題——「生命的意義何在？」的展開。

第三節　從生命教育與全人教育談宗教教育

一、從生命教育角度討論宗教教育

　　近年來，生命教育（Life Education）的理論被廣泛討論；同時，國內各級學校在生命教育的實施，已愈來愈受到重視。首先在國小、國中部分，大致上皆以融入課程的體驗活動方式在進行生命教育理念的推動，以達成潛移默化的學習；其次，在高中的階段，教育部也已將「生命教育」列入正式的選修課程。國內大專院校中，也愈來愈多的學校，陸續開設出「生命教育」的相關課程。也就是生命教育的實施與推動，甚至於在各級學校與許多教育工作者中，已然形成某種重視生命教育的共識。

　　生命教育之課程內涵可分爲五大向度：(1)人與自己：教導學生建立自我概念，肯定自我的價值並協助學生培養正確的人生觀。(2)人與他人：教導學生了解人與人之間的倫理關係，以創造人際之間和諧的關係。(3)人與自然：培養學生民胞物與及尊重生命的態度，以維持一個永續生存的生存環境。(4)人與社會：培養學生從學習工作中獲得意義，並了解個人的特質與社會關係互動的情形。(5)人與宇宙：引導學生思考宇宙的奧秘與人的生死問題，並能以宏觀的視野去審視人類存在的意義與價值（張淑美，2000）。

　　尤其是(5)人與宇宙的向度，這樣的問題已經涉入宗教領域，也更是(1)(2)(3)(4)向度的人生根本課題。孫效智（2006）認爲生命教育應該協助學生探索生命的意義、珍惜生命的價值、熱愛個人獨特的生命、實踐天地人我共融共存的和諧關係。孫效智（2007）強調人認識世界的主要工具是

理性與經驗。不過，理性與經驗很難以超越現實人生的方式來觀照宇宙的奧秘與人的生死問題。從某種角度講，純粹依靠理性與經驗的死亡面對或意義探索恐怕若不是徒然無功，便至少是無法窺其全貌的。這就涉及到了人認識世界的另一重要方式——宗教信仰。

　　世界各大宗教，如上節所討論，都提出有關終極實體（ultimate reality）的智慧或啓示，亦提供人如何邁向終極目標（ultimate goal of life）的聖境的途徑。宗教學家田立克（Paul Tillich, 1994）在《信仰的原動力》所強調的終極關懷（ultimate concern），即是探討什麼是人生的終極關懷？探討人生命存續的終極意義？人又如何發展及肯定屬於他自己的存續的終極意義？傅偉勳（1993）也認爲當依此超越世俗的終極關懷時，人即開始涉及高度精神的宗教探索有關如何獲得終極實體的途徑與答案，當作安身立命的精神本源。

二、從全人教育角度討論宗教教育

　　全人（holistic person）一詞的根源來自於希臘文（holo）字源。在古代希臘的形上學思辨中，對於靜態之實物（things），所有部分之總和就等於整體。然而，對於動態之人（person），所有部分之總和卻不等於整體。換句話說，全人的「全」（holo）就是把所有的部分集合在一起再加上確實存在卻不在個別部分當中之功能，而將之加以整合的意思。

　　全人教育（holistic education）就字面意義而言，就是說教育的內涵應該包含對完整的人的培育（cultivation of the whole person），其目的是幫助個人建立整合的人格（an integrated personality），其中不能單單只強調某些向度。

　　當代教育學者米勒（Miller, 1990）在他的全人典範（holistic paradigm）理念中指出，所謂全人觀點，本質上是心智（mind）與身體（body）的整合，靈性（spirit）與物質（matter）的互動。不過，米勒強調，在心智與身體的整合是心智指揮身體；在靈性與物質的互動是靈性優於物質。因此，米勒主張全人觀點是指人能夠發揮內在特質（心智）以及外在條件（身體），而能達到理性的、人文的、道德的、精神的、靈性的等發展的

自我實現。這正是全人教育的教育哲學基本理念。

　　尤其是有關人在精神的（of spirit）與靈性的（of soul）之發展，這樣的發展也已經涉入宗教領域。也就是說，人應該尊重生命，對生命存在的奇妙抱持虔敬尊重的態度，而進一步，這些態度可以轉化為一種虔敬上帝與尊重靈魂的宗教情操（religious sentimental）。因此，全人教育的終極理想應該加上幫助人認識人所處的時代的特性與所面臨的問題，幫助人了解人之所以為人等之涉及永恆的問題。在這當中牽涉的就是人的靈性層面的世界觀（spiritual worldview）：包括了生命意義、生存價值與永恆存在。正因為人類會思索生命的源頭與生命的終極，所以人有必要進入自我靈性層面去認識並體驗終極關懷的問題。

三、以美國宗教教育的發展史討論宗教教育

　　美國的宗教教育的實踐其實正是從政教合一開始，而後擺脫宗教影響而逐漸走向政教分離的世俗化教育，再而後走向互動的關係的過程。

　　在歐洲，英國清教徒（Puritan）為了逃避英國國教派（Anglican）的政治和宗教迫害，橫跨大西洋到美洲大陸追求政治與信仰自由（Spring, 1994）。此時期的移民者主要關心的是如何開墾新大陸的蠻荒土地以及在此惡劣的環境下生存信心。因此，生活除了辛勤工作外，就是宗教信仰儀式了。因此註定了宗教在這個時期教育上的重要地位。

　　殖民地時期，美國教育所強調的是宗教的灌輸與道德的教化，以及對貧窮的兒童所提供免費教育以能讀書識字以研讀聖經與應付日常所需。殖民地的議會立法要求各地方必須由公共稅收來支付經費以設立學校，以便對失學兒童提供基礎教育。此時，除了地方運用經費辦學外，教會是主要的辦學力量。編寫《新英格蘭教本》（*New England Primer*）以教導學生基本的識字教育和宗教相關知識。

　　到了十八世紀初期的移民多半來自蘇格蘭、愛爾蘭與德國；移民人口多元化的改變，同時帶來了宗教信仰的多元化。隨著工業、商業和中產階級的興起，十八世紀中期的學校教育明顯地漸漸偏向實用導向。到了十八世紀後期，在高等教育中，講求理性科學的課程已經逐漸取代宗教神學的

課程。1789年，聯邦新政府依照憲法成立，《憲法增修條文》的第1條規定政教分離，這時候，政治和宗教的關係已經是一個完全新的階段了。

到了十九世紀中葉，美國開展「公共學校運動」（Common School Movement）「公共學校運動」指的是由公共稅收支付公立學校經費、並由地方政府負責設立學校和管理學校運作，所有學生都可以免費接受的普通教育運動。「公共學校運動」可以說是教育公立化和普及化的推展運動。不過，在這個時期，聖經的教學和閱讀，則仍然是道德教育的核心所在，只是各教派已經不可以再進行教義教學（Spring, 1994）。

到了二十世紀初葉，進步主義的課程積極介入公立學校。運用心理學的課程設計、解決問題導向的教學內容、科學化的學業評量與教室管理。如此種種，代表著教育朝向專業邁進，科學化的教育制度漸漸取代了宗教的權威（Nord, 1995）。美國的教育制度已經趨於完備；然而，教育市場化與教育投資愈來愈明顯。二十世紀後半葉，在市場經濟中，「有用」為衡量的標準，為符應市場需要，學校課程的設計應訓練學生適應職業需要的能力。使得教育的經濟功能目標凌駕美國公立學校所應該原先應有的其他教育目標，如品格教育、公民責任與宗教情操等等。教育的市場化以及持續的社會亂象，引發許多具有虔誠宗教信仰人士與教育界人士的憂心。

從全人教育與生命教育的角度，宗教界與教育界在美國開啓了復興運動，部分社會人士希望透過宗教教育挽救下一代的靈魂。這些社會人士不認為宗教離開校園是教育應該走的方向。只不過，這些爭議的焦點，就必須從立法精神的基礎上，討論對於信仰自由之人權尊重與多元文化之關係，以進一步深思宗教教育實踐的反省。

第四節　爭議性宗教議題與宗教教育

一、爭議性宗教議題

社會上有關宗教問題或宗教所衍生之教育問題經常引起廣泛的討論。

民國85年9月，中台禪寺爆出大學生集體剃度風波，因其家屬不同意子女剃度，在剃度儀式當天就前往進行抗議。但中台禪寺以信徒做人牆手牽手阻擋家屬，事後家屬要求見子女一面也被拒絕，因此家屬們氣憤因而控告主持中台禪寺惟覺法師。引起宗教信仰自由與家庭關係的討論。民國92年10月，佛光大學人文社會學院舉辦內蒙週，其中有烤全羊的活動以及該校校長龔鵬程在研討會發表論文探討情慾等情事，引起許多佛光信眾的不滿，最後校長只得辭去行政職務。此事件引起宗教與學術自由的討論。民國93年9月，高雄縣錫安山新約教會上百名信徒安排自己的子女，拒絕就讀主流學校而接受體制外教育，在錫安山上上課接受教育。以《聖經》為根本，教導學生學習敬神愛人；另外，課程亦包含語文、數學、自然科學、生活技能等學科。此舉引起祖父母緊張恐慌，因而控告父母與錫安教會。此事件引起社會大眾對於教育權利的討論。

中台禪寺大學生剃度事件，涉及個人信仰權利與家庭關係之處理問題。

當然佛教戒律中有這樣的規定：「未成年出家，必須徵得監護人同意；否則的話，就不能出家。」（聖嚴法師，1995）不過，成年人是有權不徵得父母同意，逕自選擇出家的路。但是，以整個社會的倫理道德及情理法等各個層面來講，如果信眾發心想要出家，能夠事先徵得父母的同意是比較妥當的（聖嚴法師，1995）。

佛光大學校內烤羊及爭議論文發表事件，涉及宗教辦學與學術自由的問題。宗教信仰自由為國民之基本權利，也是保障人性尊嚴之具體實踐；而學術自由則同時是個人與學術單位具備基本權利之制度性保障，是保障多元文化之具體實踐。不過從大學的發展史來看，西方不少知名大學的前身皆是宗教創辦之神學院，可見宗教信仰和學術研究之間，並不必然會存在著緊張和衝突。但是數百年來的許多例子，卻又印證了宗教、科學或任何領域，聲稱是唯一的真理時並且當其握有絕對的權力時，往往會對不同意見者造成迫害（顧忠華，2001）。當然，此佛光大學事件並非「權力迫害」，而是遭信徒抗議而校長「被迫離職」。

宗教團體創辦之私立大學即因本於宗教之精神而創辦大學，原本就有

傳布該宗教精神之教育目的。然私立大學也應該具有大學自治及教育中立原則，而且其教育目的同樣也應該具有公益性質。因此，在現行法規制度下，宗教團體創辦之私立大學應如何於宗教自由、大學自治以及師生之學術自由之原則中取得三者之平衡。

錫安山接受體制外教育事件，涉及教育權利的問題。這種教育權利涉及到兩個層面，第一是個體接受教育的權利；第二是決定教育發展的權利（吳清山，2006）。第一點：「任何人不會因其性別、種族、宗教或家庭背景等等而遭受接受教育的權利被剝奪。」第一點是共識，比較沒有爭議。第二點：「爲讓個體接受適性和健全的教育，國家和家長都有參與決定教育事務的權利。」第二點也是共識，不過當國家或家長之間有衝突時，就會產生爭議。基於此，我們可以進一步分析，父母對於未成年之子女，有保護及教養之權利義務。在教育上，即包括教育選擇權。而國家爲保護人民的權利，有權力要求人民接受一定的教育年限，這也就是義務教育之精神。而既然國家有權力要求人民接受教育，人民亦有權力要求最佳的教育。因此，家長有行教育選擇最後的決定權。

在過去美國的例子，阿米希人（Amish）因爲義務教育之就學問題與外界發生了衝突。1972年，三個阿米希家庭拒絕送14歲和15歲的孩子上高中，被判處罰金。然而，斯康辛州最高法院推翻了這個判決，裁定：「以接受義務教育爲由，違反美國憲法第一修正案的信仰自由條款，不具備正當性。」最後，美國聯邦最高法院維持了複審裁決（Egenes, 2001）。也就是說，父母對於未成年之子女，擁有保護及教養之最後決定的權利。

二、宗教教育

我國宗教教育的實施可以說是有兩種發展（釋恆清，2002）。一方面早期私立教會學校，均積極地實施強迫性的「宗教教育」，以至於後來遭受到「非宗教教育」運動的抵制。另一方面也正是這股反宗教思潮的影響，國民政府遷臺之後，正規教育體制內幾乎沒有「宗教教育」的課程實施。

這兩種對於「宗教教育」的態度當然都是很大的錯誤（釋恆清，

2002）。其兩者均犯了同樣的錯誤，即是對「宗教教育」的意義和內容有了錯誤的認知。前者把「宗教教育」當作向學生宣揚基督教義並使他們產生信仰的教育，因此極力推展「宗教教育」。後者，教育當局也同樣誤認「宗教教育」就是宣揚某種宗教的教育，因此完全將「宗教教育」置之教育課程之外。可見要制定正確的宗教教育之前，應先確定「宗教教育」的意義和實施內容。

谷德（Good, 1973）窄化了宗教教育的意義而認為「宗教教育指由宗教機構所進行的教育，其目的特別是在於宗教價值及道德價值的教誨（inculcation)。」方永泉（1998）認為，在過去的教育中，科學成為教育中最具價值性的學科。宗教一直被等同於無法被科學證實的「迷信」；因此，在部定的課程中與公立學校的實施，並沒有與宗教有關的課程。

在當今多元化的社會中，社會中有許多的宗教信仰同時存在，因此在學校教育內作為課程的「宗教教育」不可能再以培養學生接受某一特定信仰的宗教為目的。也就是說，「宗教教育」不應該是培養某宗教信徒而施以教義之宗教教育；當然，「宗教教育」不應該是宗教知識的理解，更應該及於其個人的情感、體驗以及價值觀的培育，進而提升個人的「宗教情操」。

第五節 結語

「宗教教育」所欲培養學生的態度與能力，其實是與「生命教育」與「全人教育」的目標一致的，都是有助於增進學生對宗教知識的認知以及宗教情操的培養。在臺灣政經發展之後，社會上對精神生活迫切需求，宗教對社會教化功能影響相當深遠。這可以從近年來民間的宗教活動蓬勃中反映出來。

宗教信仰問題之所以層出不窮，並衍生許多社會問題。深究其因，實在是太多人對宗教信仰的認知過於貧乏。

「宗教教育」是終極關懷的討論與實踐。這是涉及價值觀、人生觀及

宗教觀等終極智慧的涵養。在實施「宗教教育」時，必須擺脫某一特定宗教的色彩，並且廣泛討論各個宗教對於人生終極意義及問題的看法。讓學生在批判的態度下，達成對於宗教的理解與體驗。這樣的「宗教教育」才可以提供人生意義與目的與人生實踐的終極基礎的積極討論。

參考書目

一、中文部分

方永泉（1998）。西方當代宗教教育理論之評析——兼論對臺灣教育之啓示。國立臺灣師範大學教育研究所博士論文。

江芳盛、鄭淑娥（2005）。美國公立學校中政教分離的歷史演變及其對我國教育的啓示。教育政策論壇，8卷1期。

江麗美譯（1997）。生與死：現代道德困境的挑戰（原作者：Louis P. Pojman）。臺北市：桂冠。

呂大吉（1993）。宗教學通論。臺北市：博遠。

吳庶深、黃禎貞（民90）。生死取向的生命教育。教育資料集刊。26:377 392。

吳清山（2006）。教育法規：理論與實務。臺北市：心理。

林蓉芝（1995）。宗教教育的落實與提升。宗教論述專輯。臺北：內政部。

孫效智（民89）。生命教育的內涵與哲學基礎。論文發表於《生命教育與教育革新學術研討會》。臺北：輔仁大學。

孫效智（民90）。生命教育的內涵與實施。哲學雜誌。35:4-31。

孫效智（2007）。生命教育與大學生通識人文素養。論文發表於《95年大專校院生命教育學術與教學研討會》。臺北：臺北市立教育大學。

張淑美（民87）。從美國死亡教育的發展兼論我國實施死亡教育的準備方向。高雄師範大學教育系：教育學刊，14，275-94。

陳宏模（2000）。宗教情懷教育與知識分子的心靈改革——由「教育人類

學」與「聖經人類學」角度剖析。載於鄭志明（主編），**跨世紀宗教與心靈改革**（頁103-136）。嘉義：南華大學宗教文化研究中心。

教育部（民94）。教育部中華民國95年5月29日臺（90）訓（三）字第90066306號函。

傅佩榮（民73）。**宗教哲學初探**。臺北。黎明文化。

傅佩榮譯（1986）。**人的宗教向度**（原作者：Louis Dupre）。臺北：幼獅。

傅偉勳（1993）。**死亡的尊嚴與生命的尊嚴**。臺北：正中。

聖嚴法師（1995）。**叮嚀——聖嚴法師談天下事**。臺北：平氏。

魯燕萍譯（1994）。**信仰的動力**（原作者：Paul Tillich）。臺北市：桂冠。

瞿海源（1974）。略談宗教心理學的兩個問題。**人類與文化**，3，8-11。

瞿海源（1997）。臺灣民眾的宗教信仰與宗教態度。見瞿海源（編），**臺灣宗教變遷的社會政治分析**。臺北：桂冠。

黎建球（民89）。**生命教育的意義價值及其內容**。論文發表於《生命與教育革新學術研討會》。臺北：輔仁大學。

歐陽教（1985）。**德育原理**。臺北市：文景。

錢永鎮（民89）。**中等學校生命教育課程內涵初探**。論文發表於《生命教育與教育革新學術研討會》。臺北：輔仁大學。

釋恆清（2002）。宗教教育辨義——兼論宗教研修機構體制化的問題。用宗**教論述專輯第四輯——宗教教育及宗教資源應**。內政部編印。

顧忠華（2001）。宗教大學與學術自由。橙社論壇。

二、英文部分

Barrow, R. (1981). *The Philosophy of Schooling*. Brighton, Sussex: Wheatsheaf Books.

Bredehoft, D. J. (2001). The framework for lifespan family life education revisited and revised. *Family* Journal, 9 (2), 134-140.

Corr, C. A., Nobe, C. M. & Corr, D. M. (Eds)(2002). Death &dying: life & living (4ed). CA: Education.

Durkheim, E. (2014). *The Elementary Forms of the Religious Life*, Joseph Ward

Swain (Translator). New York. Create Space Independent Publishing Platform.

Egenes, L. (2009). *Visits With the Amish: Impressions of the Plain Life*. University Of Iowa Press.

Frankl, V. E. (1963). *Psychothersapy and existentilsm: Selected papers on logo therapy*. Washinton: Square Press.

Good, C. V. (1973)(ed.), *Dictionary of Education*, N.Y.: McGraw-Hill Book Co.

Heuser, Linda (1995). Death Education: A Model of Student-Participatory Learning. *Death Studies*; v19 n6 p.583-590. (ERIC Document Reproduction Service No. EJ524149)

Hirst, P. H. (1974). *Knowledge and the Curriculum*, London: Routledge and Kegan Paul.

Hudson, W. D. (1987), The Questions about Religious Education, in R. Straughan & J. Wilson(ed.), *Philosophers on Education*, London: Macmillan.

Hull, J. M. (1984) . *Studies in Religion & Education* , London: Falmer Press.

James, W. (2013). *The Varieties of Religious Experience*, New York, Create Space Independent Publishing Platform.

Leviton (1997). The scope of death education. *Death Education*, 1, 41-56.

Michaelsen, R. (1970). *Piety in the public school*. London: Macmillan.

Miller, R. (1990). *What Are Schools For? Holistic Education in American Culture* . Alternative Education Resource Organization.

Phenix, P. H. (1959). Religious Concerns in Contemporary Education, N.Y.: Teachers College, Columbia University.

Spring, J. (1994). *The American school: 1642-1993* (3rd ed.). New York: McGraw-Hill.

Wilson, J. (1972). *Religion*. London: Heinemann Educational Books.

Wulff, D. M. (2010). *Psychology of Religion*. In D. A. Leeming, K. Madden, & S. Marian.

蘇鈺楠

第十四章

另類教育

前言 驢羊論教育

就讀教育系的小驢，一日，興致沖沖地和同學小羊談起教育……

小驢：「你看到最近十二年國教的許多新聞爭議了嗎？網路上竟然因此有
　　　些聲音希望回復聯考！」

小羊：「爲何不呢？聯考才是最公平的入學制度！而且不必在在學時多準
　　　備許多莫名其妙的東西，把書唸好就好了，回歸學生的本質！」

小驢：「不過學生的本質不只是唸好書吧！？」

小羊：「讀書就是學生基本該做好的事！更何況聯考可以提高學生的讀書
　　　意願，這種殘酷而公平的制度讓他們提早了解社會上的競爭，不適
　　　合讀書者也可以及早知道！」

小驢：「不過你所謂的讀書是指背熟書上的知識嗎？」

小羊：「當然不是，而是指擁有豐富知識且飽讀經綸！」

小驢：「這種人才在聯考制度下才得以產生嗎？」

小羊：「唉！我知道你想講什麼！不過不考試就沒人會讀書啦！別跟人性
　　　對抗，這才是教育之道！學校存在就是要學生去學習！」

小驢：「教育要符合人性，這很有意思，不過在過去高壓的紙筆測驗下，
　　　似乎離開學校後，大家對讀書反而更沒興趣啦？如果學校存在目的
　　　是要刺激學習，在這種情況下似乎做得不大好！？」

小羊：「可能吧！不過這就是現實，也只能這樣啦！」

小驢：「嗯，前幾天我聽了一個關於另類教育學的演講，裡面有談到一些
　　　另類教育的概念，他們似乎採用不同的方式來進行學習！」

小羊：「我有聽過那類演講，那是在國外，如果在鬼島，這一切都太過理
　　　想化了！」

小驢：「喔，在臺灣聽說也有不少成功的案例！而且頗受歡迎喔！他們身
　　　體力行告訴我們這是可行的！」

小羊：「嗯！？假如眞的在全臺實行，那我們競爭力不就又要再下滑啦！
　　　哈！」

小驢：「讓我先告訴你他們的教育精神，接著我們再來討論何謂競爭
力⋯⋯」

第一節　源起

（公立教育和私人教育）兩種教育制度的差異，來自於兩者本為不
同的教育目的。

Rousseau, 2009: 14

另類教育（Alternative education）做為近年來臺灣教育時興的議題，其源起可回溯到人本主義風潮的代表人物：J. Rousseau（1712-1778）。在Rousseau所寫的《愛彌兒》（*Emile*）這本小說裡，主張順應自然的教育目的，在過程中或有人的介入，但不應影響其本然善的發展（Rousseau, 2009: 12），兒童在受教育的過程中應包含人性的情意與藝術層面，而非只有智育的教育，在體驗的過程中，最終孩童可從人、事、自然中進行自我教育（Rousseau, 2009）。而Rousseau所處的啟蒙時代，正是歐洲改革教育運動的開端，在1762-1872年，泛愛主義者J. Basedow（1724-1790）在Dessau，C. Salzmann（1744-1811）在Schnepfenthal都設立了學校，進行教育機構的改革，並且提出許多教育理論、陶冶理論和教育機構理論。這些教育改革的思想，後來在普魯士王國的學校改革中才得到實現。在這個教育改革的階段中，人類個體的可塑性、傳統兩代關係的互動和師生之間的關係獲得了新的確定，這些教育改革者主要受到Rousseau、J. Campe（1746-1818）、I. Kant（1724-1804）、J. G. Fichte（1762-1814）、J. Herbart（1776-1841）、A. Humboldt（1769-1859）和F. Schleiermacher（1768-1834）教育思想的影響（梁福鎮，2004：3-4）。在當時政治上封建制度的逐步消解下，學校的改變也成了必然，結合了學者的聲音，產生了論述與想法的變化。

而歐洲自十八世紀末到十九世紀工業革命後，將全世界帶到一個新的紀元，也第一個開始深刻反省工業革命之弊，因應產業需求下制式與效

率式的教育模式，漸漸形成單一向度的學校管理主義。而在一戰前後期間，人類並未因為科技的發達而到烏托邦，反而面臨更大的戰爭威脅，戰後許多面向開始反思，人們也重新思考教育的意義。1907年M. Montessori（1870-1952）在羅馬開設第一所蒙特梭利學校（Montessori School），1919年R. Steiner（1861-1925）在德國的斯圖嘉特（Stuttgart）創建了世界首座華德福學校（Waldorf School），1921年英國創辦了夏山學校，1935年C. Freinet（1896-1966）在法國凡斯（Vence）創立佛賀內學校（Freinet School）。1921年在法國Calais省舉行的第一屆「新教育國際會議」，以「兒童的創造性自我表現」（The Creative Self-Expression of the Child）為主題，無異是宣布了教育新世紀的來臨。此一以「兒童本位」（Von-Kinder-Aus）為出發點的教育改革運動，要言之有四大精神：(1)兒童及青少年本位取向；(2)整體及全方位的教育；(3)學校社群自我管理（自治）的理念；(4)藉由合作達成的群育教育（馮朝霖，2002）。而這股風潮也襲捲到北美，在美國開始大規模的另類教育活動起自於1920到1930年代的進步教育運動（progressive education movement）。其中進步教育運動的靈魂人物J. Dewey（1859-1952）對「舊式」傳統教育和「新式」進步教育之比較，相近於今天討論到傳統教育與另類教育模式之對比。回溯過往，可惜的是在十八世紀的教育改革運動，因為後來十九世紀的國家主義運動，無法持續擴大，幸而靠著許多的有志之士與教育學者持續進行各自的努力，漸漸奠基了二十世紀初在歐美的大規模教育改革運動聯繫，例如：接續前述的進步教育運動，在1950到1960年代的社會正義運動（social justice movement）中也質疑到公立教育的體制是否真的適合所有的學生（Fitzsimons-Lovett, 2001）？至此西方的另類教育辦學逐步變成一種社會運動，許多相應的國際公約也進行了相同理念的布達。

　　1966年通過的《經濟社會文化權利國際公約》（International Covenant on Economic, Social and Cultural Rights），在第13條第1項規定的教育目的，正是與另類教育運動的思潮有所契合：

　　　本公約之締約國承認人人有受教育的權利。他們同意，教育應鼓勵

人格和尊嚴的充分發展，加強對人權和基本自由的尊重，並應使所有的人能有效地參與自由社會，促進各族裔間和各種族、人種或宗教團體之間的了解、容忍和友誼，並協助聯合國維護和平的各項工作。

而在同條第3項的規定則進一步確定了家長的多元教育選擇權，完備了人民辦學與自由選擇教育的權利，不但是基本人權，也是國家應有義務提供給人民的：

本公約之締約國承諾尊重父母和法定監護人下列的自由：為其子女選擇非公立但符合國家所規定或認可最低教育標準的學校，並保證其子女按照自身信仰接受與其信仰一致的宗教及道德教育。

經由國際人權法典的保障，可發現多元教育型態已成為國際共識。然而另類教育之涵義隨著時代也有所改變，在90年代後期美國的另類學校又指涉了特殊教育或極需輔導的高度危險學童（students at risk）、在法國的佛賀內學校也因為能有效給予低社經區域兒童學習的新希望，而在前述地區逐步擴大學校數量（馮朝霖、許宏儒，2014），在臺灣則因為學費等因素劃上了貴族學校的標籤。綜而述之，另類教育的源起非一朝一夕，過程中不但包含有許多教育學者的反思或想望，更是時代趨勢中在世界各地出現的必然，在教育概念的轉變浪潮中，逐漸成為實踐的學校型態。另類學校的出現，不只完備了教育權的概念，也是一個新的、多元的、另一可能的教育型態，面對學校、與對人的新想望，或許在另類學校內可看到不同的萌芽！

第二節　定義與類型

所謂另類學校的「另類」是相較於傳統的、一般體制的或中央集權管理的學校而言，學校中有不同的教育學理念在引導，進而產生不同的課程

與教育活動。一些另類學校中甚至在兒童生理發展哲學和人類學發展概念上，與一般體制教育有極大的不同（Husen & Postlethwaite, 1994, p. 261）。我們可以說另類學校是一種不同於傳統的公／私立教育取向學校，這裡的不同包含有教育的理念，進而影響到其教育過程的施行。某些另類學校的產生起於對傳統體制教育的不滿，如Kozol（1985）就曾表示：「傳統學校制度被批評最大的原因在於，其過度著重標準化分類，專注於學生的不足之處，而未能促進學生的好奇心，進而激發其最好的才能、最有創意的興趣。」Freire（2000）也曾用「囤積式的教學方法」（banking method of education）來形容體制教育模式；Steiner（1996: 153）則以「概念的屍體」（corpses of concept）來形容體制教育中未能展現知識的動態性。

如果廣義的來說，另類教育一詞可指涉任何方案或學校與傳統公立學校之不同，即便只是些微的不同（Lang & Sletten, 2002），雖然有些另類教育的支持者認為這種可替代傳統學校的教育模式是必要的，且可符應每一個學生的需求（Barr & Parrett, 2001; Natriello, McDill, & Pallas, 1990; Raywid, 1989; Wehlage & Rutter, 1987; Wehlage, Rutter, Smith, Lesko & Fernadez, 1989; Young, 1990），但另類教育一詞在現今也經常被指為專為具有特殊行為之學生而設立的學校或教育方案，這些學生不論是否為特殊兒童，也可能單純是不適應公立傳統學校，或是因為家長的選擇而來到另類學校，在此我們可隱然看到不同的定義。學者Raywid（1994）就曾把另類教育分為三種：

第一種是創新群眾（popular innovations）或是解構學校（restructured schools）（Hawley, 1991），這種另類教育起於學生對非傳統教育方式的需求，這種學校通常會解構傳統學校環境轉為家庭式的社群，有些磁性學校的教育哲學理念因為同於前述，而被歸在此類別；因此這類型另類學校最大的特徵便是「選擇性」，來此的學生與家長都是基於自主選擇，學校帶有創新的教學方案，也因此具極大的魅力。而學校的教育目的期望讓學生在受教的過程中，有更多的挑戰性、互動性與實踐性（Raywid, 1994）。

第二種類型被稱為最後機會方案（last-chance programs）（Leone & Drakeford, 1999）、軟性監獄（soft jail）（Raywid, 1990）或是紀律方案

（disciplinary programs）（Boss, 1998），這種另類教育焦點放在學習行為的修正，而非課程或教學上的大不同，在美國有些州會稱這種學校為「安全學校」（safe schools），因為他們的存在讓體制學校難以管教的學生有處可去，而確保了體制學校的安全，在這裡的學生並非自願選擇而到來，而是被要求而來的；之所以會被稱為「最後機會」，便是因為在此入學的學生，面臨的是被退學前的最後機會，也可被視之為是退學的替代選擇，所以這並非傳統定義下的「學校選擇權」。這類型另類學校最大的特徵是行為的矯正或修正，學校中的學生通常需要嚴格的學習或社會矯正（Raywid, 1994）。

　　第三種類型的另類教育稱為問題解決學校、矯正學校（remedial schools）或是治療學校（therapeutic schools）（Handley, 2001），學生是因為社交情緒或是知能上有被療癒之需要而來，這種學校主要提供給學生鼓舞和情緒上成長地個人需求，其來源是透過其學校、醫生、社工或是專門顧問之轉介而來。相較於前一類型另類學校學生需要嚴格被要求，此類型的學生自主性比較高。

　　而除了Raywid所提的三類型另類學校，Lang和Sletten（1995）又提出第四類型的另類學校，這種另類學校是來自於前述學校的混合範疇（hybrid category），包含學校選擇、行為矯正、和創新，形成一個「第二次的機會方案」（second chance program），此類型學校只要學生在體制教育中遭遇失敗或困難時，提供一個成功的機會，而和第二類型最後機會方案的學生比較，這種另類學校的學生是自願選擇入學，所以學校也非退學的替代選擇。

　　如果從臺灣的另類學校來觀察，則和教育改革有很大的關聯，從近年來的法令鬆綁、四一〇大遊行與實驗小學產生等，在臺灣的另類學校多半會有一些獨特的教育革新理念在內，有些則有少部分的宗教信念於其中，並不完全相同於前述類型中對紀律、管教與情緒矯正等要求，所以家長選擇與認同的情形強烈。馮朝霖（徐藝華，2005：頁8）指出，這些家長大都屬於家庭社經背景比較高的族群，比較有能力、有時間去關心孩子。因為，國內政府對於教育選擇權並沒有提供足夠的自主性條件，在臺灣要選

擇自主學習並不是很容易，且要比在國外所付出的代價還要高。所以，選擇另類教育除了不滿以外，還必須要有其他條件配合，亦即不純是「想」這麼做，還要「能」這麼做。在法令上使用「教育實驗」或「實驗教育」的詞彙可見端倪，也因此有前述標籤化的情形產生。

由前述的另類學校定義與內涵，我們可逐漸形成某些對另類教育的關鍵字，如「選擇」、「不同」、「個別化」、「非主流」、「理念」等字詞。在法源概念上，最容易聯想到的是「教育選擇權」，這個選擇權自然對應出「多元」，也對應出「替代」，這些種種的詞彙，上述概念其實可歸結於「差異」；當我們認同人的差異、就會推衍出認知與學習風格上的差異、甚至情緒與氣質的差異、就會理解教學與學習上的差異、就會形成對學校想像的差異。所以教育本來即處於一種實驗與不確定的方向，然而這種因差異而生的不確定性，並無法完全地來理解另類教育的理念，或是其所欲帶領其學子要發展的教育方向，以下將進一步闡述體制與另類學校間，在教育的哲學本質想法上之別。

第三節　哲學立論

筆者曾經在一場另類教育學的學術研討會中聽到一個有趣的問題：「另類教育和體制教育在價值概念上最大的不同為何？」當時有一位學者的主張獲得許多人認同：「另類教育目的在於達成自我實現，這是體制教育上難以達成的！」許多過往的教育改革目的，即在於針對自我實現的達成邁進，但卻仍無法做到另類教育的程度，所以這個答案似乎言之成理。

然而這個詞彙的劃分似乎把體制教育與另類教育成了二分法，把「自我實現」成了另類教育的「代名詞」，成了另一個「另類」的「標籤」，許多的論述與討論上，經常把體制教育和另類教育本身成了非黑即白的兩個相反的道路，然而在進行了更多文獻的閱讀後，筆者隱然覺得這似乎有些簡化了另類教育的價值本身，同時也抹滅了體制教育的變化與努力。

如果進入體制教育的現場可發現，現今的臺灣教育在鬆綁下，已經與純聯考時期的學習經驗大不相同了，當然在體制教育中，課程進度的追

趨、課本的呈現方式、測驗之功能、教師之角色等，這些學習模式的隱喻仍然可發現和另類教育不大相同，但如果僅從這些層面進行表面觀察，充其量只能顯示出程度上的不同，體制教育已逐漸脫離單純灌輸式的教學，開展出更多元的教育模式。以教育目的而言，筆者可認同體制教育的模式已逐漸接近對學童的「自我實現」！更多的自我探索、更多的創意與想像力容許、更多的討論、更多的敘述模式存在課堂中！然而，這表示我們其實並不需要另類教育，而是只要讓體制教育逐步發展即可達成教育改革的刺激了嗎？

其實另類教育的存在有其重要的意義與哲學意涵，只是當用「自我實現」、「多元發展」、「快樂學習」等詞彙放上去做唯一等號時，過度簡化了對另類教育的想像與理解。以下從筆者理解到的體制教育與另類教育之不同進行簡要分析：

一、教育的隱喻

從解嚴後，臺灣的教育改革與變化極大，其中一個重要的主軸即為「鬆綁」，讓教育朝著更多元與解放的路線邁進，然而教育改革的成效似乎未盡如人意，針對公平性與素質的追求聲音不斷存在，對某些人來說，聯考，才是回歸國民競爭力的方式；然而在多元化的社會，只用單一紙筆評量是無法檢測出所有的人才，更危險的是其扼殺了教學的可能性，如果是智育至上，明顯地也無法讓所有的學生參與和發揮其長才。聯考，已經是一條回不去的道路，也因此現今的教育改革強調了多元智能、多元發展，並強調競爭力的提升。這種對競爭力的追求在近來許多教育政策中皆可見到，如對人文科學、專業謀生與多元軟實力之重視等。

但這些「知識經濟式的競爭力」，其實追求的是更多「成功的人」，而非現今世界最需要——「更有同理的人」。當競爭力與素質的提升從聯考進化到多元入學的時代，教學的概念容忍更多「多元性」與「自我探索」，也更接近每個人的「自我實現」了，但或許，我們新的教育要追求的，不只是「自我」「實現」？

這種教學的概念符應了社會學上的結構功能論（structural functionalism），只是自我實現之路從單一智育進化到多元智能，做爲教育概念的引出（ēducātiō），仍著墨於個人能力的開發，只是開發的方式更爲多元，如果面對現今的人類文明擴張掠奪危機，還需要有更大視野的觀點來轉化自己的能力。這點筆者以爲在另類教育上較容易發現，回歸到Rousseau對人類文明反省的精神，之後的另類學校多半有強烈的自然教育課程規劃，例如：種籽實小十分具有特色的野外土地課程，這種自然課程不只是對感官體驗的強調，在閱讀許多創立者的思想時也可發現他們對人與自然共存的想法，而此「天人合一」式的教育學精神，往往也牽連到靈性教育的概念，使得另類教育常常沾染上神祕主義的氣息。因此在教育的隱喻上，另類教育更強調他者。

二、課程的概念

　　體制教育的課程時間固定、課綱明確、教學目標一致，是工業時代以來所需的線性課程模式，在教師進行教學的過程中摸索自身才能；另類教育在程度上課程分際的情形更爲模糊，以華德福教育理念爲例，並沒有固定的課本，課程內容經常由教師進行繪製，學生依自己在課堂上的體驗進行筆記，這種課程更廣泛地探索自己的才能，對於能力的界定與學習方式更多元，也更朝學生的自身開展靠近。

　　但如果純粹只以模糊界線和學生主體的方式來進行教育，並非眞正的另類教育，這也是最多人對另類教育的誤解，因爲模糊化的情形對於學生的學習更難以要求，在教育理念上，似乎嚴重違反教學的科學化與測驗概念的本質。當以學生爲主體貫徹爲唯一指標，進行另類教育的教授，不但忽略了學習的本質，也忘卻了教育現場的實際，以佛賀內學校爲例，其十分強調「自主性」的重要性，必須要有個人的進度，定時與由學生所組成的班級委員會進行報告，並有罰則，承擔比起體制教育更多個人的學習責任，當這種自主性建立時，搭配前述的模糊化課程概念才得以發揮其效力，能讓學生自主進行更深度的學習，也才符合所謂的「學生主體性」。

　　在課程的進行上，如果自主性與責任的建立是教育的重要目標，則學生的主體性也需置於此進行檢視，在此原則下教師的角色才眞正能成爲引

導者，也才能發揮主體性來個性式地快速深化學習，如果只是以主體性為無限上綱的前提，則學習本身的概念界定將不需存在。將此原則置於目前時興的討論學習歷程，如果課堂中的討論，只是以概念歸結為終點，筆者認為在概念刺激上有些浪費了討論的精神，教師的引導角色也成了單純的主持角色，討論的概念應涉及深化與反思，也因此會有價值澄清與衝突的過程，形成定義的界定，此時在定義與案例中的快速論辯，才會有深度的思考與學習。

三、人的概念

從教育改革以來，一直強調課程需要有實用性、讓學生有謀生的技能，這些要求筆者相信舉世教育學者皆不會反對，然而放在體制教育的環境場域時，可發現對自我生存的強調，隱然有競爭要求的存在，無可否認，這種競爭性是人類生存與進步的基礎，但如果沒有更多「共生」理念的平衡，所教育的學生將無法深刻地把「他／她／它」置於自身的價值觀中，我們又怎能要求未來的領導者不是以競爭和掠奪為主要的價值精神？

在這裡對人的想像，體制教育重視人的生存，強調受教育後得以「自立」，得以發揮所長，在社會上進行貢獻，在學校的功能主要是探索自身專長、習得專業知識，強調產出，在層次上比較強調生計；另類教育則重視人的生活，強調受教育後得以「自主」，得以發揮所長，在世界中進行貢獻，在學校的功能主要是探索自身所在、習得可能知能，強調對話，在層次上比較強調生活。

如果仔細推衍，體制教育確實逐步在融入個體想像與創造力的精神，進行願景的改造和轉化，在知識的論述方式上是肯定的、對象上是向外之轉化、人的隱喻是結構之一環，作為一種獨白式、唯心式的進程；另類教育則是營造出更多體驗式的情境，對願景改造與轉化則多是朝向內，在知識的論述方式上是曖昧的、先進行自身的體悟與轉化、人的隱喻是地球母親之一部分，作為一種共在、互為主體式的進程。

如果由此觀之，對許多初學者而言，可更好地理解為何另類教育學者常用「依他起性」、「未完成性」、「曖昧」、「自發」、「重構」、

「流浪」、「生態」、「參贊化育」等詞彙在形容教育的過程。

四、教育地圖

　　體制教育與另類教育下的人，都是渺小的，前者在社群之中，是一個工具與互利環境下的一分子；後者在世界之中，是一個系統與共生環境下的一分子。兩者對人的期待在著重程度上有所不同，體制教育下的菁英要進行的改變是大環境，要轉化的對象是他者；另類教育下的菁英要進行的改變是自己，要轉化的對象是情境的中介視野。可以說體制教育是有一個前進與進步觀，不論是過往的智育至上到現今的多元智能，都是對人潛能開發的期待，以「自我實現」來形容再恰當不過，因為這個「實現」本身即帶有一個「目標性」、一個「前進性」，止於「自我」；另類教育是一個來回的觀點，比較恰當的形容詞是「他我共生」，「共生」的積極性意涵是「生生不息」，在過程中不斷的游動，不斷的開啓，只有「我」是無法成事的，必須有「他／她／它」來共同演化。

　　筆者以為回觀人類的文明發展至今，新世代教育面臨知識爆炸的情境，更多的交流與互動！更多的誤解與衝突！知識確實為力量，但也只是最基本的力量！知識經濟與學習能力開展是侷限在傳統智育的思維模式之中，教育本為道德教育的同義詞，需要帶領個體不斷的跨界，顛覆競爭力，反思教學、降低教學，在人的內在開展對人性的想像。不均、差異、衝突、自利、貪婪本為個體的一部分；共享、理解、容忍、我他、安身也是個體航向人性想像的相對交織面。教育即政治，無法不去觸碰他者！教育也即教育，無法不觸碰自己！另類教育在路上面對到的陌生人，一切的邂逅與相遇情況，筆者以為有重要的教育意義，在對話與共生的過程中，成為世界精神甦醒的契機。

表1 體制教育與另類教育

	體制教育	另類教育
教育隱喻	自我	他者
課程	明確	較模糊
	在教學中摸索	在引導中摸索
人	生存	生活
	自立	自主
	在社會上進行貢獻	在世界中進行貢獻
	探索自身專長	探索自身所在
	產出	對話
	生計	生活
教育地圖	改變大環境	改變自己
	轉化他者	轉化情境的中介視野
	前進	來回
	自我實現	他我共生

資料來源：研究者自行整理。

第四節　結語

　　本章的完成首要感謝主編簡教授給後學此一機會，也由於簡老師期望能夠在文中後段對此議題做一個反思或討論，因此從第三部分開始，筆者大膽地分享了自己一直以來的想法，產生一個詮釋上的新視野，期望以本文成為讀者有意日後閱讀另類教育相關學術文獻的緣起，所以不再炒一次許多國內已熟知的另類學校介紹，如果讀者對另類學校的議題有興趣，請參閱《另類教育在臺灣：另類學園參訪紀實與另類教育思考》、《另類學校札記》等書，這些書籍對另類學校的介紹都比本章的有限篇幅更為詳盡。

　　筆者所參與過的另類教育學術研討會並不算多，但在學術研討會中可發現相同的現象，有許多未熟悉學術語言但十分關心教育的夥伴在座，

經常對許多概念的介紹聽得懵懵懂懂，這也是所有學術研討會都會遇到的情形[1]，利用撰寫本章的機會，給予讀者們一個對另類教育概念的簡要了解，甚至對此議題做一個概念的反思，是筆者撰寫上的原意。在此種會議或是私下討論中，筆者也特別重視與這些夥伴討論，有趣的是，總有一些相同的問題在不同的場合出現：

> 「另類教育聽起似乎完全地反對體制教育，那如果有一天另類成了『主流』，那另類還是『另類』嗎？」
> 「臺灣過去沒有另類教育時也是過得好好的，另類的存在會讓臺灣教育更好嗎？」
> 「老師您也是體制教育而生的產物，甚至在座多數人都是，但您也有這種開放的思維，既然如此，何必『另類』？」

上述的問題其實都十分地有討論的價值，也是筆者聽到非學術夥伴在與會發言後，除了自身經驗反思，最常出現的聲音！其實另類教育是一個概括的詞彙，包含了許多不同的另類學校與教育理念在其中，即便是另類學校，在臺灣發展也有「熱門」與否之分，當一個「熱門」的另類教育施行甚佳，自然會令人期待其納入體制教育思潮之中，當其納入了「主流」，所謂的其他「另類」仍然存在，仍是不斷催化主流教育改變的一個重要力量，但在體制教育受限於課程規劃、年級劃分、環境限制等情境下，能讓一個納入體制教育的另類教育完全地成為主流，或許目前在現實層面仍有其困難；而第二個問題其實是大哉問，教育正如同社會上其他領域，都是逐漸在變化，總是有挑戰與需要刺激，當仔細分析現今人類所面臨的問題和教育所該帶來的遺贈後，這確實是一個新的選項，當將之置於選擇權與國民教育權的一環中，我們可以期待其中現所產生的示範作用；而針對第三個問題，筆者以為許多的催化和體驗施為，能讓多數人在受教

---

[1] 由於學術研究分工精細，在每場短時間的發表中就要完全理解發表內容，對從事學術工作的自己來說也十分艱難。

育過程中受惠是有其重要的意義，畢竟以個案來推導，普遍會失卻制度面的進步，也或許個案本身也是「惋惜」未接受另類教育已久！

　　另類教育作爲一個新教育的前瞻，很適合作爲本書之結尾，另類教育的產生過程其實可回觀國內的教育改革欲求，其出現也確實形成一個教育場域中實驗的可能，這幾年教育變化風起雲湧，其實也代表了體制教育不斷地在吸收新的思維，並進行改變，也令人欣喜期待之後的體制與另類之變！另類的存在表彰了教育中的實驗精神，具有理念與實際的催化之能，本身即爲教育的精神展現。

參考書目

一、中文部分

周俊廷（2011）。**另類學校札記**。臺北市：臺灣另類教育學會。

徐藝華（2005）。另類是教育的出路——專訪國立政治大學馮朝霖教授。**師友月刊**，**454**，6-12。

唐宗浩，李雅卿，陳念萱（主編）（2006）。**另類教育在臺灣：另類學園參訪紀實與另類教育思考**。臺北市：唐山。

梁福鎮（2004）。**改革教育學——起源、內涵與問題的探究**。臺北市：五南。

馮朝霖（2002）。另類教育與全球思考。載於盧美貴審訂、薛曉華譯之**學習自由的國度——另類理念學校在美國的實踐**（The parents' guide to alternatives in education）。臺北市：高等教育。

馮朝霖、許宏儒（2014）。村中自有讀書聲——全球生態村運動中的另類教育展望。**教育研究月刊**，**241**，139-156。

二、英文部分

Barr, R., & Parrett, W. (2001). *Hope fulfilled for at-risk and violent youth: K-12programs that work* (2nd ed.). Needham Heights, MA: Allyn and Bacon.

Boss, S. (1998). Learning from the margins. *Northwest Education Magazine Alternative Schools, 3*(4), 2-11.

Fitzsimons-Lovett, A. (2001). *Alternative education programs: Empowerment or entrapment?* The Council for Children with Behavioral Disorders Monograph.

Freire, P. (2000). *Pedagogy of the oppressed.* (M. B. Ramos, Trans.). New York, NY: Bloomsbury Academic.

Handley, R. (2001). *Alternative education-What does it mean and what does it look like?* Regional Educational Alternative Learning, Windham, Maine. Retrieved from http://www.realschool.org/alternativeeducationreview.htmal.

Hawley, W. (1991). Public policy and public commitments to enable school restructuring: Lessons from the high school in the community. Introduction to E. J. Tuckett, *Living an idea: Empower and the evolution of an alternative high school.* Brookline, MA: Brookline Books.

Husen, T., & Postlethwaite, T. N. (1994). *The international encyclopedia of education*(2nd ed.). New York, NY: Pergamon.

Kozol, J. (1985). *Death at an early age.* New York, NY: New American Library.

Lang, C. M. & Sletten, S. J. (1995). *Characteristics of alternative schools and programs serving at-risk students* (Research Report No. 16). Minneapolis, MN: University of Minnesota Enrollment Options for Students with Disabilities Project.

Lang, C. M. & Sletten, S. J. (2002). *Alternative education: A brief history and research synthesis.* Alexandria, VA: National Association of State Directors of Special Education.

Leone, P. E. & Drakeford, W. (1999). Alternative education: From a "last chance" to a proactive model. *The Cleaning House, 73*(2), 86-88.

Natriello, G. McDill, E., & Pallas, A. (1990). *Schooling disadvantaged children: Racing against catastrophe.* New York, NY: Teachers College Press.

Raywid, M. A. (1989). The mounting case for schools of choice. In J. Nathan (Ed.), *Public schools by choice: Expanding opportunities for parents, students, and teachers* (pp.13-40). Bloomington, IN: Meyer Stone Books.

Raywid, M. A. (1990). Alternative school: The definition problem. *Changing Schools, 18*(10), 25-33.

Raywid, M. A. (1994). Alternative school: The state of the art. *Educational Leadership, 52*(1), 26-31.

Rousseau, J. (2009). *Emile*. Lebanon, NH: University Press of New England.

Steiner, R. (1996). *The foundations of human experience*. (R. F. Lathe & N. P. Whittaker, Trans.). Barrington, MA: Anthroposophic Press. (Original work published 1992)

Wehlage, G., & Rutter, R. (1987). Dropping out: How much do schools contribute to the problem? In G. Natriello (Ed.), *School dropouts: Patterns and policies* (pp. 70-88). New York, NY: Teachers College Press.

Wehlage, G., Rutter, R., Smith, G., Lesko, N., & Fernandez, R. (1989). *Reducing the risk: Schools as communities of support*. New York, NY: The Falmer Press.

Young, T. (1990). *Public alternative education*. New York, NY: Teachers College Press.

延伸閱讀

　　關於國內另類教育的書籍，除了一些翻譯書的引介外，像本章所引用的「另類教育在臺灣：另類學園參訪紀實與另類教育思考」、人智學教育基金會出的「扎根與蛻變：尋華福德教育在臺灣行動的足跡」、或是臺灣另類教育學會所出的一些書籍、研討會論文集等，都可以讓人快速了解目前臺灣主要的另類學校脈絡，與在關注的學者觀點。另類教育除了翻譯、也有實踐者與學者之書籍，從中尋寶可以發現原初的脈絡為何，在臺灣的發展又是如何，比起讀取其他教育哲學書，更難得可直接比較「轉化」的樂趣，建議讀者不容錯過。

國家圖書館出版品預行編目資料

新教育哲學／簡成熙，吳美瑤，王清思，劉育
忠，王俊斌，王嘉陵，陳延興，方永泉，李
崗，洪如玉，楊洲松，陳柏年，蘇鈺楠著；簡
成熙主編. --二版. --臺北市：五南圖書出版股
份有限公司，2023.02
面； 公分
ISBN 978-626-343-710-4(平裝)
1.CST: 教育哲學
520.11　　　　　　　　　111022340

1IZH

新教育哲學

主　　編 ― 簡成熙(404.2)

作　　者 ― 簡成熙　吳美瑤　王清思　劉育忠　王俊斌
　　　　　　王嘉陵　陳延興　方永泉　李　崗　洪如玉
　　　　　　楊洲松　陳柏年　蘇鈺楠

發 行 人 ― 楊榮川

總 經 理 ― 楊士清

總 編 輯 ― 楊秀麗

副總編輯 ― 黃文瓊

責任編輯 ― 李敏華

封面設計 ― 封怡彤

出 版 者 ― 五南圖書出版股份有限公司

地　　址：106臺北市大安區和平東路二段339號4樓

電　　話：(02)2705-5066　　傳　　真：(02)2706-6100

網　　址：https://www.wunan.com.tw

電子郵件：wunan@wunan.com.tw

劃撥帳號：01068953

戶　　名：五南圖書出版股份有限公司

法律顧問　林勝安律師

出版日期　2016年 9 月初版一刷（共二刷）
　　　　　2023年 2 月二版一刷
　　　　　2024年 5 月二版二刷

定　　價　新臺幣450元

經典永恆·名著常在

五十週年的獻禮 —— 經典名著文庫

五南，五十年了，半個世紀，人生旅程的一大半，走過來了。

思索著，邁向百年的未來歷程，能為知識界、文化學術界作些什麼？

在速食文化的生態下，有什麼值得讓人雋永品味的？

歷代經典·當今名著，經過時間的洗禮，千錘百鍊，流傳至今，光芒耀人；

不僅使我們能領悟前人的智慧，同時也增深加廣我們思考的深度與視野。

我們決心投入巨資，有計畫的系統梳選，成立「經典名著文庫」，

希望收入古今中外思想性的、充滿睿智與獨見的經典、名著。

這是一項理想性的、永續性的巨大出版工程。

不在意讀者的眾寡，只考慮它的學術價值，力求完整展現先哲思想的軌跡；

為知識界開啟一片智慧之窗，營造一座百花綻放的世界文明公園，

任君遨遊、取菁吸蜜、嘉惠學子！